中国企业法务观察

Chinese Enterprise Legal Observation

中国企业法务观察

Chinese Enterprise Legal Observation

第八辑

n.08

法律出版社
LAW PRESS · CHINA
北 京

图书在版编目（CIP）数据

中国企业法务观察. 第八辑 / 叶小忠主编. -- 北京 : 法律出版社, 2025. -- ISBN 978-7-5244-0730-0

Ⅰ. D922.291.914-53

中国国家版本馆 CIP 数据核字第 2025JU2948 号

中国企业法务观察(第八辑)
ZHONGGUO QIYE FAWU GUANCHA(DI-BA JI)

叶小忠 主编

策划编辑 肖 越 魏艳丽
责任编辑 肖 越 魏艳丽
装帧设计 汪奇峰 臧晓飞

出版发行 法律出版社
编辑统筹 法商出版分社
责任校对 王晓萍
责任印制 胡晓雅
经　　销 新华书店

开本 850 毫米×1168 毫米 1/16
印张 16.25 **字数** 327 千
版本 2025 年 9 月第 1 版
印次 2025 年 9 月第 1 次印刷
印刷 三河市龙大印装有限公司

地址:北京市丰台区莲花池西里 7 号(100073)
网址:www.lawpress.com.cn
投稿邮箱:info@lawpress.com.cn
举报盗版邮箱:jbwq@lawpress.com.cn

销售电话:010-83938349
客服电话:010-83938350
咨询电话:010-63939796

书号:ISBN 978-7-5244-0730-0
定价:78.00 元

凡购买本社图书,如有印装错误,我社负责退换。电话:010-83938349

本书编委会

◎叶小忠(赛尼尔法务智库总裁)

◎谢鸿飞(中国社会科学院法学研究所民法研究室主任)

◎张雪纯(法律出版社党委委员、副总编辑)

◎宋柳平(华为技术有限公司高级副总裁、首席法务官、首席合规官)

◎俞思瑛(阿里巴巴集团首席法务官)

◎张翠美(海尔集团法律合规执行委员会主任、知识产权合规执行委员会主任)

◎张　华[中国航空集团有限公司(中国国际航空股份公司)总法律顾问、首席合规官]

◎杜江波(中国石油化工集团有限公司原总法律顾问)

◎刘学海(国家能源集团原总法律顾问、首席合规官)

◎何建祥(中国诚通国际贸易有限公司党委书记、董事长)

◎乔钢梁(美国丹纳赫公司副总裁、北亚区总法律顾问)

本书编辑组：叶小忠　俞国洪　王国庆　陈晓婷

风险时代企业法务的变革

2025 年 2 月 DeepSeek 横空出世，成为社会广泛关注的现象级事件，以 DeepSeek 为代表的 AI 工具给人们的工作生活带来了直接且显著变化，再一次诠释了“世界唯一不变的就是变化”的深刻内涵。直面挑战，迎接变革，成为人们无法回避的现实选择。

风险时代，企业法务也全面感知到来自市场、监管、技术的巨大变化。近年来，国内经济下行，企业发展外部环境严峻，多年积累的风险爆发，越来越多的企业面临巨大经济压力，由此暴露出来的法律合规风险、案件纠纷也大幅增加，企业法务重心正从企业正常发展状态的支持服务转向企业权益保障的第一线。同时国际政治、经济、法律环境也日趋复杂，市场活动政治化、政治活动法律化的现象明显，一些国家肆意提高关税水平、滥用各类制裁措施，极大破坏了既有的国际经济秩序，阻碍了正常的国际经济活动。同时，本着对等原则，国内反制措施越来越严格，2025 年 3 月，《中华人民共和国反国外制裁法》正式实施，对国内企业涉外相关活动提出反制要求，企业面临多重监管的压力，经济活动处在高度不确定的法律合规环境中，存在巨大的法律合规风险，发现、解决现实的法律合规问题成为企业法务当务之急。DeepSeek 等 AI 大模型的广泛应用，正在极大地改变企业法务原有工作模式：一方面，AI 直接提升了企业法务人员的个人能力，在很大程度上解决了知识积累的问题，不管是在日常的法律咨询、合同审查、文书撰写，还是在重大项目决策、重大案件处理等方面，企业法务业务能力都得到了极大提升，工作效率和质量明显改进。另一方面，就企业法务管理工作而言，AI 工具的使用，使企业法律合规风险管理能力不断增强，为企业实行集中化、标准化、板块化、区域化的法律管控提供了更多条件，有利于在数智化基础上实现全级次、全链条、全过程、全要素穿透式监管。

面对这些变化，企业法务要全面调整工作思路、工作重点和工作方法，积极应对可能出现的风险。总的来看，当前企业法务工作需要聚焦以下四个方面内容：一是工作理念上，将价值创造作为衡量企业法务工作的试金石，不管是法律专业实务工作，还是法律合规管理工作，都要将法律效果与业务效果、企业效果结合起来，在企业总体层面而不仅仅是法律部门层面考虑问题。二是加强案件纠纷的处理工作，案件纠纷直接关系企业利益，是企业法务创造价值的最直接体现，在经济下行的大环境下，要采取诉讼、仲裁、调解等多种手段解决纠纷，不仅要有效处理企业案件，而且要保障企业利益实现。三是高度重视国际环境恶化的情况下可能出现的法律合规风险，强化基础工作，提前做好预案。加大应对涉外制裁等工作的力度,破解涉外法治工作中的重点、难点问题。四是进一步加强合规体系建设,夯实企业法治工作的基础。当前合规管理体系建设要从形式合规转向实质合规,从有没有、全不全向有没有实效、有没有价值发展,在以往合规管理体系建设的基础上,把制度合规、重大决策合规作为重点,细化合规审查等操作性问题,实现合规体系的有效落地。

本期《中国企业法务观察》紧跟形势变化,选取了19篇具有代表性的文章,分别从法治建设、合规应用、涉外合规和理论探讨四个方面,围绕着当前企业法务的热点、难点问题,介绍了相关企业的经验和做法。

中国诚通作为国务院国资委对标世界一流企业的试点单位,从建立健全完善的法治体系、提升合规经营的意识、建立协同科学的风控机制、健全规范有效的流程管控、加强案件管理能力、抓好组织机构建设、加快数智化转型、探索应用领域创新等8个方面确定了28项重点工作,为中国诚通的法治建设确定了发展蓝图。

北京燕京啤酒股份有限公司在制度体系建设中,通过明确各项工作管理标准、实现路径、循证要求,打造系统性的燕京啤酒制度管理框架,包括治理制度、经营制度和管理制度,共计170项制度的建设规划模型,进一步细化制度计划、制度起草、征求意见、合规审核、审批发布、修订和废止等各项管理要求,对全集团制度进行规范化管理。

国网安徽电力以合规数字化建设为抓手,着力打造以"2+3+1"数字工具应用为基础的合规风险防控机制。系统科学论证,建设2个风险预警工具;利用数字赋能,开发合规数字员工、合同智慧助手、风险监测模型等3个风险管控工具;基于PDCA理念,研发1个风险提示改进工具;通过实施一系列创新举措,推动了合规数字化建设走深走实,促进了业规融合、实现了精准提示,风险防控成效显著提升。

三峡集团聚焦新能源项目开发建设法律合规手续管理,以标准化管理的思路和方法为工具,分析提炼共同点要素,挖掘关键节点;创新性地提出通过搭建过程手续和用地手续两个框架来实现新能源项目开发建设合规手续的标准化管理,以达到防范法律合规风险、提升管理效率、节约人力资源等目的。

国家能源集团国际公司总结提炼覆盖企业全业务领域的35类合规风险,立足合规管理体系设计有效、实施有效、结果有效三个维度,结合案例总结分析12项重要影响成效问题。最后基于"以人为本"核心价值理念,以"战略　人才　文化"三轮驱动,建构了系统、开放、包容内外部环境变化和兼顾企业特点的RISE365境外合规管理模型。

中国能建在涉外法治建设工作中,以制度建设、队伍建设、风控建设为抓手,持续健全涉外法治集团化管控体系;通过事前抓决策、事中抓管控、事后抓救济,搭建全生命周期海外经营管控网络;突出合同管理、合规管理、案件管理三方面重点工作,系统性治理海外经营出现的问题,全面提升海外业务的依法合规经营水平。

海尔智家法务出海"法务共享中心"模式通过三个方面落地实施:一是事前充分授权,

重视“法单合一”下单的具体内容，总部法务参与海外属地法务关键节点工作；二是重视过程监管，通过数字化工具实现合同和诉讼等业务的全流程动态管理；三是打破地域边界进行法务资源全球调配，总部法务通过调配最专业的内部合规专家协同应对合规挑战。

本期《中国企业法务观察》还得到了日本经营法友会的大力支持，通过对1000余家日本企业的调查，全面介绍了日本企业法务部门构成、人员数量、工作定位、业务开展及与律师合作等情况。同时，以花王集团为研究对象，详细探讨其全球业务布局下的法务组织架构，着重分析花王集团在中国的业务发展历程、法务机能的演变、中日法务协作模式以及对未来中国业务的战略展望，为中国企业了解日本企业法务情况，提供了一手资料。

理论是灰色的，实践之树长青，《中国企业法务观察》将持续跟踪、研究中国企业法务的优秀实践经验，并共享给广大企业法务同仁。

衷心感谢本期作者的辛苦工作和高质量的成果！

主编叶小忠

2025年5月5日

目 录

Contents

第一编　法治建设

第一编　法治建设

世界一流法治企业建设试点工作中的诚通探索

何建祥　洪啸宇

作者简介

何建祥　中国诚通控股集团有限公司纪委委员、金控管委会委员、法律合规部总经理，中国国有企业结构调整基金有限公司监事会主席、中国国有企业混合所有制改革基金股份有限公司监事长

洪啸宇　中国诚通控股集团有限公司法律合规部主办

企业简介

中国诚通控股集团有限公司是国务院国有资产监督管理委员会监管的中央企业，是国务院国有资产监督管理委员会首批建设规范董事会试点企业、首家国有资产经营公司试点企业，现为中央企业国有资本运营公司。中国诚通控股集团有限公司现有基金投资板块规模超6500亿元，以中国国有企业结构调整基金、中国国有企业混合所有制改革基金两只国家级基金为主，包括债转股基金、科创基金、土地盘活基金等专项基金，着力推动国有资本布局优化和结构调整；股权管理板块管理规模2000亿元，参与央企重组整合和股权多元化改革，成为国家管网、鞍钢集团等5家一级央企的主要股东，通过公司治理发挥积极股东作用，专业运作上市公司股权，服务央企上市公司价值提升；资产管理板块打造"资产经营升级版"，托管中国铁物并化解其债务危机、重组成立中国物流集团，牵头处置央企海工装备资产、海外油气资产，承接央企"两非"资产，接收党政机关培训疗养机构转型健康养老产业；金融服务板块持续完善，充分发挥财务公司、租赁公司、保理公司、证券公司、公募基金等企业功能，开展具有运营公司特色的金融服务；立足集团资源禀赋，大力培育战略性新兴产业，推动中国纸业、力神电池等所出资企业实现高质量发展，打造行业"链长"和"旗帜"。

内容摘要

世界一流法治企业建设试点工作是实现新时代国资央企高质量发展要求的重要保障。在充分认识世界一流法治企业建设试点工作重要意义的基础上,以国际视野和创新思维通过对标分析指出世界一流法治企业所具有的共同特征,并结合中国诚通法治工作实际,在坚持国际视野与中国特色、推动企业经营与法治系统良性互动、全局观念和系统思维三大原则的前提下,探索世界一流法治企业建设试点企业应采取的具体措施。

关键词

国有资本运营公司　世界一流　法治建设

党的二十大报告用专章部署法治建设,强调"在法治轨道上全面建设社会主义现代化国家";党的二十届三中全会把"坚持全面依法治国"作为进一步全面深化改革的重大原则,旗帜鲜明地提出"法治是中国式现代化的重要保障",凸显了法治建设事关根本的战略地位。

法治建设对企业发展来说同样至关重要。国务院国有资产监督管理委员会(以下简称国务院国资委)强调"不断深化治理完善、经营合规、管理规范、守法诚信的法治央企建设,为加快建设世界一流企业筑牢坚实的法治基础"。

中国诚通控股集团有限公司(以下简称中国诚通)成立于1992年,是国务院国资委监管的中央企业,2016年成为国有资本运营公司试点,2022年转入持续深化改革阶段,围绕资产管理和金融服务两条主线,正在加快建设发展成为质量更高的国有资本运营公司。高质量的资本运营,需要更有力的法治建设支撑。中国诚通高度重视法治建设,自2024年年初被国务院国资委纳入世界一流法治企业建设试点单位以来,围绕世界一流法治企业建设试点工作,其正在加深对世界一流法治企业的理解,丰富世界一流法治企业概念的内涵、特征,探索具有中国国有资本运营公司特色的世界一流法治企业建设路径。

一、时代之维:开展世界一流法治企业建设试点工作的必要性

(一)贯彻落实党中央重大决策部署的基本要求

党的十八大以来,以习近平同志为核心的党中央从全局和战略高度推进法治建设,创造性提出全面依法治国的一系列新理念新思想新战略,形成了习近平法治思想。党的二十大报告首次就法治建设做出专章论述、专门部署。党的二十届三中全会通过的中共中央《关于进一步全面深化改革、推进中国式现代化的决定》把"坚持全面依法治国"作为进一步全面深化改革的重大原则,强调"在法治轨道上深化改革、推进中国式现代化,做到改革和法治相统一,重大改革于法有据、及时把改革成果上升为法律制度"。与此同步,党中央、国务院就关于加快建设世界一流企业也作出了一系列决策部署。法治能力毫无疑问是企业核心竞争力的重要体现,是企业发展的战略支撑。

(二)深化法治央企建设的重要抓手

2021年,国务院国资委印发的《关于进一步深化法治央企建设的意见》提出了法治央

企建设总体目标,“十四五”时期,中央企业法治理念更加强化、治理机制更加完善、制度体系更加优化、组织机构更加健全、管理方式更加科学、作用发挥更加有效,法治建设取得更大进展,部分企业率先达到世界一流水平;启动了世界一流法治企业建设试点,进一步明确了深化法治央企建设的路线图、任务书。在世界一流法治企业建设目标的指引之下,处于不同行业、承担不同使命、位于不同发展阶段的中央企业,需要因地制宜、因时制宜、因企制宜,在相互学习、相互借鉴中推进自身的法治建设。

(三)面对新形势新要求新挑战的必然选择

建设世界一流法治企业,也是企业面对新形势新要求新挑战的必然选择。新时代新征程,企业发展机遇与挑战并存,必须把握历史新方位、时代新变化、实践新要求,与时俱进、守正创新,从全球、全局和战略高度准确把握当前形势发展变化,找准企业发展所处的历史方位和前进方向。从国际看,百年变局加速演进,国际政治经济形势发生深刻变化,大国博弈日趋激烈,逆全球化和产业链供应链区域化碎片化趋势日益明显。从国内看,我国经济的基本面及市场广阔、经济韧性强、潜力大等有利条件并未改变,但面临一些前进中的问题、发展中的烦恼。2024 年 10 月以来,国家发展和改革委员会、财政部、工业和信息化部等部门密集发布增量政策,向市场传递积极信号。2024 年 12 月召开的中央经济工作会议,系统分析了国内的经济形势,并对 2025 年的经济工作进行了部署。面对国内外形势变化,中央企业必须坚定信心、居安思危、未雨绸缪,坚持通过法治建设“强身健体”,通过制度完善防范化解风险、有效应对挑战,于变局中开新局。

(四)中国诚通资本运营深化改革的内在需求

企业发展有其自身规律,企业在不同发展阶段面临不同问题、风险和挑战,需要通过法治建设及时固定企业改革成果、规范企业运作、护航企业发展。当前,中国诚通按照党的二十届三中全会关于进一步深化国有资本运营公司改革的要求,围绕资产管理和金融服务两条主线,践行金融服务实体经济根本宗旨,积极开创以资产管理为特色的资本运营新格局,努力将集团打造成为国务院国资委的“好帮手”、中央企业的金融平台、战略性新兴产业的“助推器”和科技成果转化的“孵化器”。任务的增加、使命的转换、改革的深化,更要求中国诚通在融入中心、服务大局,在落实完善中国特色现代企业制度、加快布局战略性新兴产业和未来产业、深化提质增效、防范化解重大风险、支持金融服务实体经济发展等重点任务的过程中,进一步发挥法治建设的服务保障作用。

二、理论之思:世界一流法治企业建设试点工作的内涵、特征

(一)世界一流法治企业的政策演进

“世界一流”在管理学语境中并非一个规范的学术概念,而是一个具有较强实践意义和应用价值的研究议题。在党的十九大首次提出培育具有全球竞争力的世界一流企业后,以中央企业为突破口,国务院国资委出台了一系列政策文件,就世界一流法治企业的

标准、特征、总体要求、具体规定以及实施安排、工作保障等进行了阐述和部署,见表1。

表1 党中央、国务院国资委关于世界一流法治企业建设的系列政策

发布时间	名称	内容
2015年	《关于全面推进法治央企建设的意见》	围绕增强依法治理能力、强化依法合规经营、依法开展国际化经营、依法规范管理提出工作方向和指导意见
2021年	《关于进一步深化法治央企建设的意见》	提出建设"治理完善、经营合规、管理规范、守法诚信"的法治央企建设目标,以及健全五个体系、提升五种能力的重点工作任务
2022年	《关于加快建设世界一流企业的指导意见》	明确世界一流企业"产品卓越、品牌卓著、创新领先、治理现代"的标准
2022年	《中央企业合规管理办法》	对央企法律管理的重要内容——合规管理做出规定
2023年	《中央企业法律纠纷案件管理办法》	对央企法律管理的重要内容——纠纷案件管理做出规定

在关键标准方面,2022年《关于加快建设世界一流企业的指导意见》提出要加快建设一批"产品卓越、品牌卓著、创新领先、治理现代"的世界一流企业,首次明确了世界一流企业的四大核心要素和标准,这是中国诚通创建世界一流企业的根本遵循。具体到法治央企建设,国务院国资委近年来陆续制定印发了《关于全面推进法治央企建设的意见》、《关于进一步深化法治央企建设的意见》、《中央企业合规管理办法》和《中央企业法律纠纷案件管理办法》等系列文件,明确提出了打造"治理完善、经营合规、管理规范、守法诚信的法治央企"总目标,要求持续推进中央企业健全领导责任、依法治理、规章制度、合规管理、工作组织五个体系建设,突出提升引领支撑、风险管控、涉外保障、主动维权、数字化管理五种能力,并明确提出了"十四五"时期部分中央企业法治工作要率先实现世界一流,即一流的法治理念、一流的治理机制、一流的管理系统、一流的业务能力和一流的价值创造。

(二)世界一流法治企业的共性特征

学术研究中,与"世界一流"相近的概念是"卓越企业"(Excellence Enterprises)。美国《商业词典》将"世界一流企业"简明扼要地定义为可以成为其他企业的标准和标杆的企业。对世界一流法治企业的要素、特征和标准的研究,既要开展企业对标、学习借鉴世界一流企业法治管理的有益经验,也要合理吸收、利用国际权威机构的研究成果,筛选出世界一流法治企业应具备的特征、要素,并从不同方面进一步丰富世界一流法治企业的内涵。

对标管理是中央企业建设世界一流企业的重要实现方式,由美国施乐公司于1979年首创。对标管理是指企业以行业内或行业外的一流企业作为标杆,从各个方面与标杆企业进行比较,在确定差距、分析原因的基础上,学习借鉴标杆企业的先进经验,持续提升企业绩效的良性循环过程。对标管理是建设世界一流法治企业的有效手段,是一个系统化和结构化的过程，有利于帮助企业评估自身与世界一流法治企业之间的差距。

我们认为，国内外的一些优秀企业所具有的一些共性特征，应当成为我们学习借鉴的标杆。

1. 卓越的价值创造能力

卓越的价值创造能力，核心是企业要通过卓越的法治能力，创造和发挥自身价值，支撑和服务自身发展，将法治工作和企业中心工作深度融合，将法律管理与企业经营管理深度融合，提升法治工作效能，真正发挥法治工作的价值创造作用，实现内涵式发展。卓越的法治工作是世界一流法治企业的具体体现。

世界一流法治企业必然是能够产生领先的业绩，并且对其行业产生巨大影响的企业。从财富五百强名单来看，近年来，我国入选财富五百强企业的数量与美国不相上下，但除部分企业外，国内企业在营业收入、利润等一些规模指标上还存在一定差距。

就国有资本运营公司而言，在经营规模指标上，公司的资产需实现境内外稳健运营，其业务发展与经营业绩需达到国际一流水平，资源配置效率与运营效益需位居世界前列；在产业引领指标上，要通过资产管理运营、基金股权投资、产业孵化培育等市场化资本运营手段，实现国有资本保值增值，推动国有资本向重要行业、关键领域、重点基础设施集中，向前瞻性、战略性产业集中，向产业链关键环节和价值链高端集中，向具有核心竞争力的优势企业集中；在依法经营指标上，重点关注提升法治引领支撑能力、风险管控能力、合规经营能力、依法维权能力，保障基金发展行稳致远、股权管理规范有序、金融服务安全可靠、战略性新兴产业加速培育。

2. 卓著的企业声誉

卓著的企业声誉，具体到法治工作中，就是指企业通过依法合规经营、主动承担社会责任，在企业内部形成深入人心的法治理念，在社会上形成企业依法经营的良好声誉，这既是世界一流法治企业的外在表现，也是世界一流法治企业的精神内核。根据一些咨询机构的调研，我国超过半数（60%）的受访者认为，在过去 2 年中，其所在公司或组织的诚信标准有所提升；约 38% 的受访者认为，其所在的公司或组织的诚信标准与前期大致相同。与成熟市场对应的调研结果 39% 和 50% 相比，我国企业诚信建设显示了良好的成长性。与此同时，我们也应该客观地看到，我国企业，包括中央企业、地方国有企业在内，企业诚信建设、品牌建设等还有较大的发展空间。

就国有资本运营公司而言，就是要坚守“诚信为本，通商四海”的核心价值观，将诚信作为立身之本和经营哲学，依法参与市场竞争，营造深入人心的法治理念；在承担社会责任指标上，按照诚信和遵守道德标准的原则，有效支撑公司可持续发展，更好地守护中国诚通员工以及利益相关方的商业利益以及生态环境保护等社会公共利益；在合规管理指标上，要有完善的合规管理机制，贯彻合规创造价值的观念，致力于建立高效并有组织的一流合规管理体系，保证合规制度与关键业务流程的完全整合，实现合规流程的嵌入和落地，努力成为央企合规建设的标杆,使合规成为中国诚通的竞争优势,实现合规创造价值的目标。

3. 现代化的治理体系

现代化的治理体系,就是加快建立完善中国特色现代企业制度,拥有健全完备的治理结构、协调运转的治理机制,形成科学有效的管控模式,股东(大)会、董事会、经理层各司其职,各尽其责,规范运作,建立科学决策、有效制衡的运行机制,这是世界一流法治企业的内在支撑。从世界范围来看,世界一流法治企业所采用的公司治理模式,根据其地理分布和治理理念的不同,大致划分为两类,以分散股权为主要特征的英美公司治理模式和以集中股权为主要特征的大陆公司治理模式。在股权结构上,这两种模式的主要区别在于前者股东分散,后者集中;在目标价值差异上,前者以股东利益最大化为取向,后者则更考虑公司的长远利益;在监督机制差异上,前者股东主要通过市场手段控制与监督公司,采取单层制董事会,后者则更多依靠大股东,实行双层制董事会。此外,值得关注的是新加坡的淡马锡公司,其采取董事会授权下的经理层负责制,融合了国有企业的特点和市场化运作的优势。纵览上述世界一流法治企业的公司治理模式,我们认为各治理模式有所差异,但又具有相同的共性,即不拘泥于刻板的治理形式,而是根据实际情况充分发挥各治理机构的作用,并在内部发挥独立监督和审计职能的作用。

央企现代化治理体系,就是要坚持不照搬西方的治理模式,不盲目追求形式上的相似,而是要植根于中华优秀传统文化,充分体现中国智慧、中国魅力、中国活力。就国有资本运营公司而言,在公司治理指标上,要充分发挥公司章程的根本作用,把章程作为依法治企的准绳,理顺各治理主体的行权边界,充分发挥党委“把方向、管大局、保落实”的作用,加强董事会建设,落实董事会职权,维护经营自主权,激发经理层活力;在集团管控模式指标上,要理顺出资人职责,转变管控方式,立足其使命定位,明确总部与所出资企业的权责边界和授权行权方式;在法治工作指标上要着力提升法律保障水平,把合法合规性审核和重大风险评估作为重大决策事项的前置程序。

4. 领先的创新应用

创新领先,就是坚持“创新驱动”,拥有大量具有自主知识产权的核心技术和能力,并持续在关键技术、前沿技术等方面进行探索与突破。创新能力是企业核心竞争力的主要来源,也是世界一流法治企业区别于一般企业最重要的标志。以淡马锡公司为例,淡马锡公司的发展与新加坡的国家战略紧紧联系在一起,其在各个行业的进入与退出,都反映出新加坡产业结构调整政策及世界产业发展方向。基于国家战略需要,淡马锡公司的投资关注前沿与科技领域,投资结构向可持续生活、数字化进程和未来新消费领域不断倾斜。

新质生产力带来的是发展命题,围绕加快形成战略性新兴产业的体制机制变革,实现法治引领创新至关重要。法治要紧跟新经济的演化,推动新兴产业、未来产业发展,带动新经济增长点不断涌现,切实抓好自主创新能力建设,增强高质量科技供给。就国有资本运营公司而言,在引领发展指标上,要围绕企业做优法律服务,特别是在企业新质生产力过程中，为相应的新业务、新模式等提供及时到位的法律服务，对于集团资本运营所涉及的基金投资、资产管理、战略性新兴产业培育等重大项目，法律部门要全程参与，做到事前论证、事中落实、事后防控；在创新法治管控手段指标上，要实现法治工作的数字化转型，拥有先进的数字化管理工具，从资本运营实际出发，将数字化技术与风险管控体系建设、合规管理体系建设相结合，借助大数据、云计算、人工智能等新一代技术，实现制度、流程、数据、系统的有机融合，推动数据要素价值的释放。

三、实践逻辑：开展世界一流法治企业建设试点工作的重点

世界上没有"定于一尊"的治理模式，也不存在放之四海而皆准的治理标准，这一论断同样适用于世界一流法治企业建设试点工作。在充分分析、吸收、整合、学习对标世界一流法治企业的基础上，中国诚通在世界一流法治企业建设试点实践中，主要做好以下几个方面的工作。

（一）开展世界一流法治企业建设试点工作要坚持的原则

一是要坚持国际视野与中国特色。在世界一流法治企业建设试点工作中，既要通过对标研究汲取国际先进管理经验，又要坚持中国特色，汲取中华传统优秀法律文化，遵循中国式现代化法治路径。世界一流法治企业建设试点工作需要统筹兼顾普遍规律与自身特性的关系，对标世界一流、接轨世界一流、学习世界一流的法治建设要求我们把握法治建设个性中的共性。在学习世界一流法治企业建设经验的过程中，中国诚通要着重考虑自身所处的发展阶段、法治基础，要把握法治建设共性中的个性，真正做到共性与个性的和谐统一，探索建设具有时代特征、本土特色、行业特点的法治诚通模式。

二是要坚持推动企业经营与法治系统的良性互动。世界一流法治企业建设试点要求法律合规部门既要保持业务的独立性和专业性，又要做好与各业务职能部门的密切沟通和交流，服务企业的业务布局、发展大局、前景格局；既要"防控"业务风险，也要"赋能"业务生态，要因应政策调整、市场变化、技术革新带来的改变，使法治建设融入公司日常管理中。

三是要坚持全局观念和系统思维。世界一流法治企业建设试点是世界一流企业建设的必然选择，世界一流企业必然是世界一流法治企业，但法治建设有自身独立性与发展规律。同时，世界一流法治企业建设试点中，法治合规工作涉及面广、任务繁重，需统筹协调、精准发力，既要胸有大局，又要分清主次、大小、难易，"审大小而图之，酌缓急而布之"。要深入研究事关全局的问题，聚焦推进整体改革最为基础最为关键的问题，集中主要精力重点研究解决。

（二）开展世界一流法治企业建设试点工作要采取的具体措施

1. 建立健全完善的法治体系

完善的法治体系是世界一流法治企业建设试点工作的基本要求。

通过对标国内外世界一流法治企业，我们认为应当在充分发挥领导干部带头作用、第一责任人职责履行和发挥合规管理委员会作用等方面进一步发力。

就充分发挥领导干部带头作用而言，中国诚通树牢“决策先问法、违法不决策”的法治理念，坚持和完善依法决策机制。2024 年 4 月，中国诚通党委开展理论中心组联学，邀请权威人士就公司法修改作专题讲座，系统介绍了公司法修改的主要背景和基本情况，聚焦健全公司资本制度、完善国家出资公司组织机构等重点问题进行深入解读，带动所出资企业深入学习贯彻习近平法治思想。就高度重视第一责任人职责履行而言，中国诚通在现有制度基础之上，不断健全领导责任体系，不断完善工作机制，压实“一把手”法治责任，将法治建设、合规管理要求向下延伸拓展；完善总经理办公会、党委会和董事会的运行机制；总法律顾问对于上会议题均需发表审核意见，并在议题申请表上签字；印发《领导干部应知应会法律法规清单》，充分融合中央企业党建引领、集团定位、职能部门履职和业务板块发展等必备要素，提升干部法治素养，抓好“关键少数”、管好“绝大多数”。就健全依法决策机制而言，中国诚通针对当前部分重大决策审核不严的情况，提出要严格按照依法决策程序，落实职工参与、风险评估、法律审核、集体决策等要求。对于“三重一大”事项，高度重视重大改革事项法律论证，切实防范法律风险。

2. 提升合规经营的意识

合规是世界一流法治企业建设试点工作的安全底线。

通过对标国内外世界一流法治企业，我们认为要在宣贯合规创造价值理念、完善合规管理体系、加强关键环节合规审查等方面下功夫。

就宣贯合规创造价值而言，中国诚通针对当前合规意识尚未深入人心的现状，进一步培育合规文化，把合规文化作为企业文化的重要组成部分。精心组织开展合规文化建设主题活动，把培育合规意识与企业日常生产经营活动相结合，围绕资本运营公司开展业务中涉及的《公司法》《证券法》《中央企业合规管理办法》等相关法律法规、部门规章，常态化宣传重点领域合规知识。对合规关键岗位、重点领域积极开展宣讲培训、警示教育；把培育合规意识与公司职工日常生活相结合，积极普及日常生活相关法律知识，引导员工学法用法；把培育合规意识与宣传模式创新相结合，充分运用“报、网、端、微、屏”等媒体平台，全方位、多声部开展宪法宣传，在活动广泛性、参与度上下功夫。就加强关键环节合规审查而言，中国诚通在前期规章制度、经济合同、重要决策三项法律审核 100% 的基础上，进一步提高合规审查覆盖的广度和深度，要求企业在作出重大事项决定、各部门上会审核前，必须经过法律合规部和总法律顾问的书面审查。在前期实践的基础上，中国诚通系统梳理、细化举措，提炼、归纳、总结出《中国诚通重大决策法律审核规范指引》，强化法律审核，将合法合规性审核内嵌到国际国内各业务决策及运营流程，确保依法合规。就完善合规体系而言，中国诚通针对合规体系有待进一步完善、合规管理专项制度仍需加强的情况，聚焦重点领域和关键环节，将防控合规风险的合规要求分解落实到重点岗位，嵌入流程，实现合规管理与经营业务的融合。各业务职能部门负责开展本领域内的合规审查、风险识别和隐患排查，发挥合规管理“第一道防线”的“排头兵”作用；合规管理部门牵头组织、协调合规管理和风险防控，为其他部门提供合规支持，发挥合规管理“第二道防线”的“安全线”作用；合规管理监督部门负责合规管理活动实施情况的监督，依据权限调查相关违规行为，发挥合规管理“第三道防线”的“压舱石”作用。在开展合规管理体系有效性自评价的基础上，创新实施合规管理现场评价及督导，对合规管理体系建设情况、业务合规管理情况进行现场评价督导，形成督导报告，积累合规体系建设经验。

3. 建立协同科学的风控机制

风险管控是世界一流法治企业建设试点工作的目标导向。

通过对标国内外世界一流法治企业，我们认为要在加强重大风险研判、建立全链条风险处置流程和加强涉外风险处置专项能力上下功夫。

就加强重大风险研判而言，中国诚通针对近年来统筹发展和安全、坚决守住不发生系统性风险的底线成为经营管理重中之重，构建与资本运营持续深化改革相适应、符合市场化运行规则的风险治理体系的重要性越发突出的现实情况，定期对公司全层级进行重大风险动态评估，针对性开展资本运营特色风险预警指标与标准研究；建立覆盖集团主业、法律、财务等领域的数字化风险预警体系，建立风险量化监测指标体系，加强年度重大风险评估工作，开展季度重大风险监测，以数字化手段研判风险变化趋势；以国际化眼光关注风险管理前沿理论，翻译、引入、研究企业风险管理全球前沿理论与最佳实践；对分散在各领域的风险事件分类分级进行整合，重点关注战略风险、流动性风险和法律风险等，筛选出重点关注指标，划分风险等级影响程度级别。就建立全链条的风险预警处理机制而言，中国诚通按照防范系统性风险的要求，针对当前风险处置机制不完善的现实情况，按照全面风险管理的要求，充分融入企业战略和业务流程，从制度建设、组织架构、管控模式、运行机制等方面，构建与全面风险管理要求相匹配的管理体系；做好风险防控端口前移，将风险防控端口从事后向事前、集团向基层、内部向外部进行延伸，实现风险识别、研判、监控、处置的应对全生命周期精准管控，实现风险的源头把控、过程管理和结果监控，提高风险管控的效能。就增强处理涉外风险能力而言，中国诚通针对以地缘政治、国际规则和法治环境为代表的外部挑战和自身复杂国际环境下境外法律风险应对处置能力仍然不足的现状，立足集团“走出去”的现实需要，高度重视目标国风险的识别和预防预控，划定风险红线，制订风险预案，深入研究目标国规制海外投资和并购的法律，加强海外风险防控体系和能力建设，全面防范涉外合规风险。

4. 健全规范有效的流程管控

规范有效的流程管控是世界一流法治企业建设试点工作的重要管理手段。

通过对标国内外世界一流法治企业，我们认为应当在加强规章制度建设、加强重点环节管控、加强内控监督评价等方面重点发力。

在建立科学完备的制度体系方面，中国诚通针对全层级规范统一的制度体系尚未完全建立问题，加强制度建设，分步推进落实，对现有制度进行全面梳理统计，通过制度年度“废改立”计划，对新增制度进行严格审核，对制度薄弱部分进行专门补强，对不能适应企业发展需要的制度进行废除，构建与经营管理相适应、与上下层级相衔接、与内控体系相协调的规章制度体系。拟定“制度建设年”专项计划，全面梳理、整合集团全级次、全业务领域的制度，加强顶层设计和统筹规划，强化制度体系、内控体系、管理流程之间的同步修订，增强了内控和流程的制度系统性、配套性。加强制度宣贯，确保规章制度进一步转化为公司资本运营改革深化的保障。

在加强重点环节管控方面，中国诚通针对国有资本运营事业不断深化、业务领域不断拓展的现状，对投资并购、改革重组等重大事项开展专项风险评估，强化第一道防线风险防控责任。将合法合规性审查和重大风险评估作为决策事项必经前置程序，对违规行为“一票否决”。

在加强内控监督评价方面，中国诚通针对现有内控手册不完善、内控评价标准未及时更新等问题，通过定性和定量相结合的内控评价标准，对重点企业、重要领域、关键流程开展内控评价，及时发现管理缺陷和问题，及时堵塞管理漏洞，健全长效机制。其后续计划进一步加快内控手册更新，将内控流程与公司现行规章制度、管理工作相融合，真正发挥内控监督评价作用，提升集团的治理能力和决策水平。

5. 加强案件管理能力

案件管理是世界一流法治企业建设试点工作的抓手。

通过对标世界一流法治企业，我们认为应该在加强重大纠纷案件管理、压实案件处置责任、提升以案促管质效上下功夫。

在重大案件管理处置方面，中国诚通针对当前重大案件存量尚未消化、增量较多的现状，落实备案要求，以专题报告方式向集团总部法律事务机构进行重大案件备案，实时掌握案件处置情况；建立联合督办机制，部门联动，上下联动，打破信息壁垒，灵活处理案件；建立重大案件“包保责任制”，高度重视存量案件处理，防止相关人员因为案件时间较长产生麻痹思想、疲倦情绪；拧紧“责任链条”，明晰主体职责，靠前谋划压实责任，坚持定责任领导、定承办人员、定审理方案的举措，专题听取处置情况汇报，专项研究解决堵点问题，用严实手段提升处置速度。

在压实纠纷案件处理责任方面，中国诚通实施分级分类管理，搭建案件处理框架，处理好集团总部与所出资企业之间的分工协作，充分压实主体责任，同时发挥集团总部的指导作用。集团总部发挥统筹职能，根据企业发展阶段、管理能力、行业特点、案件趋势等特征建立管控标准，建立健全差异化、特色化的管理模式，指导子企业按照总部的管控标准开展纠纷案件管理，并提供专业支撑，发挥整体协同效能。充分发挥公司律师作用，增加公司律师凝聚力，主要依靠企业内部法务人员直接代理案件，在实战中锤炼队伍、提升能力、凸显实效。

在提升以案促管质效方面，中国诚通改变分散管理模式，向集约化管理模式转变，实现集团总部对整体案件数据的统一管理，覆盖集团各层次、各级别的案件数据；从被动处理向主动管理转化，实现案件的全流程管控；通过风险提示函、案件督办函、法律合规建议书等，持续规范企业内部管理，及时发现违法违规问题。加强典型案例分析，认真汲取反面教训，引以为戒、举一反三，提升主动维权能力。进一步突出源头管控、综合管控，健全“以案促管、以管创效”的长效机制。由经验管理转向数智管理，依托大数据、人工智能等信息技术，构建案件管理数字化平台，提升办案质效；对关联案件、同类案件进行综合分析，积累案件处理资料，形成知识资源库。

6. 抓好组织机构建设

高素质法治工作队伍是世界一流法治企业建设试点工作的组织保障。

人是企业管理中最活跃的因素。通过对标世界一流法治企业，我们认为要在加强总法律顾问制度建设、建设高素质法治工作队伍、提高涉外法治能力上发力。

就完善总法律顾问制度而言，中国诚通针对当前部分所出资企业尚未配备专职、专业总法律顾问，部分总法律顾问履职不力的情况，加快落实总法律顾问制度，明确总法律顾问的职能定位，充分发挥总法律顾问在“重大决策、重要合同、规章制度、重大经营事项”中的前置把关作用，基本实现集团和重要子企业配备专职、专业的总法律顾问（首席合规官），并对任职资格、队伍建设、任期轮换等都做了详细规定。

就持续选拔培育优秀法治人才而言，中国诚通针对法治工作队伍专业化水平有待提高，所出资企业专业力量统筹配置程度参差不齐的问题，精细化利用当前法治人才资源，依托企业现有资源禀赋，用好公司律师、法律援助中心人员、兼职合规管理员、风险观察员、法律顾问“五支队伍”，着力培养一支政治立场坚定、法律专业扎实、通晓资本运营规则的高素质法治工作队伍。中国诚通针对增强国际竞争力的现实需要，加强涉外法治专门人才建设，增强全球治理能力。中国诚通参与国际竞争，发挥国资央企力量，需要一大批熟悉党和国家方针政策、了解我国国情、具有全球视野、熟练运用外语、通晓法治规则、精通国际谈判的专业法治人才。要有针对性地加强涉外法治人才队伍建设，突破人才瓶颈，做好人才储备，为央企参与全球竞争提供有力人才支撑。

7. 加快数智化转型

法治管理工作的数智转型，是世界一流法治企业建设试点工作的重要管理工具。

通过对标世界一流法治企业，我们认为应在加强法治系统基础设施建设、强化数字资源利用等方面提高法治数智化水平。

就加强法治系统基础设施建设而言，中国诚通针对当前法务管理系统职能尚未打通、管理尚未智能的问题，针对资本运营业务开展实际，打造融合风险控制、合规管理的一体化法务中心处理系统，把人员、操作和系统结合起来，衔接整个资本运营业务流程，如同神经中枢一样，为业务开展提供全方位的支持；优化法务管理系统功能，充分利用人工智能大模型，开发适用于企业决策的人工智能应用场景，研制面向开放环境的决策引擎，在复杂问题研判、政策评估、风险预警、应急处置等重大法律决策方面推广应用。

就充分利用企业数据资源而言，中国诚通针对当前公司内部数据共享不畅、利用不足的问题，要给数据共享以充分的制度激励和机制设计，解决各部门不愿共享、不会共享、不便共享、不敢共享的问题，摆脱“数据孤岛”“数据烟囱”等困境，实现基于数据共享的业务协同；要加强对数字资源的分析利用，形成数字资源知识宝库，缓解长期困扰集团的决策信息不足、治理手段有限等难题，提升公司经营的效能。

8. 探索应用领域创新

探索应用领域创新是世界一流法治企业建设试点工作的效果检验。

通过对标世界一流法治企业，我们认为要在法治服务业务模式创新、加快更新法治创新成果等方面下功夫。

就法治服务业务模式创新而言，中国诚通针对打造战略性新兴产业“孵化器”的使命定位，以法治创新助力科技创新。新质生产力主要由技术革命性突破推动而成，科技创新是其核心要素。科技创新需要同制度创新一体推进，无论是激发创新活力，还是保护和转化创新成果，都需要法治保障。推动产业深度转型升级，需要注入法治新动力，增强法治支撑力，建立快速制度响应机制，及时形成符合新兴产业特点的制度安排，有效参与新兴领域国际技术标准和商贸规则的制定。

加强对前沿领域的研究，打通束缚发展的“堵点”“卡点”。改革和法治如鸟之两翼、车之双轮，相伴而行。发展新质生产力，需要做到先立后破，在法治轨道上全面推进改革，充分发挥法治的引领、推动作用。对相关领域重点立法开展综合研究，探索研究各类基金投资、股权运作模式架构和权责分工问题；加快对科技评价、奖励制度、人才选拔制度的改革，建立适应新时期人才发展要求的治理体系，营造鼓励创新、宽容失败的良好氛围。

四、结语

志行万里者，不中道而辍足。建设世界一流法治企业是中国诚通贯彻全面依法治国战略部署的使命责任，又是中国诚通推动自身可持续高质量发展、提升价值创造能力的必然要求，也是中国诚通进一步筑牢安全底线、提升依法合规经营能力、更好服务国资央企改革发展的迫切需要。世界一流法治企业建设试点工作不是一个一蹴而就的过程，今后，中国诚通将继续探索和实践世界一流法治企业建设工作，努力打造具有国有资本运营公司特色的法治诚通模式。

第一编　法治建设

兵器工业集团基于“五化”理念的法律合规管理体系构建与实施

刘宝坤

作者简介

刘宝坤　法学博士，中国兵器工业集团有限公司审计与风险管理部法律合规处(制度建设处)处长

企业简介

中国兵器工业集团有限公司作为党执政兴国的重要依靠力量，是国家战略科技力量的重要组成部分，是国家安全和国防建设的主力军。中国兵器工业集团有限公司始终坚持国家利益至上，将装备保障放在首要位置，是各大军工集团中唯一一家面向陆军、海军、空军、火箭军、信息支援部队以及武警公安提供武器装备和技术保障服务的企业集团，除了为陆军提供坦克装甲车辆、远程压制、防空反导等主战装备，还向各军兵种提供智能化弹药、光电信息、毁伤技术等战略性、基础性产品。同时，中国兵器工业集团有限公司积极推进军工技术民用化、产业化，集中力量打造汽车零部件、工程机械设备、铁路产品、石油化工、特种化工、民爆、光电信息、北斗产业、智能制造、应急产业等先进制造业板块和贸易流通、工程技术管理、金融服务等现代服务业板块；深入贯彻落实国家“一带一路”倡议，着力推动我国装备“走出去”和国际产能合作，大力发展军贸、战略资源开发、国际工程承包、产品出口及技术引进等国际化经营业务。2024 年年末，中国兵器工业集团有限公司资产总额 5780 亿元，人员总量 22.3 万人。连续 20 个年度和 6 个任期蝉联国务院国有资产监督管理委员会业绩考核 A 级，位列世界 500 强企业排名第 160 位。

内容摘要

为适应法治建设新形势新任务新要求,兵器工业集团坚持以习近平法治思想为指导,全面落实党中央全面依法治国战略部署,以支撑保障集团公司高质量发展、建设世界一流企业为导向,以顶层谋划推动为牵引,以体系化建设为统领,以标准化管理为抓手,以价值创造为重点,以集约高效为支撑,以长效化为基础,探索构建了具有兵器特色的"五化"(体系化、标准化、价值化、集约化、长效化)法律合规管理体系,较好地解决了长期存在的合规管理体系不健全、基础不巩固、能力不强健、不适应高质量发展需要等突出问题,基本实现了全系统法律合规管理体系全面覆盖、要求上下贯通、机制有效运行,为集团公司经营改革发展提供了坚实的法治保障,初步回答了大型军工集团法律合规管理体系应当是什么、应当怎么建设等基本问题。

关键词

法律合规管理　体系化　标准化　价值化　集约化　长效化

一、工作背景与主要内涵

党的十八大以来,以习近平同志为核心的党中央把全面依法治国纳入"四个全面"战略布局予以统筹谋划、稳步推进,开启了中国特色社会主义法治的新时代。国务院国有资产监督管理委员会(以下简称国务院国资委)、国家国防科技工业局对全面推进"法治央企"建设和"法治军工"建设提出新的更高要求。中央企业推进法治建设,构建符合自身实际的法律合规管理体系并使其有效运行,是贯彻落实党中央全面依法治国战略部署的必然要求,是其自身实现高质量发展、建设世界一流企业的内在需要,也是有效回应国内外风险挑战的必然选择。

2020年,国务院国资委开展"十三五"法治央企建设总结验收,指出了中国兵器工业集团有限公司(以下简称兵器工业集团)在法治建设责任落实、合规管理体系建设、法治人才队伍建设、信息化建设等方面存在的相关问题。我们对兵器工业集团法治建设面临的新形势新要求进行深入分析,提出了大型军工集团法治建设之问,即兵器工业集团应当构建什么样的法律合规管理体系,以及如何快速有效地构建这一体系,以真正解决日益增长的法律合规管理需求与自身不平衡不充分的管理资源能力之间的巨大矛盾。

具体就是要逐一回答以下几个关键问题:一是如何在过去的法律风险管理工作的基础上,快速地推进合规管理体系建设;二是如何使合规管理体系与传统的法律风险防控体系、制度管理体系进行深度的融合、统筹地推进;三是如何解决兵器工业集团与所属单位之间上热下冷的矛盾,使管理的要求做到上下贯通;四是如何在有限的法治资源基础上,实现资源的高效、统筹运用,使其发挥更有力的支撑保障作用;五是在体系初步搭建之后,如何保证其有效性并使其能够不断地迭代优化。

为此,兵器工业集团坚持以习近平法治思想为指导,全面落实党中央全面依法治国战略部署,以支撑保障集团公司高质量发展、建设世界一流企业为导向,以顶层谋划推动为牵引,以体系化建设为统领,以标准化管理为抓手,以价值创造为重点,以集约高效为支撑，以长效化为基础，探索开展了有兵器特色的“五化”（体系化、标准化、价值化、集约化、长效化）法律合规管理体系建设实践。

概言之，就是坚持问题导向和目标导向，以服务保障集团公司高质量发展、建设世界一流企业为导向，以体系化推动为统领，以标准化管理为抓手，以价值化创造为重点，以集约化运行为支撑，以长效化改进为基础，探索构建系统完备、标准驱动、集约高效、价值创造、长效优化的法律合规管理体系。

具体措施包括，加强顶层谋划，通过制定实施集团公司全面依法治企规划、合规管理工作方案和法律合规管理标准，明确法治建设的目标任务、建设路径和具体要求，全面绘就法律合规管理建设蓝图，确定前进“路线图”和“施工图”。坚持体系推动，抓住组织、责任、制度三个关键，推进法律与合规深度融合，实现组织体系、责任体系、制度体系全面覆盖，解决明确法治建设责任、各方共同推动问题；坚持标准驱动，通过制定高质量法律合规管理企业标准，开展法律合规考核评价，促进各单位全面提升法律合规管理水平，解决明确法律合规要求、实现上下贯通问题；坚持价值创造，以法律合规风险防控为重点，推动法律合规要求融入决策流程、融入市场交易、融入风险处置、融入涉外经营，创造实实在在的价值效益，解决强化体系输出、实现价值创造问题；坚持集约高效，强化法律合规管理职能、业务、资源的协同，有效统筹运用内外部法治资源力量，解决法治资源统筹、实现协同高效运作问题；坚持长效优化，积极培育兵器工业法治合规文化、提升法治队伍素质、增强数字化管理能力，持续夯实法律合规管理基础，解决巩固法治基础、促进体系优化问题。“五化”法律合规管理体系内涵见图1。

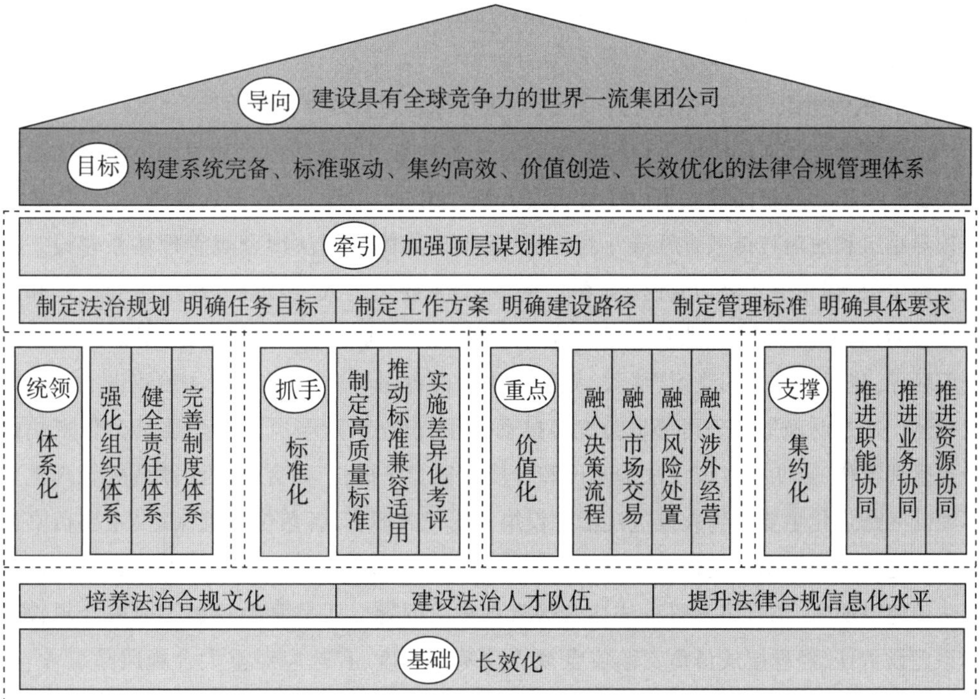

图1　集团公司“五化”法律合规管理体系内涵示意

二、主要做法

（一）加强顶层谋划推动，绘就法律合规管理建设蓝图

1. 制定全面依法治企规划，明确法治建设任务目标。对标世界一流法治建设要求，制定形成兵器工业集团《“十四五”全面依法治企规划》，明确了“十四五”时期“真正建成治理完善、经营合规、管理规范、守法诚信的法治兵器”的总体目标，确定了进一步健全法治建设领导责任体系、依法治理体系、规章制度体系、合规管理体系、工作组织体系，增强了法律合规风险识别防控能力，健全了合规管理工作机制等具体任务措施。

2. 制定合规管理工作方案，明确合规管理建设路径。针对合规管理体系建设空白，印发实施兵器工业集团《合规管理办法》和《合规管理工作方案》，确定了合规管理体系的工作目标，建立了统筹协调、分工负责、部门协同、全员参与的责任体系，规范了健全合规制度、识别合规风险、开展合规审查、应对合规风险、强化违规问责、开展评估总结等6项合规工作流程，突出了装备保障、市场交易等十大重点领域合规管理。

3. 制定法律合规企业标准，明确法律合规具体要求。针对各单位推进法律合规管理工作的疑难困惑，充分吸收国内外法律合规管理最新理论与实践成果，同时结合兵器工业集团经营管理和法治建设实际，制定实施《中国兵器工业集团有限公司法律和合规管理要求》（Q/CNG 59—2021）企业标准，对法律事务管理、合规管理、制度建设提出了深度融合、全面细致的标准化管理要求。同时配套制定《法律合规管理考核评分规则》和《法律合规管理考核评分表》，明确运用标准进行考核评价的考核要点、检查方式以及评分规则，使标准成为有强大“生命力”的管理工具。

（二）抓住组织、责任、制度三个关键，推进法律合规管理体系化

1. 从六个方面强化法治工作组织领导。强化领导作用是法律合规管理体系有效运行的关键。兵器工业集团设立了由主要负责人担任组长（主任）的合规管理委员会、依法治企领导小组和法治宣传教育领导小组，以统筹推进集团公司法律合规管理体系建设。抓住关键少数，强化落实公司党组（党委）、董事会、主要负责人、经理层、法治领导机构和总法律顾问（首席合规官）六类责任主体的领导作用。一是强化党组（党委）对法治工作的全面领导，建立实施公司党组（党委）定期开展法治专题学习、研究部署法治建设工作的制度机制。二是明确集团公司董事会统筹推动作用，设立审计与风险管理委员会负责法律合规管理工作，定期听取审议法治建设和合规管理工作报告，研究决定法律合规管理重大事项。三是强化主要负责人推进法治建设第一责任人职责，各单位普遍制定《主要负责人履行推进法治建设第一责任人职责实施办法》和相应履职清单，各单位主要负责人积极履行法治建设职责，亲自协调解决法律合规管理重大问题。四是明确经理层推进合规管理体系建设责任，经理层成员负责落实合规管理基本制度、有效应对重大合规风险事件、指导推进分管领域合规管理。五是强化法律合规管理领导机构统筹协调作用，兵器工业集

团及所属二级单位全部设立由主要负责人任组长（主任）的依法治企工作领导小组和合规委员会。六是强化总法律顾问（首席合规官）的牵头作用，所属二级单位全部设立总法律顾问（首席合规官），设置法律合规管理部门，配备专兼职法律合规管理人员。

2. 从七个层面健全法治工作责任体系。抓住职责落实这个法律合规管理体系有效运行的根本，细化明确了从主要负责人至全体员工七个层面共计 95 项法律合规管理职责，构建横向到边、纵向到底的法律合规管理责任体系。一是在治理机构层面，明确了兵器工业集团和所属各单位党组（党委）和董事会在法律合规管理方面的 7 项职责。二是在主要负责人层面，明确了主要负责人作为推进法治建设第一责任人需要履行的 7 项职责。三是在领导机构层面，分别明确了法治建设领导机构的 4 项职责和合规管理领导机构的 7 项职责。四是在管理层和管理者层面，明确了管理层整体在推进法律合规管理方面的 8 项职责，以及管理者个人在其职责范围内的 9 项职责。五是在总法律顾问（首席合规官）层面，明确了总法律顾问在推进法治建设方面的 9 项职责，以及首席合规官在推进合规管理方面的 6 项职责。六是在部门层面，明确了法律事务管理机构的 11 项职责、合规管理牵头部门的 8 项职责，以及业务部门作为本领域合规管理责任主体的 8 项职责，监督部门对组织经营管理行为进行监督的 6 项职责。七是在员工层面，明确了全体员工熟悉并遵守本岗位合规义务等 5 项职责。

3. 从五个维度健全法治工作制度体系。抓好制度管理这项基础性长远性工作，积极构建全领域、全要素、全层级、全流程、全维度的制度管理体制机制。一是构建全领域制度图谱。围绕兵器工业集团主责主业，建设形成了“2 + 4 + 15 + N”全领域制度架构，涵盖了党的建设制度和公司管理制度 2 个制度大类，公司章程、基本管理制度、专项管理制度和操作管理制度 4 个层级，公司治理、装备保障、质量安全等 15 个业务领域，以及所属各单位衔接建立的 N 个制度分体系。二是建设全要素法律合规管理制度。围绕法律合规管理要素，建设形成了以全面依法治企规划为统领，以法律事务管理、合规管理、制度建设管理办法为骨干，以法律合规审核、合同管理、案件管理、商标管理、考核评价、队伍建设、法律服务采购等为支撑的“1 + 3 + N”法律合规制度群。三是强化全流程制度管理。围绕制度建设流程，逐一明确了制度立项、文本起草、合规审查、审批发布、宣贯执行、监督检查、评价考核等环节的管理要求，实施制度全流程闭环管理。四是推动全层级制度贯通延伸。围绕制度上下贯通，建立了制度配套和备案机制，要求所属单位根据兵器工业集团的制度立项计划本单位制度建设配套计划，重要制度报集团公司备案审核，实现各层级制度规范统一。五是实现全维度制度考核评价。围绕制度管理职责落实，建立实施了制度管理考核评价机制，从制度建设基础、日常工作、制度执行、工作创新等 4 个维度，定期对各部门各单位制度建设工作进行考评，考评结果作为绩效考核和评优表彰的依据。

（三）发挥标准牵引驱动作用，实现法律合规管理标准化

1. 制订高质量管理标准。坚持“前瞻牵引 + 实际可行”，制定实施兼具“六个特性”的

高质量法律合规管理标准。一是体现科学性。充分吸收借鉴 ISO 37301:2021《合规管理体系 要求及使用指南》以及国务院国资委《中央企业合规管理指引(试行)》等法律合规管理成果,严格履行标准的编制程序和规范要求,确保标准科学规范。二是强化权威性。充分体现国家法律法规、监管规定、行业准则以及集团公司规章制度的相关要求,努力做到"条条有出处、字字有依据",切实强化标准的权威性。三是发挥引导性。坚持对标世界一流,全面落实"十四五"及至更长一个时期企业法治建设的目标任务,充分发挥标准对全系统法治建设的牵引作用。四是坚持全面性。在内容上,充分整合法律事务管理、合规管理和制度管理工作要求,实现标准内容要素全涵盖;在效力上,明确标准适用于兵器工业集团各层级各类型组织,实现标准适用范围全覆盖。五是突出适用性。创造性地采取"共性模块 + 专项模块"的分类管理方式,实现对军品民品、企业事业等不同性质单位的标准化管理。六是保持延续性。充分承接集团公司原法律风险管理要求《法律风险管理要求及考核指标评价方法》(Q/CNG 59—2014)相关内容,将法律、合规、制度建设全面纳入标准管理,使管理工作接续发展。

2. 推动标准兼容适用。针对大型军工集团经营领域广、组织类型多的现实情况,设置了 9 个共性模块和 7 个专项模块,创造性解决了"一套标准、兼容适用"的难题。一是提炼法律合规管理共性要素,设置法律合规管理组织环境、领导作用、支持保障、制度建设、体系运行、合同管理、纠纷管理、法治合规文化、检查与改进等 9 个基本模块,统一管理要求,适合于兵器工业集团所属全部单位。二是兼顾各单位不同性质特点,设置了装备保障、国际化经营、上市公司、金融投资、质量安全与环保、运营管理、基础管理等 7 个专项管理模块,分类明确管理要求,根据不同单位业务领域特点确定是否适用。三是对共性模块和专项模块实行不同计分方式,其中共性模块 400 分,直接由额定分数减去扣分分数计算得分;专项模块按 100 分折算,先计算每一专项模块单独分数,再对该单位涉及的各专项模块分数求和,再除以涉及的专项模块个数,得到专项模块折算分数。考核评价总分数 = 基本模块分数 + 专项模块折算分数 + 鼓励项加分分数(在标准中表述为"宜"),由此实现各类型单位考评分数统一比较评价。法律合规标准化管理模块及分值结构见表 1。

表 1 法律合规标准化管理模块及分值结构

模块类别		额定数及加分分数
基本模块	4 组织环境	14
	5 领导作用	75
	6 支持保障	42(+6)
	7 制度建设	35(+3)
	8 体系运行	90(+13)
	9 合同管理	60(+4)

续表

模块类别		额定数及加分分数
基本模块	10 纠纷管理	30
	12 法治合规文化	30(+7)
	13 检查与改进	24
	小计	400(+33)
专项模块	11.1 装备保障	100(+4)
	11.2 国际化经营	100(+10)
	11.3 上市公司	100(+2)
	11.4 金融投资	100(+20)
	11.5 质量安全与环保	100(+15)
	11.6 运营管理	100(+8)
	11.7 基础管理	100(+9)

3.探索实施差异化考核评价。制定实施兵器工业集团《法律合规管理考核评价办法》和《总部部门合规评价细则》,建立法律合规考核评价机制,推动法律合规管理标准要求有效实施。一是全面覆盖、突出重点。考评覆盖兵器工业集团各层级单位、各领域环节和全体员工,同时突出加强对重点领域、重点环节和重点人员的依法合规管理。其中,对兵器工业集团总部部门,由法律合规管理部定期对各部门合规管理职责的落实情况进行评价,评价结果作为部门考核的重要依据;对兵器工业集团二级单位,由兵器工业集团组织以“现场考评 + 书面自评”相结合的方式开展考评,确定法律合规管理等级;对兵器工业集团三级以下单位,由各子集团和直管单位按照兵器工业集团标准要求开展考评,考评结果报兵器工业集团备案。二是统一标准、分类考评。法律合规管理考评坚持统一标准,严格依照法律合规管理标准开展考评工作,在此基础上充分考虑各单位性质特点和经营管理实际,对不同专项合规领域实施有侧重的差异化考核评价。三是问题导向、持续改进。法律合规管理考评在综合评价的基础上,重点挖掘各单位法律合规管理中存在的问题和不足,着眼经营发展提出优化意见建议,促进各单位持续改进法律合规管理体系的适用性、充分性和有效性。根据不同管理水平,法律合规管理考评等级分为A、B、C、D四级,共13个细分级别。其中A级单位需要达到以下要求:考核最终得分不低于400分;设有专业总法律顾问或者专业副总法律顾问;法律事务机构为独立职能部门且持续一年以上;法律顾问和合规管理员人数达标。达到与经营管理风险水平相适应的法律合规管理等级,是各单位参加评先评优、承接课题以及其他涉及法律合规管理能力要求事项的前提条件。具体考评等级与分值界限见表2。

表2　考评等级与分值表

考核级别	等级	档位	总分数
A+++	A	+++	总分数不小于475分
A++		++	总分数不小于450分,但小于475分
A+		+	总分数不小于425分,但小于450分
A			总分数不小于400分,但小于425分
B+++	B	+++	总分数不小于375分,但小于400分
B++		++	总分数不小于350分,但小于375分
B+		+	总分数不小于325分,但小于350分
B			总分数不小于300分,但小于325分
C+++	C	+++	总分数不小于275分,但小于300分
C++		++	总分数不小于250分,但小于275分
C+		+	总分数不小于225分,但小于250分
C			总分数不小于200分,但小于225分
D	D		总分数小于200分

(四)深化业法业规融合,促进法律合规管理价值化

1.融入决策流程,强化合规审查把关。明确重大决策事项法律合规审查“四道关口”,做到“应审必审、有审必严”。一是完善审查程序,强化“四道关口”分工责任。业务主办部门是合规审查的“第一道关口”,对本部门经营管理事项内容与程序是否合规发表明确意见;其他相关职能部门是合规审查的“第二道关口”,根据分工职责对经营管理项相关方面是否合规进行专业审查;法律合规管理部门是合规审查的“第三道关口”,对重大经营管理事项进行法律审核和合规复查;总法律顾问(首席合规官)是法律合规审核的“最终把关者”,对决策事项合规性签字负责。二是明确审查内容,落实“四道关口”审查标准。重大决策合规审查的内容包括但不限于决策事项的背景及真实性,实施主体、决策内容、决策程序的合规性,以及其他应当进行合规审查的内容。合规管理部门重点围绕主办部门及其他相关部门的审查范围是否全面、审查程序是否适当、审查意见是否合理,以及是否得到采纳落实等进行复审。三是建立审查队伍,强化“四道关口”审查能力。兵器工业集团总部和所属重点二级单位全部设置了首席合规官,各重点业务部门全部明确由主要负责人作为合规负责人、由业务骨干担任兼职合规管理员,法律合规部门配备了具备法律专业背景的专职合规管理员,持续加强法律合规审核培训,不断提高“四道关口”的审查能力水平。

2.融入市场交易,强化合同规范管理。紧盯合同管理三个关键节点,切实加强合同管理风险防控。一是严把资信审查节点,实施客户风险防范管理。建立合同签订前市场调查和资信调查机制,明确对交易相对方资产、信用、履约能力等情况进行全面审查,重大合

同签订前委托专业机构开展尽职调查。建设上线客户风险管理系统，各单位签订合同前登录客户风险信息系统查询风险提示信息，做到“逢签必查、逢险必报”。二是严把合同签订节点，完善合同审查机制流程。兵器工业集团和重点二级单位普遍实现合同线上审核审批，普遍建立各负其责、分工协作的合同审查机制流程。合同主办部门对合同内容涉及交易事项的真实性、合法性进行审查，相关业务部门对合同涉及本部门职责领域的内容进行合规审查，法律合规管理部门进行法律审核和合规复审，总法律顾问（首席合规官）对重大合同进行审核审签。三是严把合同履行节点，推动合同全生命周期管理。印发实施合同管理规范指引，对合同全流程规范管理提出明确要求。加强对合同履行过程的管控，依约全面履行合同义务，对违约风险及时作预警处置。印发实施覆盖兵器工业集团全部主营业务的常用合同示范文本和合同管理易错常发典型问题汇编，逐项揭示每类合同可能面临的业务风险、合同管理问题，明确风险防范应对措施建议，定期开展合同风险专项排查，及时改进完善合同管理制度流程。

3. 融入风险处置，强化纠纷风险应对。推进案件管理“四个有效”，加强法律纠纷案件风险防控。一是有效压实案件处置和管理责任。与各子集团和直管单位签订案件处理责任书，将年度案件压减等指标完成情况纳入年度综合考核评价，推动重点单位设立案件管理专项工作组，将案件管理责任落到实处。二是有效应对处置重大法律纠纷。建立重大案件应对处置、及时报备和督办督导机制，1000 万元以上的重大案件应向兵器工业集团报备，5000 万元以上的重大案件的处置情况向兵器工业集团董事会和国务院国资委报告。对于重大疑难法律纠纷案件，通过组织专家会诊、协调内外部资源参与、加强与相关方的沟通等方式，推动相关案件得到妥善处理，有效维护企业合法权益。三是有效运用法律手段清收逾期账款。制定实施《关于加强逾期应收账款法律清收的若干措施》，建立法律清收风险监测预警、风险评估应对、清收责任落实和工作报备机制，细化明确 4 类“应诉”和 3 类“强执”情形标准，推动逾期应收账款“应诉尽诉”“应执尽执”。四是有效提升案件管理能力水平。兵器工业集团和所属二级单位全部制定完善法律纠纷案件管理制度，明确规范法律纠纷案件处置流程，体系化开展案件应对处置工作。建成上线法律纠纷案件管理系统，实现全集团案件数据、案件风险实时动态管理。

4. 融入涉外经营，强化涉外法治建设。着力涉外法治建设“四个加强”，持续提升国际化经营风险防控能力水平。一是加强涉外法治工作布局，制定形成以兵器工业集团全面加强涉外法治工作方案为统领，《国际化经营法律合规指引》等制度文件为支撑的涉外法治制度体系。二是加强涉外法治组织体系建设，国际化经营二级单位和重点三级单位全部配备总法律顾问，设置法律事务机构，在境外机构逐步设置兼职合规管理员，实现涉外法治组织体系全覆盖。三是加强涉外风险防范机制建设，做到涉外重大决策事项 100% 法律合规审核，重大贸易投资活动法律合规人员提前介入，定期开展涉外法律合规风险内部排查，重大涉外法律风险事件及时上报。四是加强涉外重要法律问题研究。围绕涉外经营发展需要，调研形成兵器工业集团国际化经营法律合规风险防控研究报告、美国出口管制法律架构体系研究报告、重点国别法律政策环境分析等研究成果，有力支撑保障集团公司的国际化经营。

（五）推进职能、业务、资源协同，实现法律合规管理集约化

1. 推进法律合规管理职能协同。一是法律合规领导机构合并运行。兵器工业集团和所属各单位的依法治企领导小组、合规委员会、“八五”普法领导小组合并运作，统一协调推动法律合规管理工作。二是法律合规管理组织有效整合。统一明确由总法律顾问兼任首席合规官，法律事务管理部门作为合规牵头部门，法律顾问兼任专职合规管理员。三是法律、合规、制度工作融合推进。法律事务、合规管理和制度建设工作实行统一策划部署、统一督导推进、统一考核评价，实现法律、合规、制度深度融合，法律合规管理与审计监督、内部控制、风险管理协同运作。四是法治人才队伍统筹管理。各单位法律事务管理机构可统筹调配和管理本单位法律顾问（公司律师），集团公司法律事务机构负责统一指导和管理全系统法律顾问（公司律师）的工作，可根据需要在系统内统筹调配和“使用”。

2. 推进法律合规管理重点业务协同。一是针对重大项目，建立实施总部牵头协调、项目单位负责推动、其他兄弟单位积极参与的法律合规保障机制，协同支持项目依法合规推进。在某精细化工与原料工程项目中，兵器工业集团和所属子企业法律合规管理部门全程参与项目论证谈判等工作，组织系统内涉外法治人才对协议文本进行审核把关，为项目合规高效实施提供重要支撑。二是针对疑难复杂、风险较高的重大决策事项，建立报批单位提前沟通、集团总部提前介入的审核协同机制，各层级法律合规部门共同研究提出审查意见，在报批单位法律合规意见书中全面体现，集团总部在审查时，重点关注相关意见落实情况，变“串联”为“并联”、化“对抗”为“协作”，做到了同题共答，提高了审查质量与效率。三是针对重大法律纠纷案件，建立案件管理专家库，实施专家会商咨询，开办线上“案件市场”，协力推动案件解决。针对部分单位案件执行难问题，印发实施《涉诉案款清收协作暂行办法》和《关于协助开展涉诉案款清收的通知》，明确清收协作方式，落实清收协作责任，建立协作信息共享和奖励机制，加强跨地域、跨单位的协同联动，形成协同清收工作合力。

3. 推进法治合规管理资源协同。一是组建兵器工业集团法治工作协作组。将所属二级单位按照单位性质和业务特点，划分科研院所、装备保障、民品经营、金融贸易等四个法治工作协作组，以及国际化经营、上市公司等专业组，每年定期围绕兵器工业集团法治建设重大共性问题、经营改革发展中的突出涉法问题、法律合规管理重点难点问题开展研讨，强化重大法律合规事务的协同。二是推动系统内法治资源共享。组织建设法律合规信息化管理系统，由兵器工业集团统一采购法律政策查询库、企业信息查询工具，免费提供各单位使用，同时鼓励各单位共享专业资源、交流实践经验。三是加强系统外专业力量的运用。建立由100余家知名律师事务所构成的集团公司备选律师库，建立健全定期更新、规范选用、有效评价机制，不断优化加强法律服务采购管理。

（六）夯实文化、队伍、技术基础，推动法律合规管理长效化

1. 积极培育法治合规文化。一是建立学习贯彻习近平法治思想制度机制。将学习贯彻习近平法治思想纳入兵器工业集团党组和各级党委"第一议题"，作为领导干部培训、法治人才教育培训的重要内容，深入学习领会习近平法治思想的重大意义、丰富内涵、精神实质和实践要求，以习近平法治思想统一认识、统一步调。健全完善领导干部学法用法各项制度，探索实行领导干部重大决策前专题学法，增强领导干部运用法治思维和法治方式解决问题的能力，提高依法科学决策水平。二是确定兵器工业集团依法合规管理方针和目标。将"守法经营、依法治企、坚守底线、行稳致远"作为兵器工业集团合规管理方针；明确"持续构建集团公司法律合规管理体系并促其有效运行，不断提升依法合规管理水平，以一流的合规管理工作为建设具有全球竞争力的世界一流集团公司提供坚实的保障"的合规管理目标。三是组织开展形式多样的法律合规宣传教育。以兵器工业集团名义面向全系统发出《依法合规倡议》，组织全员签署《合规承诺书》，制定兵器工业集团《合规手册》；创办兵器工业集团《法治信息》《政策法规参考》，广泛宣传重要法律政策和工作动态；深入开展"宪法宣传周""美好生活民法典相伴""安全生产月"等法治宣传活动，积极营造全员崇尚合规、践行合规的工作氛围。

2. 持续强化法治人才队伍建设。针对法治人才队伍数量不足、结构不优、素质不高等问题从以下几方面进行改进。一是从兵器工业基业长青的高度，完善法治人才队伍建设顶层设计。以兵器工业集团党组名义制定实施《中国兵器工业集团有限公司关于加强法治人才队伍建设的意见》，对体系化加强法治人才引进、培养、使用、激励保障等工作作出全面部署，提出增强法治工作力量、全面提高履职能力水平、为法治人才履职尽责提供有力保障等 3 个方面，共 13 项具体任务举措。二是从法治事业接续发展的深度，不断强健法治人才队伍梯队。将总法律顾问制度纳入兵器工业集团和各单位章程，明确总法律顾问高级管理人员定位和履职权利保障。明确未配备专业总法律顾问的单位，应当配备专业副总法律顾问，并享受部门正职待遇。将法治人才配备要求纳入各单位全面依法治企承诺书，推动各单位足额配备法律合规管理人员。组织开展集团公司首次法律顾问岗位等级资格评审，定期开展法治建设先进单位和个人评优，充分激发法治人才的主动性、创造性。三是从法治合规保障支撑的效度，持续提升法治人才队伍素质。将具备法律专业背景作为担任总法律顾问的重要考量，未配备专业总法律顾问的单位不能取得 B 级以上考评等级。积极鼓励职工考取法律职业资格，推动所属多家单位对取得资格的员工给予奖励并发放补贴。根据专长选派法律合规骨干参与重大案件、重点项目，使其在实践中锻炼成长。每年定期开展法律合规专题培训、组织法治工作协作交流活动，促进提升法治人才的专业能力水平。四是从履职尽责发挥作用的角度，推动强化法治人才"四真"精神。加强法治人才政治思想教育，提炼形成兵器工业法治人才队伍"坚守本真、始终认真、勇于求真、敢于较真"的"四真"精神，做到知责于心、担责于身、履责于行。

3. 有效运用数智技术提升效率。针对兵器工业集团法律合规管理信息化水平不高等问题从以下几方面进行改进。一是建设上线兵器工业集团法律合规管理信息化系统。按照打造全系统法律合规管理信息报送的渠道、交流协作的平台、任务落实的抓手和工作赋能的助手等 4 个定位要求,从 2020 年起分 3 期建成集团公司法律合规信息化管理平台,集成实现了法律合规规范查询、合规风险管理、法律纠纷案件管理、法治人才队伍管理、法治工作任务落实、法治工作交流培训、法律合规管理考评等 7 + N 模块功能,实现了集团公司法律合规信息管理从无到有,系统功能由“报”到“用”的重大转变。二是充分运用内部办公信息系统落实合规管控要求。推动各单位优化完善法律合规审核、合同管理信息化管理流程,实施规章制度、经济合同、重大决策合法合规审查流程优化,运用技术手段将合规管理要求嵌入业务流程,助力加强经营管理重点领域风险管控。

三、实施效果

兵器工业集团立足法治建设新形势新任务新要求,初步实践和回答了中央企业合规管理体系应该如何建设,法律事务、合规管理、制度建设工作如何深度融合,法律合规管理要求如何上下贯通,有限法治资源如何集约高效运用,法律合规管理体系如何长效优化等问题,初步解决了兵器工业集团当初面临的日益增长的法律合规管理需求与系统内法治建设工作不平衡不充分的突出矛盾。具体成效可以概括为三个方面。

(一)从 0 到 1,实现法律合规管理体系全面覆盖、有效运行

一是法律合规管理组织全面建立。兵器工业集团及所属二级单位以及重点三级单位全部设立合规委员会和依法治企领导小组,全部配备总法律顾问、实施总法律顾问制度,全部设立法律事务管理机构、明确合规管理牵头部门,全部建立专兼职相结合的法律合规管理员队伍。二是法律合规管理责任深化落实。各层级、各主体的合规管理职责更加明确,各子集团和直管单位定期签订《全面依法治企承诺书》,全员普遍签订《合规承诺书》;合规管理“三道防线”有效运行,“业务谁主管,合规谁负责”原则深入人心。三是法律合规管理制度全面覆盖。建设形成覆盖兵器工业集团主责主业的“2 + 4 + 15 + N”全领域制度架构和覆盖法律合规全部要素的“1 + 3 + N”法律合规制度群。四是法律合规管理机制有效运转。法律合规风险评估排查、合法合规审查、风险应对处置、合规问题整改、合规举报、违规追责、工作贯彻与协作、信息报送等工作机制更加完善,各项工作有效开展。五是法律合规管理考核评价全面展开。实现兵器工业集团总部各部门、所属全部二级单位以及重点三级单位法律合规管理考核评价全覆盖,法律合规管理标准要求有效实施,装备保障、安全质量环保等重点领域专项合规管理工作有效增强。

(二)从内到外,法律合规管理价值创造能力日益增强

一是法律合规审核把关作用有效发挥。在传统法律审核工作的基础上,建立健全了业务部门自查、相关部门会同审查、合规部门合规复查、首席合规官签字负责的合规审查

机制和流程，有效落实了合规审查工作职责，提高了经营管理合规水平，实现重大决策、规章制度和经济合同法律审核与合规审查三个100%。

二是涉外法治建设全面加强。国际化经营单位涉外法律合规组织全面覆盖，风险管控能力更加强健，重大涉外风险得到有效管控，兵器工业集团多人进入国务院国资委中央企业涉外法律人才库，入库人数位列央企第2位。

三是案件管理责任有效落实。一批重大案件得到有效处置，案件数量金额由升转稳、稳中有降，案件数量金额、新发案件数量金额等指标优于中央企业平均水平，避免或挽回经济损失数十亿元。

(三)从弱到强，法律合规管理基础更加坚实

一是法治人才队伍建设取得显著成效。法律顾问人数从2019年的不足500人增长到2024年的800余人，达到3‰水平；法治人才队伍结构更加优化，有法律专业背景的法律顾问数量2019—2024年增长81.4%；项目实施以来，兵器工业集团有多人获得全国“七五”普法先进个人、国务院国资委法律事务先进工作者等荣誉称号。

二是法律合规信息化管理水平显著提升。兵器工业集团法律合规信息化管理平台有效运行，实现“一个平台、全员共用，强化管控、有效赋能”的建设目标；各单位的法律合规审核、合同管理等重点管理事项，普遍实现线上运行。“大型央企基于‘管理集约、数字集成、共享可视’的法治管理信息化平台建设及实施”获评兵器工业集团2022年度管理创新成果三等奖。

三是兵器工业集团法治工作获得多方面肯定。国务院国资委网站对兵器工业集团法治人才队伍建设工作进行宣传推广；人民政协网、中国法治网对兵器工业集团体系化推进“法治兵器”建设进行全面报道。2022年10月，中国国防工业企业协会发布《中国国防工业企业法治建设(2017—2022)》，对兵器工业集团推动学习习近平法治思想走深走实、制定实施法律合规管理企业标准等工作经验进行总结，收录兵器工业集团《探索构建标准化法律合规管理体系》和《全流程法律纠纷案件管理》等法治建设典型案例。2023年，《大型军工集团基于“五化”理念的法律合规管理体系构建与实施》管理创新成果，先后获得兵器工业集团2023年度管理创新成果一等奖和中国国防企业工业协会第十九届军工企业管理创新一等奖。

四、工作体会

在推进“五化”法律合规管理体系建设的过程中，我们形成了十点工作体会：

(1)领导重视是中央企业法律合规管理体系成功构建的关键；

(2)法律合规管理职责有效落实是体系有效运行的根本；

(3)法律合规管理团队是体系有效构建和持续运行的依托；

(4)制度建设和流程嵌入是法律合规管理的规则保障；

(5)风险管理是法律合规管理的核心重点;

(6)合法合规审查是风险管理的重要手段和基本要求;

(7)法律合规管理考核评价是推动管理要求上下贯通、促进体系持续改进的重要抓手;

(8)违规管理与责任追究是防止风险扩大化、外部化的重要方式;

(9)数智化技术是提高法律合规工作质量效率的有力工具;

(10)法治合规文化是实现全员时时事事合规的深层基础。

五、结语

虽然兵器工业集团的法治建设取得了一定进展,但对照党中央全面依法治国战略部署和集团公司高质量发展的需要,仍然存在诸多不足,全员法治合规意识还没有完全树立,法律合规资源能力与日益增长的风险管控需求之间的矛盾还没有得到根本解决,业务风险源头治理和过程管控还不到位,“形神兼备”的法律合规管理体系建设仍然在路上。

下一步,兵器工业集团将继续坚持以习近平法治思想为指导,进一步健全完善法律合规管理体系,优化加强法律合规风险全链条防控,持续巩固法治建设工作基础,有效提升依法合规经营管理能力,努力为企业高质量发展提供坚实法治保障,为法治国家建设贡献兵器力量。

第一编　法 治 建 设

创新法律管理方法，创建合规治理模型，系统提升法律合规水平
——中国茶叶法律合规创新工作实践分享

张小凤　王鸿超　张　君

作者简介

张小凤　中国茶叶股份有限公司副总经理、总法律顾问、首席合规官，国务院政府特殊津贴专家

王鸿超　中国茶叶股份有限公司法律合规部总经理助理

张　君　中国茶叶股份有限公司维权打假中心主任

企业简介

中国茶叶股份有限公司成立于1949年11月，是新中国第一家国有茶叶公司和贸易系统中最早建立的全国性专业总公司。

中国茶叶股份有限公司作为茶行业中唯一的国资央企，是国内茶行业历史最悠久、实力最强大、产业最完整的行业代表，是业界业务模式成熟、经营业绩稳定、营销规模较大的优质企业，发挥着国资央企在国计民生行业“压舱石”“顶梁柱”的作用。

中国茶叶股份有限公司是商务部认定的首批中华老字号企业，拥有“中茶”“猴王”“海堤”等驰名商标，“中茶”牌产品多次以“国茶”身份保障重大国事活动，成为代表我国、享誉国际的一张“名片”。

中国茶叶股份有限公司是我国茶产业的领军者，在中国茶叶流通协会和亚洲品牌集团2023年中国茶叶品牌多项评选中，均位列第一位。

2024 年 7 月党的二十届三中全会提出，法治是中国式现代化的重要保障。必须全面贯彻实施宪法，维护宪法权威，弘扬社会主义法治精神，维护社会公平正义，全面推进国家各方面工作法治化。

近年来，国家在反垄断、安全生产、食品安全、网络交易合规、知识产权、税务合规等方面明显加强了立法执法力度。良好的合规治理是企业实现高质量发展的重要基石。良好的合规治理不仅帮助企业有效防控风险、避免损失，而且对于企业提升管理效能、树立品牌声誉、建立竞争优势也有着重要的积极意义。

一、公司高层重视法律合规工作

中国茶叶股份有限公司（以下简称中国茶叶）党委、董事会高度重视法治与合规工作，全面贯彻落实国务院国有资产监督管理委员会（以下简称国务院国资委）《关于全面推进法治央企建设的意见》和《中央企业合规管理办法》，紧绷合规经营这根弦，将合规体系构建的顶层设计提升到企业经营战略新高度，保障合规战略性投入，建立合规管理三道防线体系，将合规理念嵌入并落实到企业运行的方方面面、各个环节。

2023 年是中国茶叶高质量发展和法律合规工作深入推进的重要一年。一是中国茶叶董事会批准修订了《中国茶叶合规管理办法》这一合规基本制度，首次听取了年度合规工作报告。二是中国茶叶党委集体听取、研究了《中国茶叶合规管理体系建设试行方案》。三是中国茶叶成立了合规委员会，总经理任委员会主任，首席合规官任副主任。四是中国茶叶法律部更名为法律合规部，明确了该合规牵头部门更为全面的法律合规职责清单。公司要求法律合规部负责人全程列席董事会、股东会会议。五是中国茶叶成立了维权打假中心。

二、首创法律合规体检方法

2010 年，时任中国土畜（现中国茶叶）法律部负责人的张小凤敢于创新、勇于实践，创新性地提出了法律合规体检“十项三步法”，作为“法律体检”这一工作方法的首创人，其于 2011—2017 年，对当时中国土畜境内外 76 家子公司组织实施了法律体检（包括全面法律体检，以及广包宣、合同等专项法律体检），有效促进了公司整体运营品质的提升。

2012 年，时任中粮集团董事长的宁高宁作出重要指示，要求将法律体检在全集团推广。同年中粮集团下发《关于推广法律体检最佳实践，进一步推进集团法律事务管理提升的通知》，启动法律体检在全中粮集团的推广和运用。中国茶叶作为法律体检首创单位，及时制作了《法律体检模板》和《中粮集团法律体检推广手册》，为法律体检在中粮集团的广泛应用和推广提供了重要指引。

2019 年至 2022 年，中粮集团法律合规部启动了大宗商品合同与合规法律体检、品牌业务合同与合规法律体检，有力加强了相关业务的事前法律风险防范。

法律体检分为全面法律体检和专项法律体检。全面法律体检工作围绕公司概况、重大资产、知识产权、重大债权债务等10个项目（见图1）（后续扩展到12个项目）展开，专项法律体检聚焦与公司业务发展紧密相关的专项合规领域（如交易、产品、广告宣传、劳动用工等），图2为劳动用工合规体检项目。法律体检的三个步骤见图3。

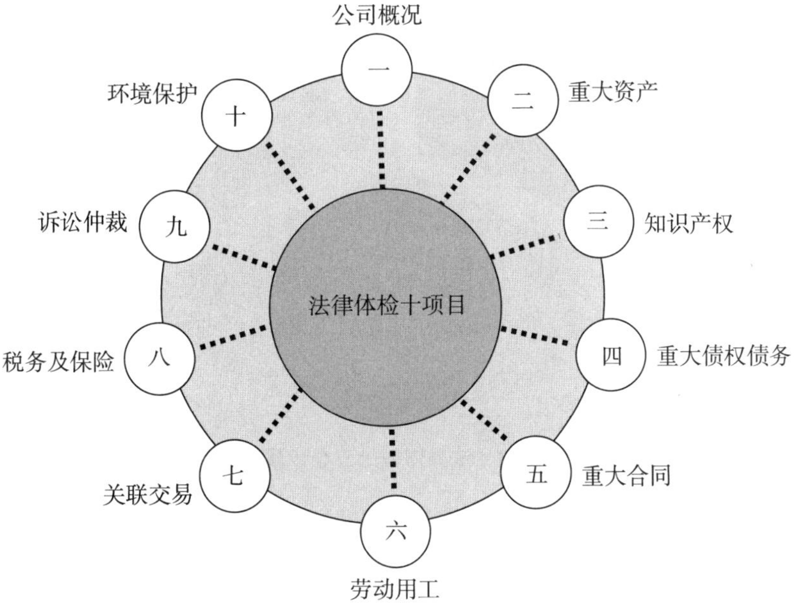

图1　全面法律体检的十大项目

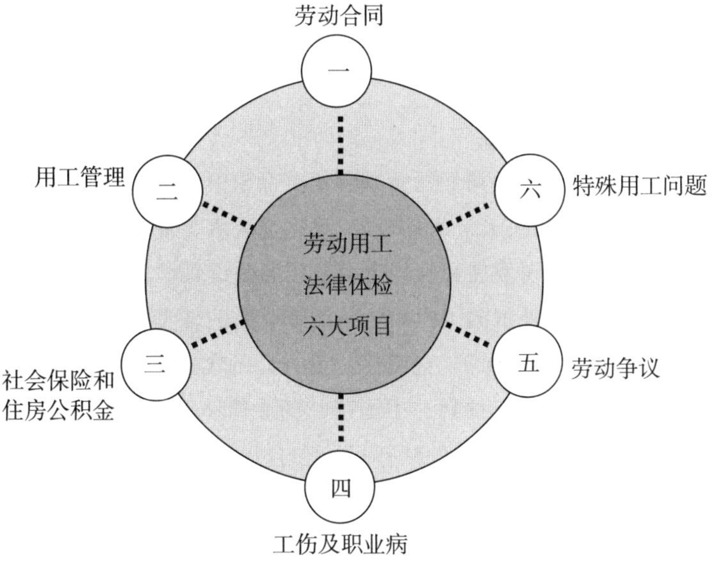

图2　劳动用工专项法律体检项目

图 3　法律体检的三个步骤

法律体检创新工作于 2012 年入选了国务院国资委管理提升系列丛书典型案例。目前该方法已在中粮集团推广实施十余年，并列入中粮集团对专业化公司法律工作考核指标之一。实践证明，法律体检可以发现、排查和化解法律与合规风险，同时有效提升队伍实践素质、普及合规文化和筑牢全员合规意识，优化完善法律合规制度、机制和工具。法律体检是一项行之有效、可持续开展并不断丰富的法律管理手段，对于加强法律风险事前防控与提升法律管理水平具有突出作用。

三、首创产品广包宣合规审核

产品是商业价值的载体。公司经营管理围绕产品展开研发、采购、生产、商业宣传、销售、售后服务等一系列活动和决策。产品合规、宣传合规事关商业价值的顺利实现和产业链、价值链的良性循环，是公司发展和合规体系管控的关键领域。

为支持中国茶叶从出口外贸向国内小包装品牌业务的转型，防控在知识产权、产品质量、食品安全、广告、消费者权益保护、直销传销等方面的风险，2015 年中国茶叶法律合规团队建立了广包宣审核专项工作计划。中国茶叶的法律团队、质量安全合规团队全面梳理茶叶、保健食品等小包装产品相关的法律风险和合规义务，对小包装产品、公司以及产品对外广告宣传材料（见图 4）进行全面法律合规审核，制订了广包宣审核管理办法、流程，发布了专项审核模板，对系统内合规团队、业务团队持续开展相关培训、交流，并实施广包宣专项体检，制订和落实相应整改。

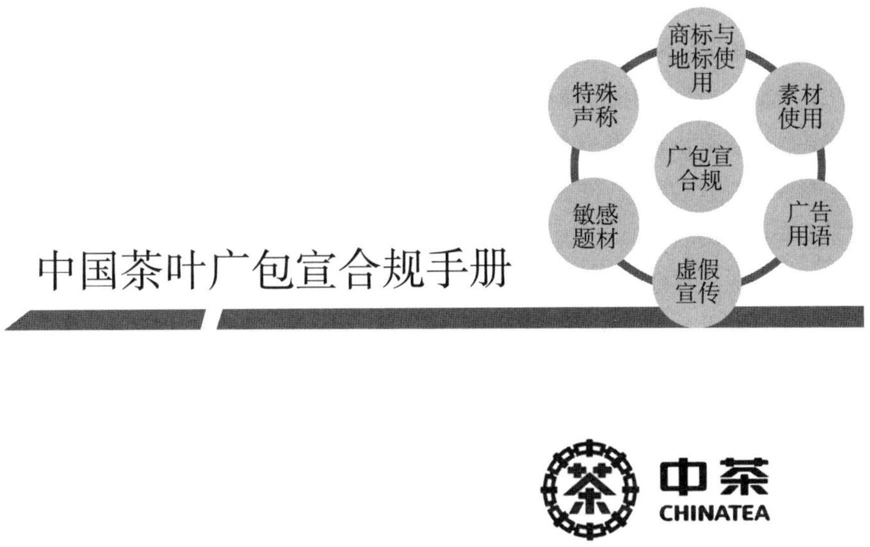

图 4　广包宣合规手册

团队还根据风险暴露情况,立足实际,持续优化调整审批授权、上下职责分工、提级复核重大敏感素材等工作安排,并对复杂疑难事项进行专项指导,实施针对薄弱环节和多发问题的专项培训,兼顾支持效率和防控水平。

通过广包宣合规专项法律工作,中国茶叶将可能引发重大风险的苗头及时控制在产品定型之前、生产之前、投放市场之前,避免了因产品引发的重大风险,积极主动消除了合规风险隐患。

四、首创成立合规创新工作室

近年来,为深入学习贯彻习近平总书记关于人才工作的重要指示精神,中粮集团和中国茶叶大力弘扬劳模精神、劳动精神、工匠精神,成立创新工作室,是中粮集团、中国茶叶进一步发挥高技能人才示范带动作用,凝聚创新源头、培育创新力量、营造创新文化的重要举措。

中国茶叶总法律顾问张小凤牵头成立"张小凤公司治理与合规创新工作室"(以下简称合规创新工作室),以"合规,让商业更美好,从而让世界更美好"为愿景,推进合规研究、合规创新,促进合规与商业价值创造的融合。

2024 年 4 月中国茶叶对合规创新工作室正式授牌。

合规创新工作室的活动内容以举办合规沙龙、开展合规研究、总结提炼宣传合规生产力、宣传中国茶叶品牌和合规优势、分享工作室近期合规研究成果为主。法治网于 2024 年 6 月 17 日对该工作室合规沙龙进行了专题报道。

在合规研究方面,合规创新工作室团队开展了多方面调查研究,一是立足品牌消费品企业特点、主要合规风险，聚焦商业价值创造的主要环节，以供应商、产品、品牌、营销为特定合规领域，总结中国茶叶既往系列创新成果和经验，制定专项有效合规计划，先后研究形成了产品、品牌、营销（PBM）模型和消费品合规模型，并在合规沙龙上进一步讨论完善。二是以国务院国资委出台《国有企业参股管理暂行办法》为契机，结合中国茶叶参股实际，系统总结参股合规管控方法，进一步优化提炼，形成了“参股企业合规管理指引”，详述了国有企业参股方面的合规风险和应对策略。三是对合规三张清单的建设方法，给出了相关指引意见。四是工作室积极对合规组织的创新进行研究，如对不同经营单位的法律合规团队在系统内的共享和集中管理进行研究。

在总结提炼宣传合规生产力方面，合规创新工作室一方面在合规沙龙中进行相关合规优势介绍，另一方面积极策划设计合规营销视听材料，将中国茶叶各项合规管理的差异化优势形成营销素材，打造放心力之合规篇，并在有关渠道传播，赢得了客户和消费者认同，提升了品牌的商业价值。

从消费品全行业乃至国有企业范围来看，在公司治理和合规建设方面成立专门的合规创新工作室，本身就是一项组织创新和方法创新，体现了中粮集团和中国茶叶对国有企业公司治理与合规工作的高度重视。

合规创新工作室将继续深入开展公司治理和合规创新研究，举办合规沙龙，持续促进业规深度融合，为企业培养高素质合规人才；同时，切实保障行业相关参与者利益，发挥合规引领示范作用，为广大消费者和客户提供高标准、高品质的产品，推动实现公司和行业的高质量发展。

五、创新实施多领域专项合规计划

合规治理要坚持问题导向，从合规风险高的重要领域入手，充分识别合规风险和合规义务（包括所在国、东道国法律法规，有关的国际条约和公约，区域贸易协定，国际惯例等），制定实施专项合规计划，推动合规管理与业务的深度融合。

（一）知识产权专项合规

1. 知识产权管理

中国茶叶 2012 年就开始系统梳理境内外的知识产权资产，并开始集中管理，即由总部集中管理为主，非重要事项授权各经营单位管理，创新建立知识产权管理模型，按照商标、著作权、专利、域名、维权打假等合规细分领域分别制定了专项管理制度、工作流程及事项表单。

伴随着“一带一路”倡议的推进，把中国的茶叶再次推向世界成了中国茶叶责无旁贷的使命。可是调研中我们发现，中茶商标在日本、韩国，我国香港特别行政区、台湾地区等地均被抢注。

2016 年开始，中国茶叶法律合规团队深度研究目标市场国（地区）商标法，在 29 个国家和地区注册拓展中茶商标,成功清除了天坛公司在我国香港特别行政区的商标障碍、撤销他人在日本抢注的中茶商标、在我国台湾地区抢注商标届满后及时申请注册、对韩国抢注商标提起撤销申请的同时再提交注册申请,同时申请了有关涉外专利。

截至目前,中国茶叶在域外的国家或地区的商标注册数量为235个,有效专利申请3件,涵盖了39个"一带一路"建设国家或地区,有力确保了境外业务的合规性,并通过海关监测、当地客户监测报告、知识产权代理机构调查等机制和境外法域制度,监视着相关市场的假货入市动态,一发现线索及时清理。

面对中国茶叶商标授权管理瑕疵和有关单位经销商授权管理问题,在中国茶叶总法律顾问的组织下,维权打假中心开展了商标授权合规专项整改工作,组织修订了《中国茶叶股份有限公司商标管理办法》,就商标许可的情形,对审批管理要求、授权文本以及不属于商标许可的销售渠道授权等进行了补充规定,从制度设计环节堵住管理漏洞,提升合规管理效率。

2. 维权打假

品牌和渠道是消费品企业的核心竞争力和主要驱动力,事关企业的存亡与发展。维权打假,可以及时有效地清理假货以及假冒仿冒各类"搭便车"的不法行为对渠道秩序的扰乱,有力震慑违法者,严肃正品市场,助力渠道建设,保护消费者权益,提升品牌形象,其作用和意义重大。

中茶品牌自1952年诞生以来,通过产品品控,业务在国内外的持续拓展、持续宣传,在茶叶行业积累了显著的知名度和美誉度。因茶叶(尤其是普洱老茶)价值高、假冒包装标识的门槛低、制假贩假获利丰厚,不法分子有形成规模化的黑色产业之势。为了保护品牌,保护百姓身体健康,中国茶叶(当时为中国土畜)在法律团队的提议下,于2015年将维权打假列为优先事项之一,成立了维权打假办公室,收获了一定成效。

2023年,为了进一步解决维权打假工作相关的薄弱点位,为了在产品打假、工商字号打假、违规店铺打假等方面收获实效,中国茶叶总法律顾问带队赴中茶湖南实地进行调查研究,经党委批准设立了中国茶叶维权打假中心,中心成员由本部和有关单位法律人员兼任、相关业务人员参与其中,从组织结构和人员配置的角度提升了维权打假工作的专业性,进一步完善了维权打假工作机制。

中国茶叶维权打假中心充分利用刑事、民事、行政、法律工具,协调行业内知识产权机构和执法司法资源开展专项行动,制定了2023—2025年三年维权打假工作计划并督导实施,进一步规范和强化了维权打假工作,建立了案件定期会商制度,全力提升维权打假的"火力"和覆盖面。在重大案件推进方面,中国茶叶领导亲自听取汇报、给予工作指导、协调公安和律协等相关部门,成功打掉了覆盖假货全链条、案值巨大、潜在危害大的重大窝点,震慑了茶行业制假贩假售假违法犯罪分子。

中国茶叶维权打假中心还根据中国茶叶党委的指示,实施了工商字号违规注册专项清理行动，主要针对市场上大量经营者将“中茶”作为自己企业的字号或字号的一部分进行非法登记，或将“中茶”作为网店店名进行违法注册，继而引起市场和公众混淆和误解的严重侵权行为。2023年有53家违规主体被追究法律责任，完成整改。

中国茶叶维权打假中心取得了近年首例包装设计著作权侵权纠纷案的胜诉。在该案中，侵权者恶意模仿中国茶叶生肖饼——“虎啸津生”的产品设计，虚假标注早于中国茶叶正品的生产日期，恶意向国家版权局申请著作权登记。中国茶叶维权打假中心充分协调组织资源和证据材料，找准诉讼思路，于2023年11月获得一审胜诉判决，此次有较大的突破意义。

中国茶叶维权打假中心办理的南宁某茶店销售侵犯“中茶”注册商标专用权案件，被国家市场监督管理总局评为“2023年知识产权执法十大典型案件”之一；聂某侵犯“中茶”注册商标案件，被云南省高级人民法院评为“云南法院2022年十大知识产权司法保护典型案例”之一。

（二）上市专项合规计划

2020年中国茶叶提交了IPO申请，公司治理经营管理的方方面面都需要严格遵守资本市场监管系列规则，其中核心之一是信息披露的合规。信息披露合规事关上市成功以及公司上市后的稳健运转和投资者利益保护等核心问题。

近年来，中国茶叶在上市合规制度建设、专项体检、流程建设、上市合规文化培育、追责问责等方面着眼、发力。

2023年为加强上市合规工作，保证公司真实、准确、完整地披露信息，中国茶叶颁布了《中国茶叶股份有限公司上市合规管理专项规定（暂行）》，并组织召开了中国茶叶合规管理专题培训会，中国茶叶总部各职能部门、业务部门经理人、各经营单位统筹上市工作的负责人（分管副总）、中国茶叶上市小组全体成员、中国茶叶全系统法律人员均参加，并邀请外部优秀律师对上市合规要求和风险进行了专项培训讲解。

中国茶叶持续开展信息上报培训、落实各经营单位经理人专人负责制、建立在线信息上报流程，通过强化追责问责、实施上市合规专项体检等方式深入开展上市合规专项计划，使上市合规理念入脑入心，人人合规、时时合规、事事合规。

（三）境外合规

中国茶叶境外业务日益增加，涉及遵守东道国食品安全、知识产权、反商业贿赂、反垄断、国企合规特别事项等境外合规领域。当今世界，国际竞争越来越体现为制度、规则、法律之争。实施跨国业务的企业经营者面临不同法域陌生的法律环境、合规风险环境，逆全球化、脱钩断链带来的多重挑战。

2023年中国茶叶法律合规团队持续开展境外合规专项计划。

1.对各单位境外业务进行了梳理更新。中国茶叶涉及的境外业务主要是茶叶产品出口，目前存在出口业务的经营单位包括中茶福建、中茶厦门、中茶梧州、中茶云南及中茶湖南。根据上述单位的海外业务布局，整理更新了其主要出口目的国、目标市场信息库。

2. 组织境外合规风险排查工作，组织系统内各下属公司全面开展境外业务梳理及经营合规风险排查。

3. 组织各经营单位将反贿赂条款及合规举报平台条款加入涉外经营合同模板。下一步将按照集团要求和境外业务合规风险点梳理情况起草合规承诺书，组织涉外业务经办人员签署。

4. 法律合规部、审计部等部门持续关注境外法律合规风险，加强境外合作客户资信审查、加强境外知识产权合规培训、组织梳理境外业务三张合规清单，防控境外合规风险发生。

（四）交易合规

消费品企业与供应商、经销商、客户等利益相关方时刻都在发生一系列交易。交易的安全性、低风险或风险可控性与交易高效率要求这对矛盾体，对中国茶叶法律合规团队形成挑战。

针对合同领域的风险识别，研究有关法律法规和典型案例，以支持业务为导向，以确保法律合规、全面落实合规义务为出发点，法律合规团队持续开展交易领域的合规工作。

1. 制定了适用于各单位的经销商合同统一条款（含知识产权专项条款）及授权文件（三种类型）标准文本。通过知识产权专项条款明确了经销商的合规行为边界和违规责任，中国茶叶可通过该条款直接向经销商行使权利或主张法律责任。下一步将实现经销合同在全系统的统一，在法律合规层面推动业务标准化。

2. 在审核实践中，针对渠道授权中相关平台要求出具的文义模糊或可能超出合作范围的带有“商标许可”“商标授权”等字样格式文本（不允许修改）的情况，制作了《授权文件说明》并附带示范文本。这种做法既支持了业务，又通过补充授权说明的形式确认双方不存在商标许可的法律关系，从而控制相关风险。

3. 对目前商标许可协议范本及其补充协议进行了修订，补充明确并强化了开店这一许可项目所需遵守的合规准则和要求。

4. 制定交易关联相关制度。为规范公司新增商业伙伴的关联方识别认定，完善信息披露机制，进一步落实章程有关规定和公司关联交易管理制度，提升合规经营水平，制定了《中国茶叶股份有限公司新增关联方识别认定管理指引》。

5. 研究电子签名相关合规问题，形成合规风险管控措施和相关制度建设建议，为日后引入电子签章系统模块、提升签约和合同管理效率提供支撑。

（五）经销商合规管理

经销商，是企业开展品牌建设、渠道建设，服务客户和消费者方面的重要合作伙伴。经销商的质量和能力事关品牌和渠道建设的成败。实际招商过程中，部分业务团队出现了一些授权管理方面的问题，给运营带来了风险。

近年来，在中国茶叶总法律顾问、首席合规官的组织带领下，法律团队开展了经销商合规专项工作，完成了以下工作内容。

1. 梳理经销商授权管理现状。收集了各单位经销商（各级别经销商）合同文本和销售授权书，并与有关单位业务人员、法律人员就经销商授权管理进行了深入研讨，归纳整理了存在的问题。

2. 编写经销商合同文本和授权风险清单模板。就收集的材料进行分类、结合各单位业务模式，逐项梳理经销商合同法律风险点，分类别、分节点、分风险等级梳理经销商合同及授权文件法律风险点识别清单。针对合同领域的风险识别清单，研究有关法律法规和典型案例，以业务为导向，逐条研究，编写了适用于各单位的经销商合同统一条款（含知识产权专项条款）及授权文件模板，并广泛征求各单位意见和建议。

3. 强化示范文本的运用。先后下发了《中国茶叶经销商合同》模板（含知识产权专项条款）、《经销授权书－非开店》模板、《经销授权书－线下开店使用（含直营、加盟）》模板、《经销授权书－网络开店使用（含直营、加盟）》模板，以及知识产权专项条款。通过示范文本和知识产权专项条款明确了经销商的合规行为边界和违规责任，中国茶叶可通过该条款直接向经销商行使权利或主张法律责任。在兼顾各单位经销商管理差异的基础上尽量统一了经销合同，下一步将实现经销合同在全系统内的统一。

六、持续优化完善多层次法律合规制度体系

合规制度一方面将外部的法律法规、监管要求等及时全面转化为内部的合规要求，明确合规职责、机制、流程，形成各类管控工具，另一方面设置合理的内控手段，确保合规风险预防、控制、化解工作的有效性。合规制度建设可谓是为公司治理、业务运营、企业管理编写的“程序代码”，是合规治理基础中的基础。

2023—2024 年，中国茶叶启动了本部和各经营单位的规章制度专项合规计划，本部的合规制度由办公室组织实施，各经营单位的合规制度由法律合规团队组织实施。

规章制度专项合规计划主要针对合规义务未全面转化成制度、合规职责流程不符合实际、经营单位管理办法违反上位制度等情况进行梳理和整改，同步制订合规工作指引及相关审核表。

在该专项工作中：

——本部层面，共修订 130 项制度，包括《公司合规管理办法》《公司董事会议事规则》《公司总经理工作细则》《公司商标管理办法》等。新制定 41 项制度，包括《公司上市合规管理专项规定（暂行）》《公司原辅料采购管理制度》等。同时，废止 12 项制度。

——各经营单位层面，17 家经营单位共梳理现行制度 865 项，最终修订制度 88 项、新制定制度 41 项、废止制度 45 项，有效运行的制度全部实现线上查阅。在工作过程中，各单位工作小组共提出合规整改意见 130 余项，主要涉及违反上位制度 56 项、引用失效制度 7

项、不符合业务或经营实际 76 项。

此外，在公司治理基本规则方面，2023 年修订董事会议事规则、总经理工作细则；2024 年再次根据新《公司法》的要求，梳理、研究并修订本部及各经营单位的章程和各项议事规则，确保各项规则合法合规，适配公司经营需要。

中国茶叶已经形成了以章程性文件为根本、以《公司合规管理办法》为基本合规制度，以《公司上市合规管理专项规定（暂行）》《公司合同管理办法》等二百余项合规专门制度为有效支撑的合规制度体系。

七、打造团结紧张，严肃活泼的合规团队

团结意味着团队凝聚力，紧张是高效决策力，严肃是团队执行力，活泼是团队创新创造力。打造一支高素质的合规团队，是合规治理体系的核心要义。

1. 持续优化团队管理制度

为健全中国茶叶法律队伍建设，完善法律人员岗位设置、职责和考核制度，提升法律管理工作的专业性和规范性，中国茶叶先后建立了《法律人员管理办法》《法律团队工作规程》，并在《公司全面法律风险管理职责及考核体系暂行办法》中嵌入了内部法律合规岗位职责清单。

2. 推动法律合规人员共享

中国茶叶共有 17 家二级经营单位，还在增加新设公司，各单位经营规模有大有小、品类侧重不同，但经营模式较为类似，没必要为每家经营单位都配置专职法律合规人员。建立全系统内的法律合规人员共享机制，有利于实现法律合规全覆盖，降低合规成本，提高工作质量和效率。

依照《中国茶叶法律合规人员共享管理办法》，截至目前，中国茶叶 17 家经营单位中有 9 家配置了共享法律人员，共享单位与法律人员劳动关系所在单位签署了共享服务协议。

3. 团队提升计划

（1）每年开展与外部单位的法律合规对标交流，并结合中国茶叶实际吸纳落地。对标主题包括标准化文本、法务系统建设、合规体系建设等方面。

（2）在合规创新工作室机制下，中国茶叶首席合规官带领团队走进行业，与行业大咖进行面对面交流，拓展团队视野和提升团队综合素质。2023—2024 年，团队先后参加了中国国际贸易促进委员会主办的“第五届国际商事法律合作论坛”、法治日报社主办的相关合规交流、ALB（亚洲法律杂志）主办的 ALB 十五佳总法律顾问圆桌会议，以及惠睿主办的“中国全球合规峰会”等活动。

（3）组织内部交流、培训活动。例如，2023 年组织合规管理员召开合规例会，对中国茶叶合规管理办法进行培训，并分享、讨论合规体系建设试行方案以及 2023 年合规工作

年度报告;组织开展全系统内的广包宣审核分享和交流;首席合规官对团队进行有关国企合规体系建设的授课;邀请外部律师对团队进行上市合规专项培训等。

(4)为促进合规团队了解产品、更好地支持业务,推动合规工作室团队成员落实全员营销,实现品牌传播和经营创收。

八、总结

当今国内国际两个市场的发展环境充满了机遇和挑战。只有不断创新构建高水平合规治理体系,企业才能在挑战中抓住机遇、行稳致远,才能实现价值创造,消费品行业才能实现高质量发展、可持续发展。

在中国茶叶党委的正确领导下,中国茶叶全面落实法治央企建设等各项要求,立足业务与发展实际,坚持前瞻研究和创新引领,首创法律合规体检、产品广包宣合规审核、成立合规创新工作室,高效实施知识产权等五大领域有特色的专项合规行动计划,同步优化、完善法律合规制度体系,将创新成果制度化、流程化;不断丰富工作方法、工具、模型,持续打造团结紧张、严肃活泼的合规队伍。上述做法夯实了中国茶叶法律合规风险管理基础,提升了法律合规管理系统能力,各项工作取得了明显实效,为公司应对和化解两个市场的合规风险准备了有利资源和条件,开创了有利局面,获得了国务院国资委、中粮集团和社会相关方的肯定与好评。

中国茶叶法律合规团队将一如既往、与时俱进,积极总结、探索、创新、实施、优化合规治理各种方法、机制,引领示范,为茶行业、消费品行业高质量发展继续作出积极贡献,务实推动习近平总书记相关茶产业发展的重要指示,统筹做好茶文化、茶产业、茶科技,努力把茶产业发展成为乡村振兴的支柱产业。

第一编 法治建设

燕京啤酒：制度创新赋能企业高质量发展

徐月香

作者简介

徐月香 北京燕京啤酒股份有限公司副总经理、董事会秘书、总法律顾问

企业简介

北京燕京啤酒股份有限公司（以下简称燕京啤酒）初创于1980年，原为北京市顺义县啤酒厂，1984年正式更名为北京市燕京啤酒厂，1997年上市。目前公司拥有“燕京、漓泉、惠泉、雪鹿”1+3品牌矩阵，深耕北京、内蒙古及广西三大核心市场，在北京、广西、内蒙古的啤酒市场均占据最高份额。

燕京啤酒作为民族啤酒工业的优秀代表，是国内最大啤酒企业集团之一，旗下拥有控股子公司60个，遍布全国18个省、市，销售区域遍及全国。燕京啤酒在发展中开创了具有燕京特色的经营模式，形成了以市场优势、产品优势、品牌优势、管理优势和技术优势为主的核心竞争力，为中国民族啤酒工业的发展做出了巨大贡献。

燕京啤酒以“十四五”规划为指引，制定并实施了具有燕京特色的“十四五”发展规划，紧扣“高质量发展”这一主题，以“二次创业、复兴燕京”为主基调，秉承“为生活酿造美好”的使命，以供给侧结构性改革为主线、以“加强合规经营管理”为支撑体系，抓住产品、渠道、市场三大增长机会，坚持平衡好当期与远期的关系，追求更绿色、可持续、更高效、更和谐的增长。

内容摘要

燕京啤酒在制度体系建设中,以各级法规要求为基础,以风险防控为导向,通过明确各项工作的管理标准、实现路径、循证要求,打造系统性的燕京啤酒制度管理框架,包括治理制度、经营制度和管理制度,共计170项制度。以合法合规、规范统一、分类分层为管理原则,建立公司制度管理办法,明确各部门管理职责。将制度划分为基本管理制度和具体管理制度,分级分类进行管理。进一步细化制度计划、制度起草、征求意见、合规审核、审批发布、修订和废止等各项管理要求,对全集团制度进行规范化管理,助力燕京啤酒的高质量发展。

在"大合规"的时代背景下,制度建设是燕京啤酒合规建设与合规管理的重要组成部分和基本外在表现。制度管理体系的建设与完善不仅是提升企业竞争力的重要方法,更是燕京啤酒践行合规管理,为企业高质量发展保驾护航的重要途径。

关键词

制度管理　制度体系　管理模型　创新　发展　改革

经国序民,正其制度。制度是关系党和国家事业发展的根本性、全局性、稳定性、长期性的要素。党的二十届三中全会强调,进一步全面深化改革要坚持以制度建设为主线。厘清进一步全面深化改革坚持以制度建设为主线的主要动因、丰富内涵及实践路径,深化对改革与制度之间的互动关系及内在规律的认识,准确领会其理论逻辑、历史逻辑和实践逻辑,对于新时代新征程提升现代化治理效能、彰显中国特色社会主义制度优势具有重要意义,将为中国式现代化提供强大制度动力和制度保障。

事必有法,然后可成。对于企业而言,"法"即制度规章。制度管理体系是成功的企业管理的基础性工作,规范性管理制度的编制、创新以及有效执行是国有企业成功的关键因素。一流的企业背后一定有规范性与创新性企业管理制度的实施,制度体系只有经过持续优化和完善,才能提高企业管理水平,让企业获得健康持续稳定发展。

一、制度管理创新的背景

在我国经济发展的历史中,国有企业一直是我国经济发展的核心要素。自改革开放以来,国有企业经历了一系列深刻转型,政府不再管理国有企业的具体实务,国有企业成为真正的市场主体。然而,随着全球经济的发展和市场化的深入,国有企业面临的国内外竞争压力大幅增加。

(一)制度管理创新是适应外部环境的必然要求

1. 国家政策法规趋于规范和严格

近年来国家陆续出台和修改各类法律法规,对企业制度的合法合规提出更高的标准和要求,如公司法、劳动法、企业国有资产法等,要求国有企业必须修订内部制度,以确保合规经营;现行税法影响着企业的财务管理流程;现行环保法要求企业必须完善其环保责任制度和考核制度。

同时,国家产业政策、财政政策、货币政策等宏观经济政策对国有企业制度的修订也具有深远意义和引导作用。

2. 市场化全球化竞争加剧

全球化带来的国际贸易摩擦、市场竞争加剧、消费者需求日益多样化和个性化等外部影响,促使企业必须完善其经营策略和内部管理制度,如调整国际业务策略,修订产品管控、营销策划及客户服务等相关制度,以提高企业管理效率和竞争力。

3. 社会文化环境变化

随着社会大众对环保、社会责任的重视,社会价值观发生转变,国家、社会和企业更加重视社会责任的履行和展示。企业需要不断修订完善相关制度,如修订能源节约、环境、社会责任和公司治理(ESG)管理等制度要求,积极主动回应社会关切、履行社会责任、展示 ESG 管理贡献。

企业在开展制度创新时,要更加重视外部环境的变化,以确保其制度的有效性和适应性。这些外部环境因素不仅影响企业的战略方向,还直接影响企业的内部管理制度和运营流程。北京燕京啤酒股份有限公司(以下简称燕京啤酒)作为五大啤酒企业中唯一没有被外资参股的民族品牌,迫切需要调整和优化制度建设规划,主动应对外部挑战,抓住发展机遇,通过制度创新、管理模式创新提升其在国际市场中的灵活性和竞争力,牢牢把握在国际市场中的主动权。

(二)制度管理创新是深化改革的必经之路

2017 年起,我国啤酒行业销量见顶回落进入存量调整期并逐渐形成五足鼎立的局面,龙头企业高端化战略持续发力,盈利空间被大幅压缩。高端化战略时代的到来意味着啤酒企业的增长必须依靠产品结构升级,也意味着企业要想焕发活力必须对管理模式进行深度改革。

改革有破有立,得其法则事半功倍,不得法则事倍功半,甚至产生副作用。秉承守正创新的理念和原则,燕京啤酒董事长带领新的管理团队提出“二次创业、复兴燕京”的总目标,遵循系统观念,开展系统创新变革,推动生产、营销、研发、文化、机制等各环节、各领域形成革新合力。其中,制度管理创新是燕京啤酒系统创新变革、优化管理模式的重要组成部分,是通过更有效地规范员工行为、助力燕京啤酒生产经营全流程的一系列规则的产生过程。燕京啤酒自上而下的体制机制创新,为技术创新和过程管理创新提供了坚实的支持和保障,为燕京啤酒战略规划的有效落地保驾护航。

(三)制度管理创新是解决问题的关键之钥

随着国有企业由高速发展向高质量转型升级步伐的不断推进,国有企业在制度管理领域面临诸多挑战。

1. 国家对企业的合规管理要求更加严格。2022 年国家发布的《中央企业合规管理办法》对企业提出了更高的合规管理要求。同时国务院国有资产监督管理委员会、中国证券监督管理委员会等外部监督检查机关对企业制度体系建设方面的检查频率不断增加、力度不断增大,制度体系建设的重要性日益凸显。

2. 制度体系普遍缺少总体规划和设计。许多制度体系在构建过程中,往往呈现出一种零散化、碎片化的状态。由于缺乏总体的规划与设计,各单项制度之间犹如一盘散沙,缺乏明确的层级划分与关联逻辑,缺乏对长远目标和整体布局的考量,制度在执行时容易出现相互掣肘的情况。同时,缺乏总体规划也使得制度体系难以适应企业的可持续发展,新情况出现时企业无法迅速做出系统性调整,造成制度滞后或空白,严重影响管理效能与发展的稳定性与可持续性,难以形成一套严密、高效且富有前瞻性的制度体系来规范和引导各类活动朝着既定目标有序推进。

3. 制度缺乏标准化管理。表现在制度的制订环节无规范流程可依。各部门自行其是,致使制度的格式、内容详略、语言表述风格千差万别,缺乏严谨性与统一性。在制度的审核与修订方面,没有明确的责任主体和标准尺度,导致一些制度存在明显漏洞或过时条款长期未更新的情况,而另一些制度则可能在未经充分论证的情况下频繁被修改,影响制度的权威性。

4. 部分业务制度过时或缺失。外部环境快速变迁,如科技创新、市场格局重塑以及法规政策的更新迭代,而企业某些制度却依然停留在过去的框架内。例如,旧的业务流程制度未能与时俱进,仍在沿用烦琐且低效的手续,无法适应如今高速运转、数字化驱动的业务模式,严重阻碍了企业创新与发展的步伐。制度缺失也是制约企业发展的关键因素。在新兴领域或新业务拓展过程中,相应的管理制度未能及时跟上,导致运营无章可循。比如,在新兴的电子商务带货业务兴起后,很多企业缺乏对主播管理、产品质量把控、售后服务规范等方面的制度设定,从而引发诸多混乱,如产品虚假宣传、消费者权益受损等问题。

燕京啤酒通过对制度体系的创新,切实发挥制度对经营管理行为的规范、约束和激励作用,大幅提升其风险防范能力,确保各级管理有制可依、有章可循、有据可查。

二、制度管理体系建设原则与框架

(一)制度管理体系的指导思想和建设原则

1. 指导思想

燕京啤酒按照"统一要求、分类实施、全面覆盖、落地有效"的原则,对总部集团化管控相关制度进行全面摸排和梳理,查漏补缺,对制度适用性进行评价修订,秉承"有章可循、有章必循、执章必严、违章必究"的工作理念,提升依法治企管理水平,更好地服务于其"十四五"发展战略。

(1)提高思想认识。燕京啤酒的制度建设项目是一次全方面、高层次的"自我完善",对推动制度保障建设具有重要意义。燕京啤酒始终高度重视制度创新工作,将制度建设项目列为重点工作和“一把手”工程有序开展,公司董事长亲自组织高层领导召开多轮制度建设专题研讨会议。燕京啤酒通过不断加强领导、积极配合、规范管理,把思想统一到公司总体部署和项目整体工作要求上来。

(2)压实压紧责任。项目组各级人员做到全面彻底、不重不漏、责任到人,按照“摸清摸透、解决矛盾、全面覆盖”的原则,深入了解各业务制度管理方面存在的问题,严谨细致、查漏补缺,对制度的合法性、适用性、效率性和风险因素进行综合全面考量,杜绝出现“两张皮”现象。

燕京啤酒制度建设项目制定专项实施方案,成立以董事长为组长,法务合规分管副总为执行组长,各业务分管副总为组员的制度建设专项领导工作组;下设制度建设专项执行工作组,确定制度管理归口部门为法务合规部,所有部门全部参与,各部门一把手作为专业领域制度修编的主要负责人,各部门设置一名制度管理专员,对接执行制度修编工作,各项职责分配合理,运行高效,责任层层落实到位。

(3)加强沟通协调。制度建设项目是一项综合性的专项工作,涉及内容多,涵盖领域广,工作时间紧,要求标准高。项目组各级人员按照明确责任、细化分工、高效协同的要求开展工作,提高工作标准,讲大局、讲配合、勤沟通,形成项目推进合力。燕京啤酒各业务领域管理维度、管理特点差距明显,为确保制度建设高标准覆盖各个领域,公司根据实际情况,加强制度创新项目的沟通协调,组织召开财务、销售、技术研发、资产管理、投资管理、营销策划、采购、预算管理等十几场制度专项沟通会议,制度建设项目参与人数近百人。各项目组按照工作方案,有条不紊地开展各项制度建设工作,现场工作沟通顺畅,既保证了制度质量,也保证了工作进度。

(4)统筹推进工作。项目组各级人员合理有序组织开展专项工作,按照项目方案节点要求,及时报送工作材料和相关信息。为有效统筹推进具体工作,燕京啤酒在制度创新规划方案的框架下,制定了具体的制度创新实施方案,明确了每个制度的主责部门和负责人,并对制度的编制、调研、意见征集、合规审查、决策审批、发布等节点进行了部署安排,保证了各项制度创新工作的顺利开展。

2. 建设原则

(1)坚持党的领导原则。充分发挥企业党委领导作用,落实全面依法治国战略部署有关要求,把党的领导贯穿制度创新管理全过程。燕京啤酒已将党建工作纳入公司章程、“三重一大”、战略规划、投资管理等企业核心领域,真正确立了党在企业的领导地位,并将党的领导和党建文化通过制度创新工作在各业务领域加以显性化、具体化。

(2)坚持全面覆盖原则。燕京啤酒的管理制度已实现全面覆盖,包括企业的各项业务活动、各个环节和所有人员,重点关注高风险业务、关键岗位和重要人员,确保制度管理的全员、全域、全业务覆盖,目前公司各级制度覆盖率已达到100%,实现了各项业务有制度可依。

(3)坚持权责清晰原则。按照“管业务必须管制度”的要求,明确业务及职能部门、制度管理部门和监督部门的职责,严格落实员工合规责任,对违规行为严肃问责。燕京啤酒制定了《制度管理办法》,对制度管理的领导机构、主责部门、编制部门、审查部门、档案管理部门等的职责进行了清晰划分,做到了权责清晰、划分合理、职责合规。

(4)坚持可持续发展原则。燕京啤酒树立了勇于创新的根本理念,不断探索新的制度管理方法和手段。随着企业业务发展和市场环境的变化,制度管理面临新的挑战和要求,燕京啤酒将秉持续航领先的优势,积极引入先进的制度管理、合规管理理念和方法,推动制度管理的创新发展。

(二)制度管理体系的模型与框架

燕京啤酒通过建立制度体系总体规划,打造具有燕京特色的制度管理宏观框架。从制度管理环境的适宜性、制度管理组织设置的合理性、制度风险评估的精准性、制度管控流程的嵌入性、合规管理制度的逻辑性、制度管理文化的普及性六个评价维度入手,建设制度管理体系。

其中,通过对国家内部控制基本规范、内部控制应用指引、内部控制评价指引等各级法律法规的全面识别和深入研究,打造系统性的燕京啤酒制度宏观管理模型(见图1),由治理、经营和管理三大框架、38类、170项制度组成。所有制度规划项目按照整体规划方案,依据燕京啤酒《制度管理办法》的管理要求开展。

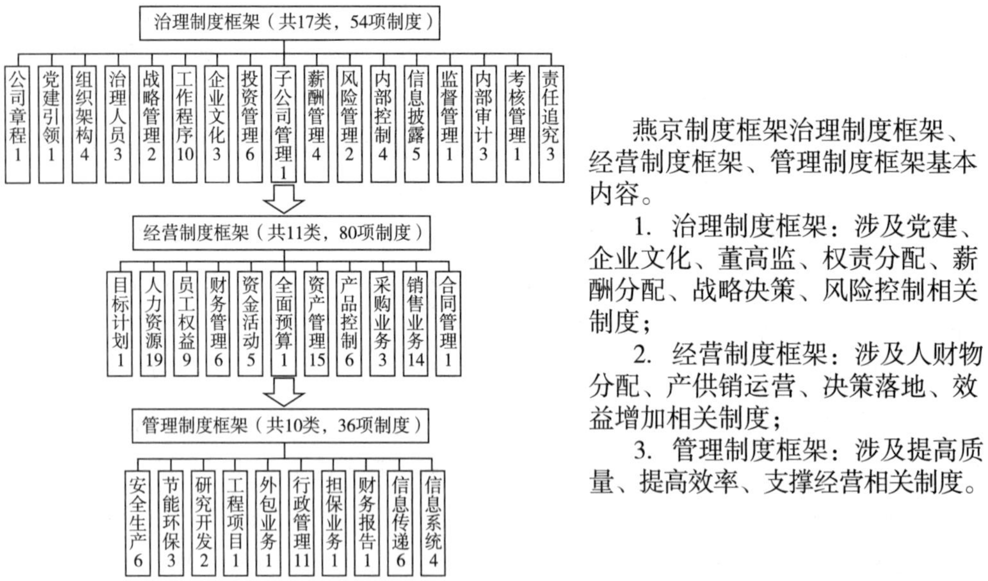

图1　燕京啤酒制度宏观管理模型

燕京啤酒制度宏观管理模型主要包括以下三个框架。

1.治理制度,也称法人治理制度,是指以公司法为主要依据,维护以股东为核心的相关权益和主体利益的制度。企业治理制度主要对企业的权力制衡关系，党委会、董事会等决策系统作出安排，是为保证企业绩效最大化而建立的科学决策制度。治理制度的基本构成为法人治理结构与治理机制，具体见图 2。

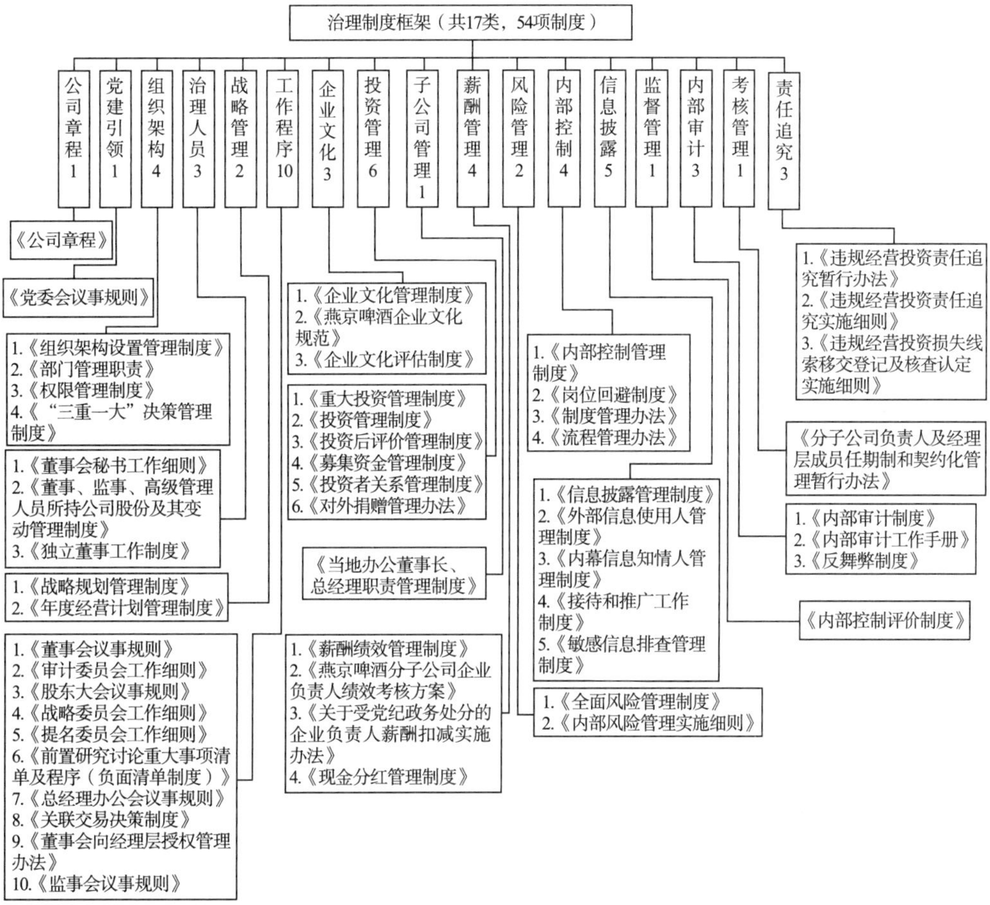

图 2　燕京啤酒治理制度框架

国有企业公司治理水平的高低不仅取决于公司治理结构是否完善，更取决于公司治理机制是否健全并有效运行。徒法不足以自行，公司治理机制是体制机制改革的重要内容，是持续推动公司治理结构发挥作用的关键，直接影响到公司治理质量和公司治理效能。

在实践中，治理主体权责法定主要通过《公司法》、公司章程规定的权责内容来体现；治理主体权责透明主要通过权责清单来体现，做到“章程之外无权力”“清单之外无权力”。因此，燕京啤酒要建立的是与公司治理高度契合的权责清单体系，推动“三重一大”决策机制的运转，减少重复决策，治理主体不缺位、不越位、不相互替代、不各自为政，在保证相互制衡、相互协调的同时提高公司治理效率和现代化治理能力。

2. 经营制度，是指为实现企业绩效最大化的治理任务，以提高经济效益为目标，对企业产、供、销、人、财、物等进行安排的系列制度，具体见图3。

燕京啤酒的经营制度旨在按照国家所有、分级管理、授权经营、分工监管的原则，按照国家有关国有资本与财务管理的规章制度，理顺和规范资本和财务管理的关系，承担起国有资本保值增值的责任。

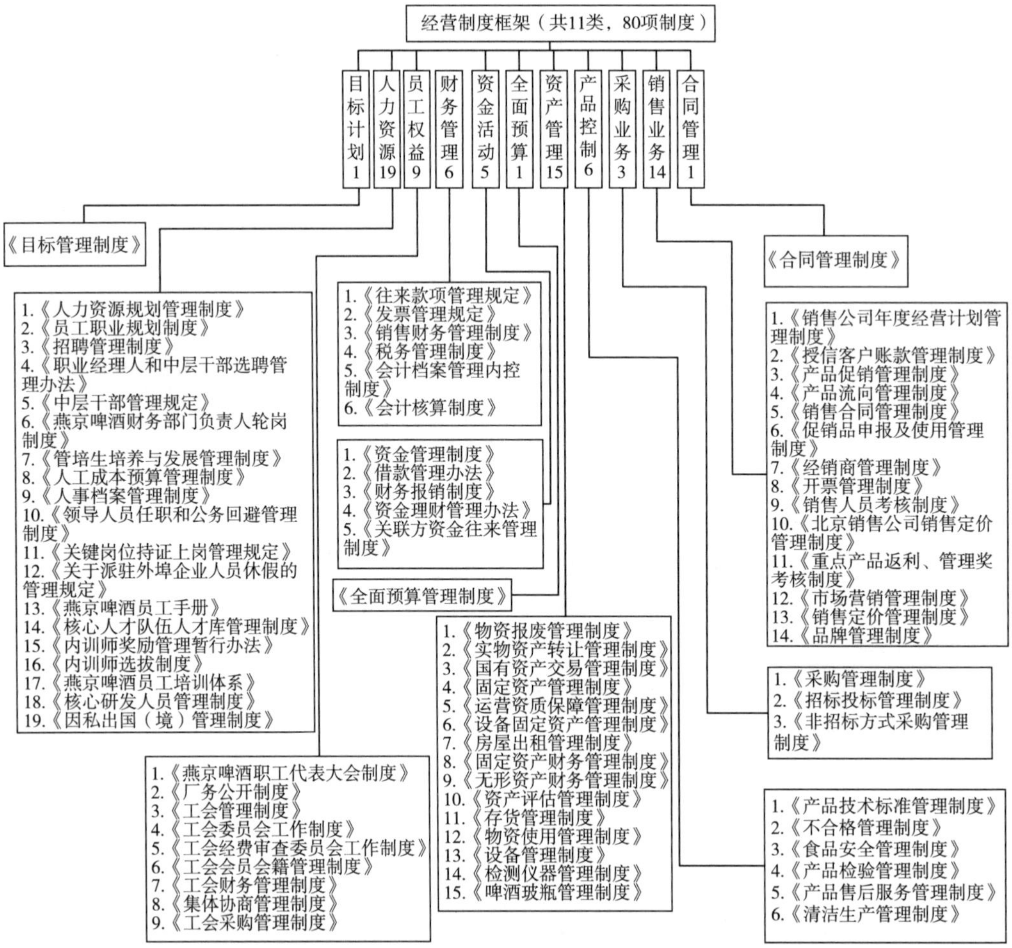

图3 燕京啤酒经营制度框架

3. 管理制度，是指为保证经营目标的实现，以开展的经营内容为管理核心，努力提高经营系统工作效率的制度。该制度包括最佳实践、质量体系、管理体系、人力体系、维护体系、物流体系、环境体系、安全体系等八大支柱体系，燕京啤酒的管理制度框架具体见图4。

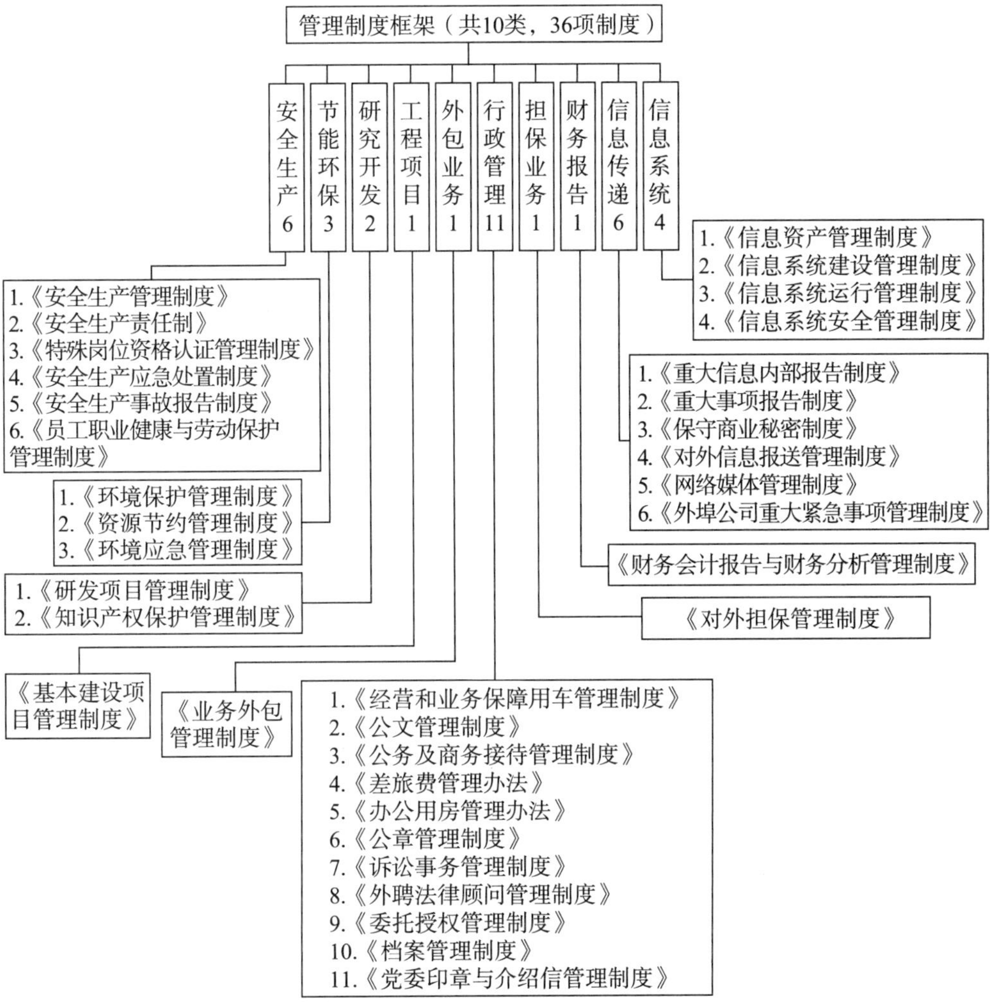

图4　燕京啤酒管理制度框架

燕京啤酒根据制度创新总体规划，将制度创新工作分为五个工作周期有序开展。其中项目一期主要开展治理领域相关制度的修编工作，包括公司章程、董事会议事规则、监事会议事规则、重大投资、全面风险管理等公司治理制度，治理制度的完善为后续制度建设项目提供了框架和指引；项目二期主要开展人财物等重点领域制度的修编工作，包括总经理办公会议事规则、年度经营计划、市场营销、人力资源规划、资金管理制度等；项目三期主要开展主营业务方面制度的修编工作，包括产品质量、信息化建设、审计整改、市场营销、销售管理、资产管理等；项目四期主要开展业务深化制度的修编工作，包括资产盘活、招投标管理、供应商管理、员工福利等；项目五期主要开展制度的查漏补缺和优化完善工作，将前四期制度经过试运行后进行修订完善和维护。五期制度的规划过程体现了PDCA（计划—执行—检查—行动）的管理理论。

燕京啤酒制度创新的核心始终遵循“制度建设永远在路上”的初心。一个拥有完善制度与流程管理体系和执行环境的成熟企业，其价值链运作，业务管理与关键资源配置，安全、合规、内控、社会责任等管理支持活动，都会呈现秩序化、连续化的运转效果。对标并借鉴世界一流成功企业的经验，比如 IBM、丰田、华为、美的、万科等，无一不说明了制度管理与流程管理对企业发展的重要性。

（三）制度管理体系的分级说明

《中央企业合规管理办法》第 16 条规定，中央企业应当建立健全合规管理制度，根据适用范围、效力层级等，构建分级分类的合规管理制度体系。

分级是国有企业制度管理的纵向要求，即确定制度的效力层级，对国有企业的经营管理行为作不同层级的制度规制，保证制度管理从宏观到微观的逐步细化，避免规范过于分散没有重点；分类是国有企业制度管理的横向要求，即确定制度的职能覆盖，对国有企业的经营管理行为作不同职能的制度规制，保证制度管理覆盖至不同职能职责，避免制度约束的缺位或空白。

分级分类关注的是制度的纵向聚焦和横向覆盖，是燕京啤酒合规管理精细化提升的重要措施，也是燕京啤酒深化改革、二次创业的关键环节。

燕京啤酒的制度分为三级，适用于集团管控的为一级制度，是集团统一执行的纲领性制度，如公司章程、董事会议事规则、监事会议事规则、股东大会议事规则等治理制度；二级制度主要是经营制度和业务制度，是在一级制度的纲领性要求下制定的细化制度，包括战略委员会工作细则、风险委员会工作细则、总经理办公会议事规则等；三级制度主要是各部门根据公司制度进行内化，制定的适用于本部门的各类制度。三个级别的制度相辅相成、相互促进。一级制度是二、三级制度的引领，是纲领性和框架性的要求。二级制度是一级制度的具体执行，保证了一级制度，即公司治理层各项管理要求的深入落地执行。三级制度是二级制度的细化要求，公司各项业务差异明显，三级制度的建设和完善在确保各项公司级制度有效落地的同时又满足了各项业务的差异化需求。

目前燕京啤酒五期制度工作计划接近尾声，公司按照国家内部控制规范要求，细化确立了 300 多个关键业务控制点。燕京啤酒通过三年制度创新方案和五期大规模制度创新项目的深入开展，将所有关键控制点嵌入了具体制度，形成了最新的制度汇编。

三、具体做法

（一）确立制度创新的组织保障

1. 成立制度建设项目专项领导小组

制度建设项目立项后，燕京啤酒成立了以公司党委书记、董事长为组长，总经理为副组长，各业务副总经理为小组成员的专项领导小组。专项领导小组全面负责制度建设专项的领导、统筹和督查工作，协调解决项目推进过程中的重要问题，全面掌握公司制度建设项目的推进以及完成情况。

2. 成立制度建设项目专项工作小组

在专项领导小组下,燕京啤酒成立了专项工作小组,以法务合规部为主要统筹部门,分管副总为工作组组长,部门总监为副组长,小组骨干成员从各业务部门挑选。

专项工作小组的主要职责为:(1)负责制定制度建设项目推进方案和制度建设标准要求,统筹安排和具体跟进制度建设项目的落地,并于过程中梳理存在的主要问题,针对性地提出改进建议并上报领导小组。建立项目沟通机制,做好项目推进过程中的协调工作。编制公司制度管理办法,建立健全制度更新机制。(2)负责针对公司整体业务,按照统一制度模板要求进行系统、全面的梳理,按照工作方案、时间节点、细分任务的要求,深入开展制度整理和汇编工作,评估现行制度、查漏补缺,做到制度不重复、不缺失和可落地。

3. 成立制度建设项目执行小组

制定制度建设项目推进方案、制度建设标准要求,将制度制定任务进行分解,确定每个制度制定的项目执行小组、任务排期、考核指标,逐步推进制度建设,实现制度建设的有序推进。

(二)明确制度编制的实施程序

燕京啤酒制度建设项目的实施程序主要包含项目启动、项目任务分配、意见征集、合规审查、高管专题讨论、决策审批、发布宣贯等七个工作程序,见图5。

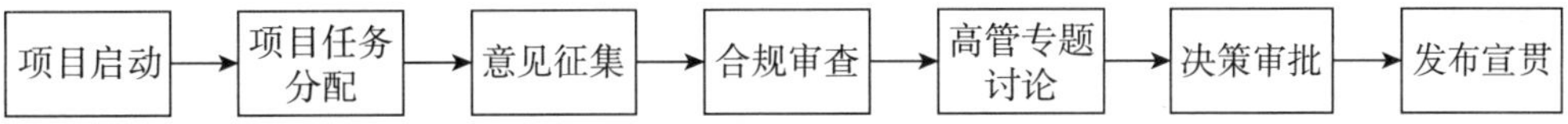

图5　燕京啤酒制度建设项目的实施程序

1. 项目启动阶段,法务合规部为主要责任部门。在规定时限内,按照公司的制度建设项目工作方案,组织协调总部各职能部门,召开项目启动会议,充分识别公司合规义务并进行关键点识别,制定制度分配方案,设计制度模板标准,明确总部各职能部门是业务制度编制的责任部门。

2. 项目任务分配阶段,总部职能部门组成的专项工作组、成员单位各职能部门为主要责任部门。总部职能部门组成的专项工作组根据公司制度分配方案,深入了解本部门业务范围内编制制度的具体情况,对制度开展调研论证、风险识别和可行性评估,统筹制订细化编制方案,将编制任务合理分配给总部职能部门人员和各成员单位,统一把控工作期限和工作质量。成员单位各职能部门对于分配的制度任务承担进一步的落实责任,按照工作要求和时间期限开展工作。制度编制完成后上报职能部门负责人、部门分管副总签字审批。最后,由总部职能部门组成的专项工作组将业务范围内总部和各成员单位编制完成的制度进行统一整理和进一步修订。编制完成后经部门负责人、部门分管副总审批;关联其他部门的,应由其他部门负责人、部门分管副总会签、审批,审批通过后报送法务合规部。

3. 意见征集阶段，法务合规部为主要责任部门。法务合规部将上述制度草案进行汇编并在全集团范围内进行分类分发，广泛征集意见；对于涉及员工根本利益的制度，还需要广泛征集员工意见。各牵头起草部门根据意见征集情况，在规定期限内完成制度草案的修改。项目推进以来，先后召开数十次专项研讨会议，对制度内容进行修订和打磨。

4. 合规审查阶段，法务合规部为主要责任部门。法务合规部对各职能部门报送的制度进行汇总整理，组织纪检部、内审部、董事会办公室等合规部门从违规违纪、审计、公司治理、内控、风险等角度对制度草案进行合规审查。

5. 高管专题讨论阶段，公司董事长组织管理层和各业务层对制度草案进行专题研讨，从公司战略规划、经营治理的高度对制度草案进行进一步修订。

6. 决策审批阶段，完成前期调研论证、意见征集、专题讨论、合规审查的制度草案，由法务合规部汇编并按公司"三重一大"程序上报公司党委会前置研究讨论；党委会审议通过后，根据制度的具体级别和决策类型，上报公司董事会、工会委员会、股东大会及总经理办公会等具有决策权限的机构进行集体决策。

7. 发布宣贯阶段，对于完成决策的制度，法务合规部对其内容和格式进行最后的校对和排版，并按照公司制度的发布程序组织实施。为保证制度的深入落实、制度文化的内化践行，法务合规部组织了相关部门在全集团内对制度进行宣贯和培训。围绕"十四五"新发布的制度，法务合规部共开展"三重一大"培训 3 次、物资报废培训一次、合同管理培训一次、合规管理培训 3 次、招标培训两次、风险管理培训一次，培训覆盖总部各职能部门以及分子公司相关业务人员、内控负责人，培训人数超过 400 人，共开发课件 6 个。各业务部门针对分管制度同步组织开展各业务领域培训，确保业务制度培训的全覆盖。

法务合规部将持续关注制度管理体系的宣贯、培训工作，创新培训形式，实现宣贯、培训工作制度化、长期化和专业化，保障制度执行者对制度内容有充分的理解，确保制度在执行层面得到有效落实，把制度优势转化为治理效能。

（三）规范制度编制的形式

燕京啤酒的管理制度主要通过规则章程和标准流程两种方式表现企业管理要求，具体见图 6。

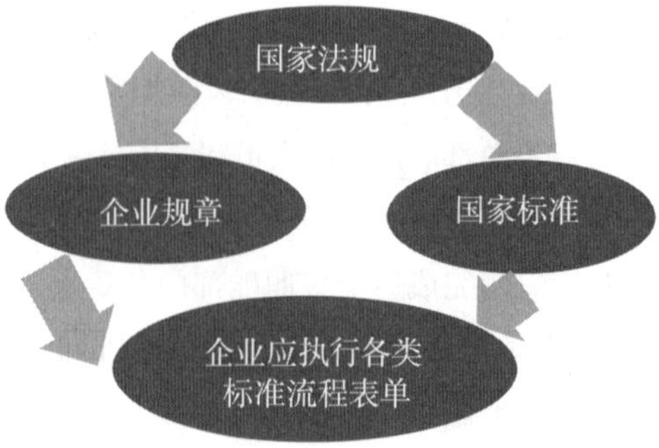

图 6　燕京啤酒制度编制形式逻辑

1. 法规标准：适用于公司经营管理的法规和标准。燕京啤酒适用法规的收集整理执行燕京啤酒适用法规识别、收集、整理、确认、执行的有关要求。例如公司法、劳动法、环境保护法、内部控制规范等。

2. 规则章程：公司制定的规范性文件，包括公司管理条例、章程、规则等，属于企业内部法规性文件，是公司管理的基本要求，通常以法规文本方式体现。燕京啤酒规则章程的制定执行燕京啤酒规则章程制定的有关要求。

3. 企业标准：公司需要协调、统一的技术标准、管理标准、工作标准，通常以企业标准形式体现。燕京啤酒标准的制定执行燕京啤酒标准制定的有关要求。例如，“三重一大”界定标准、重要事项界定标准、一般事项界定标准、合同分级标准、资金审批标准、物资报废标准、违规经营追责标准等。

4. 企业流程：公司实现标准的路径方法，通常以工作程序或工作流程形式体现。燕京啤酒流程的制定执行燕京啤酒企业流程制定的有关要求。例如，“三重一大”审批流程、预算审批流程、合同审批流程、资金审批流程等。

5. 记录表单：公司标准流程落地的基础工具，是实现规范化标准化操作的证据，通常以公司记录形式体现。燕京啤酒记录表单的制定执行燕京啤酒记录表单制定的有关要求。

（四）优化制度体系建设方法

1. 摸排调研。对燕京啤酒所有制度进行调研、收集、整理、确认，排查出各种制度的出处、执行情况。

2. 整理确认。对燕京啤酒现行有效的制度进行重新确认修订，并发布执行，对原有制度予以废止，确保现行有效制度支撑燕京啤酒的高效运行。

3. 梳理制定。对燕京啤酒必须制定的制度逐项梳理，制定每个规章制度的时间安排、责任主体，有组织有计划地开展制度制订、修订工作。

4. 内容确认。燕京啤酒各级制度内容应包括目标、职责、标准、流程、风险、检查、考核等内容，形成以职责为根本、标准为依据、风险为导向、流程为基础、考核为保障的各级制度体系内容。燕京啤酒制度体系内容逻辑见图 7。

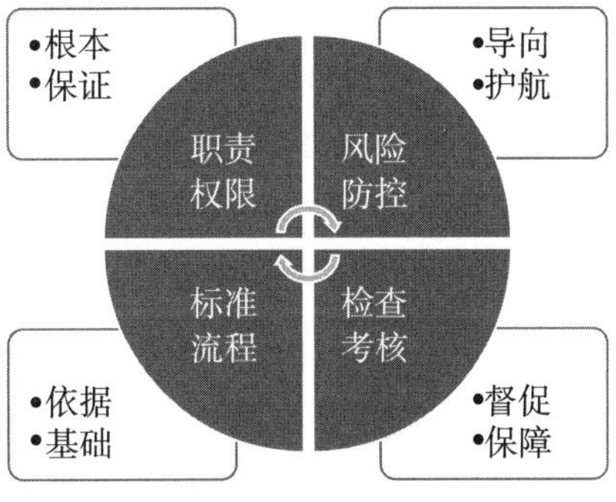

图 7　燕京啤酒制度体系内容逻辑

（五）统一制度编制要求

1. 制度的编制，应符合国家法律法规标准，符合国务院国有资产监督管理委员会、中国证券监督管理委员会以及北京控股集团有限公司的管理要求，并符合企业实际管理需要，必须做到制度既合法合规又可执行可落地。

2. 制度的编制以燕京啤酒现有业务和现行制度为基础，管理范围参照北京控股集团有限公司总部级内部控制规范和燕京啤酒总部级内控评价标准确定。

3. 制度结构形式为条款式，不涉及各部门内部制度，编制内容不涉及具体流程的管理要求和表单要求，但编制过程中要用流程去验证制度的适用性。流程和表单编制将在后续流程建设项目中展开。

4. 制度梳理过程中，要做到所有业务有制度依据，同时各职能部门将最终负责解释相关制度。

四、实施效果

通过不断完善制度“立改废释”工作，燕京啤酒的制度管理建设项目有效弥补了制度前后不衔接、上下不配套、覆盖不全面、责任不清晰等缺陷，填补了多项制度空白，为其经营治理提供了重要支撑，主要表现为以下几方面。

（一）管理制度体系更加完善，企业管理水平显著提升

燕京啤酒制度创新成果紧密围绕其发展实际，以推进其治理体系和治理能力现代化为主线，以建立中国特色啤酒行业现代企业制度和法治化市场化运行机制为方向，始终坚持目标问题导向，实施精益管理理念，围绕抓创新、建机制，补短板、强内控，施法治、防风险等方面不断完善管理制度体系，坚持党的领导与现代企业制度建设的统一，厘清各治理主体决策权责边界，规范各项事务的管理程序，提高发展驱动和保障能力，促使其管理水平得到显著提升。

（二）内部协同运作更加顺畅，企业工作效率显著提升

立足于确保管理制度合法、适用、有效、可操作的原则，坚持做好制度体系建设的“加减法”，通过建立“横向协同、纵向贯通”的体系机制，全面梳理各项管理制度，分析各项工作流程。经过五期制度建设，共梳理出包括组织架构、发展战略、人力资源、安全生产、社会责任、企业文化、货币资金管理、筹资、投资、采购、资产管理、销售、研究开发等在内的 26 个大项、288 项制度设计有效性评价指标、492 项制度运行有效性评价指标，累计超过 65 万字的制度汇编。通过制度的废止、合并、补充、完善，不断调整各项工作职能，强化各项工作职责。

（三）现代发展理念更加鲜明，依法治企能力显著提升

各级管理人员树立以创新驱动推进企业高质量发展的意识，积极探索提升企业安全管理、生产经营等各方面的有效方法和载体，认真总结和提炼高质量发展先进做法和成功经验，推广应用先进管理方法，建立长效管理机制。

同时，制度体系中明确了风险应对策略和防控程序，确定了风险防控责任主体，不断提高企业风险识别、风险分析、风险控制的能力。运用法律风险提示表单、法律意见书表单，将法律论证与市场论证、技术论证、财务论证有机结合，从可行性报告到立项决策、从谈判签约到合同执行，实施关键把控，确保法律风险防范全覆盖，在促进信息安全、防范法律风险、提升管理水平上取得新成效。

（四）党的引领作用更加有力，改革治理质效显著提升

在制度建设项目立项后，燕京啤酒以党的创新理论为指导，紧紧围绕重点核心领域、关键控制环节、企业文化、新业态等方面，充分发挥燕京啤酒党委“把方向、管大局、保落实”的领导作用。以“书记项目”撬动国有企业党建赋能制度管理体系建设，成立以董事长为组长，内控分管副总为执行组长的制度建设专项领导小组，遵循精实运营大策略，摸清痛点、堵点、薄弱点，找准着力点和突破点，按照“可执行、可监督、可问责”的工作要求推进制度建设。着力构建党建工作与制度建设项目的一体化考核评价体系，切实推动制度编制队伍坚守主责，确保项目顺利开展。

在制度建设的条款中，深度融入党的领导，坚持党建入章；在公司章程的修订过程中，始终明确党对国有企业的全面领导，将党委会置于内部管理的首要位置，明确党委的领导作用，强化党委对国有企业的监督作用，全面落实国有企业党组织的各项决策部署，确保重大事项的决策依循党的路线方针，与党和国家的战略规划相契合，实现国有资产的增值保值，维护职工的合法权益与社会效益。

（五）目标导向方法更加精益，问题解决能力显著提升

在制度建设项目启动之初，燕京啤酒确立了“目标导向”的工作方法，坚持把准制度建设方向，推进制度集成创新。制度建设项目的开展形成了一个严密完整的制度体系，其中一级制度起着奠基础、定方向、管全局的作用，筑牢企业战略发展的根基；二级制度以“支撑性、承接性”为目标，旨在保持燕京啤酒运作的稳定性和延续性；三级制度以“实际操作、落地见效”为目标，具有较强的灵活性和可调整性，需要依据实践发展与时俱进、不断创新。切实通过加强顶层设计、总体谋划，做到“该改的、能改的坚决改”，推动各方面制度更加成熟更加定型，才能“任凭风浪起，稳坐钓鱼船”。

五、结束语

燕京啤酒的制度管理体系是法务合规工作与业务工作的有机结合，历经多年的深耕细作、匠心坚守，充分体现了法务合规工作的战略价值。

当前，燕京啤酒以坚持发展新质生产力为首要任务，坚持对标世界一流企业，实现“二次创业、复兴燕京”的总目标，其深化改革、推进制度建设的任务依然非常艰巨。燕京啤酒将继续以“规范、精益、集约、稳健、高效、智慧”为标准，持续开展制度管理体系的动态优化工作，为燕京啤酒的高质量发展保驾护航。

第一编 法治建设

国电四合绿盾:打造“能源合规建设引领者”的合规管理品牌实践

王熠楠 刘 芮

作者简介

王熠楠 国电电力发展股份有限公司企业管理与法律事务部合规管理处副经理

刘 芮 国电电力发展股份有限公司企业管理与法律事务部合规管理处高级主管

企业简介

国电电力发展股份有限公司是国家能源集团控股的核心电力上市公司和常规能源发电业务的整合平台,主要经营业务为电力、热力生产及销售,产业涉及火电、水电、风电、光伏发电及煤炭等领域,分布在全国29个省、自治区、直辖市。

内容摘要

国电电力合规管理作为国电电力管理重要组成部分,其特色化实践,不仅是践行国家能源集团“一个目标、三个作用、六个担当”发展战略的重要举措,也是企业合规管理水平的重要体现,为国电电力的合规管理进行品牌化塑造奠定了坚实基础。同时,合规管理作为国电电力“高塔型”品牌架构中的重要组成,以其为要素进行品牌化塑造,符合“业务实践品牌化、品牌管理项目化”的思路,为其他央国企在合规管理方面提供了借鉴和参考。

关键词

合规管理　品牌建设　合规品牌化　首发首创

一、合规管理品牌化的意义

(一)积极响应品牌强国精神的重要体现

党的二十大报告提出推进能源革命,习近平总书记高度重视品牌建设,明确要求“推动中国产品向中国品牌转变”。国电电力发展股份有限公司(以下简称国电电力)作为国家能源集团公司旗下核心电力上市公司,其合规建设的品牌化塑造,既是深入贯彻落实习近平总书记“三个转变”等品牌强国建设指示精神的重要体现,同时也是聚焦建设具有全球竞争力的世界一流电力公司的合规价值创造链条,全面提升合规价值创造能力的时代探索。

(二)有效提升 RISE 品牌形象的重要举措

国电电力深入落实中央企业品牌行动要求,加快打造有央企担当、家国情怀、国电特色、业内影响力的合规品牌,积极将合规品牌的培育打造融入国电电力 RISE 品牌整体战略部署,积极运用品牌管理的先进理念和方法,与国电电力合规实践嵌入融合,从合规引领力、合规运营力、合规保障力、实践推广力等多维度强化合规品牌管理能力的建设与提升,加快培育企业特色合规品牌,树立国电电力在行业内的合规品牌形象,为国电电力着力塑造“清洁绿色的持续动力”的品牌形象,助力其成为享誉国际的知名品牌添砖加瓦。

(三)增强核心竞争力的新动能

实施合规管理品牌化建设,是国电电力合规体系成熟度和创新性实践成效的重要体现,通过打造合规品牌,开展合规品牌传播,可有效向资本市场传递企业稳健经营、规范运作的积极信号,有利于巩固和增强投资者对国电电力的信心,增强国电电力的软实力和核心竞争力,促进国电电力的健康可持续发展。

二、合规管理品牌化的基础

一是“双认证”引领合规体系建设。国电电力突出“强基固本、协同赋能、奋楫一流”的工作导向，锚定高标准，结合其实际创新实践，形成了内容全面、结构严谨，强化责任、协同联动，科学融合、刚柔并济，注重实效价值创造的合规管理体系。2022 年 12 月，国电电力通过 ISO 37301:2021《合规管理体系　要求及使用指南》及国家标准 GB/T 35770—2022(《合规管理体系　要求及使用指南》)“双认证”，是国内首家通过国际认证机构合规管理体系“双认证”的单位，也是国内首批以及电力行业首家通过国际机构合规管理体系“双认证”的单位。此外，国电电力连续两年顺利完成合规体系复审工作，均取得“零”不符合项的优良业绩(不存在不符合体系运行要求的合规问题)，进一步展现了合规体系建设的高水平、高质量。

二是有效性评价促提合规践行。2023 年，国电电力圆满完成国务院国有资产监督管理委员会(以下简称国务院国资委)《国有企业合规管理有效性评价机制与指标体系研究》课题，该课题与总课题一并获得国务院国资委 2022 年度“揭榜挂帅”研究课题优秀课题奖。该课题中的合规管理有效性评价指标体系，即“1 + 7 + N”评价模型，不仅为提升合规体系管理品质奠定了基础，也为国有资产监管部门及国有企业开展合规管理有效性评价工作提供了参考。该课题获得 2024 年全国电力企业管理创新论文大赛一等奖，实现了国电电力在法治合规管理领域相关学术研究的新突破。

三是开创信披先河播撒合规“种子”。自 2023 年起，国电电力将每个年度合规管理实践的重点和亮点，形成年度合规管理报告对外公布。一方面，主动与利益相关者沟通，将合规实践情况公开化、透明化，开创了能源央国企在合规管理信息披露的先河；另一方面，将合规的“种子”播撒到每一个角落，力求全社会的“大监督”。该报告连续两年荣获“优秀企业社会责任报告・专项报告奖”。

四是合规文化构筑合规软实力。国电电力汲取中华优秀传统文化智慧，厚植合规文化根基，其 2023 年发布《国电电力合规文化手册》，创新性地构建起独特的五层次的“合规金字塔”文化体系。该体系发挥“四合”在“精神层”的牵引性作用，强调全员在主观意识、信仰价值观、行为实践、工作成果上实现合规，即知合、信合、行合、实合，形成了特色鲜明的公司合规文化主题及 IP，构筑起世界一流企业长效合规的软实力。

五是“关键少数”示范带头合规管理。企业的领导者及高管们是推行企业合规的“关键少数”，在合规工作中肩负着合规的重要责任和使命，起着举足轻重的示范作用、带动作用和推动作用。为此，国电电力定期编制《国电电力公司“关键少数”合规管理手边书》。该书针对“关键少数”如何做到合规管理进行了说明。该书促进“关键少数”时时、处处心中有规，行中有范。

六是人才培养夯实合规保障根基。为建设具有全球竞争力的世界一流电力公司提供法治合规保障、奠定人才基础，国电电力自 2012 年起连续 13 年举办企业法律顾问、法律职业资格考试培训，共有 86 人通过法律职业资格考试，其中 37 人通过司法部核准，取得公司律师证书。国电电力鼓励系统内相关人员积极参加企业合规师职业能力（水平）考试，国电电力系统企业合规师人数已达 113 人，其中国电电力本部专职合规管理人员已全部取得企业合规师（高级）证书。国电电力培养合规内审员 46 人，法律合规人才数量是国家能源集团中最多的企业，率先实现了企业职业合规师队伍建设的落地。

七是各方合规履责推动合作共赢。国电电力高度重视利益相关方合规文化共建，通过共同履行合规责任开展合规交流合作等实现合规文化融合共赢。制定利益相关方合规行为规范，有利于保障与合作伙伴的持续健康发展与良性循环，实现合作成本最小化，项目价值最大化。该规范对全体参与成员具有引导、规范和约束的作用。

三、厚植合规品牌底蕴——打造特色合规文化

国电电力从战略高度、全局视野，深刻理解加强合规管理的重要性、紧迫性，落实合规管理责任，努力打造特色合规文化，明确了合规文化建设目标、理念及核心价值观，基于合规精神层、合规领导层、合规制度层、合规行为层、合规器物层文化五层次构建了“合规文化金字塔”（见图 1），以道篇、领篇、法篇、行篇、显篇展开，通过感知合规、信守合规、践行合规、落实合规从主观意识、信仰价值观、行为实践、工作成果实现知合、信合、行合、实合四合文化，采用三阶段递进式合规文化建设为企业创造价值，构建了具有国电电力特色的合规文化体系，形成了依规办事、按章操作的文化氛围与依法合规、诚信经营的价值观，企业合规管理工作成效显著，为其高质量发展保驾护航。

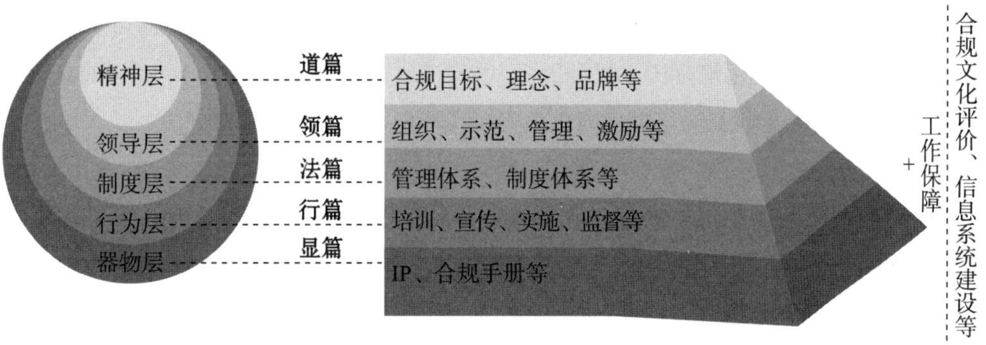

图 1　国电电力“合规文化金字塔”

(一)谋篇——合规文化建设三阶段递进式为国电电力谋价值

国电电力合规文化建设采用阶段递进式创造价值,第一阶段保障企业合规,创造安全价值、经济价值、管理价值,有效支撑公司可持续发展;第二阶段落实社会责任,创造社会价值,助力法治社会建设;第三阶段践行人类命运共同体理念,创造合规共享价值,助力构建合规命运共同体。

(二)道篇——合规精神层助力国电电力合规文化生根发芽

国电电力结合实际,以诚信、规范、责任、价值作为合规文化核心价值观。以强化合规意识,提升依法合规经营管理水平;深化法治国电,全面促进国有资产保值增值;严控合规风险,保障深化改革与高质量发展为合规文化目标。以合规从高层做起,全面合规、全员合规,合规保障安全,合规创造价值为理念。创建了知合、信合、行合、实合四合文化,强调在主观意识、信仰价值观、行为实践、工作成果上实现合规。

(三)领篇——合规领导层助力国电电力科学构建组织架构

国电电力构建了系统、高效、协同合作的企业合规管理组织体系,采用“顶层设计、分级管理”模式,健全合规领导层组织及职责的设置,明确党委发挥把方向、管大局、促落实的领导作用;党建工作机构推动相关党内法规制度有效贯彻落实;董事会发挥定战略、作决策、防风险作用;经理层发挥谋经营、抓落实、强管理作用;主要负责人发挥组织、推动和实践作用;合规管理委员会统筹协调、研究解决重点难点问题;首席合规官组织、开展、指导合规各项工作;业务及职能部门承担合规管理主体责任;合规管理部门牵头负责合规管理工作;纪检监察机构和审计、巡视巡察、监督追责等部门监督落实情况,调查违规行为,开展责任追究。各责任主体权责明确、各司其职、协调配合,保障合规管理工作的持续高效开展。

(四)法篇——合规制度层助力国电电力整合完善合规制度

国电电力通过构建包含“理念类、制度类、实施类”三类制度的分类分级合规制度体系,明确总体目标、机构职责、运行机制、考核评价、监督问责等内容,有效保障合规运行机制运转流畅、合规文化落地落实。

(五)行篇——合规行为层助力国电电力培育特色合规文化

国电电力构建“决策层、管理层、执行层”三层次行为主体,以专题学习、常态化培训、宣传教育、引导践行等为行为路径,通过对管理人员、重点岗位人员、新入职人员开展以合规法律、制度、流程为主要内容的月、季、年常态化培训;利用合规日、合规周、合规年活动,公众号、视频宣传片等系列专栏,合规文化手册、合规承诺书等宣传资料开展合规宣传;开展合规顾问培训、合规官训练营,加强合规队伍建设,将合规能力审查、合规绩效考核纳入人才考核选拔标准;设立合规红黑榜等,提高全员合规意识。

（六）显篇——合规器物层助力国电电力绿色发展

国电电力汲取“不以规矩，不能成方圆”的中华优秀传统文化的思想精华和道德精髓，融合新时代绿色发展理念，设计国电电力合规 logo，以绿色、白色为主色调，贯彻绿色发展理念，意指国电电力合规，助力绿色发展，并将合规 logo 印制在台历、U 盘、笔记本等器物上，多途径宣传合规文化。

四、合规管理品牌概要

“国电四合绿盾”是国电电力合规管理品牌，是国电电力品牌支撑要素品牌。

“国电四合绿盾”以合规文化为基础，创新性地构建起独特的五层次合规金字塔文化体，发挥“四合”的牵引性作用，以国电电力合规体系作为标尺，强调在主观意识、信仰价值、行为实践、工作成果上，推动合规成为全体员工、“关键少数”、利益相关方的自发、自觉、自愿和自律，确保每一项决策、每一次行动都在合规的框架内进行，做到有规可依、履规必严、违规必究，从而助力和护航国电电力的可持续发展。

“四合”文化是国电电力合规建设实践的最大特点，是管理哲学和管理智慧的体现与浓缩。“四合”体现了中华优秀传统思想文化，即知合、信合、行合、实合，寓意深远。“绿”，代表绿色低碳发展的方向；“盾”，乃坚固之象征，代表着全方位的守护。“四合绿盾”意味着国电电力以坚实、统一的力量，构筑起牢不可破的合规屏障，形成“感知合规、信守合规、践行合规、落实合规”的辩证统一，为其绿色、稳健发展提供坚实保障，宛如坚盾抵御风险，守护其健康与可持续发展。国电电力合规文化“四合”的内涵如图 2 所示。

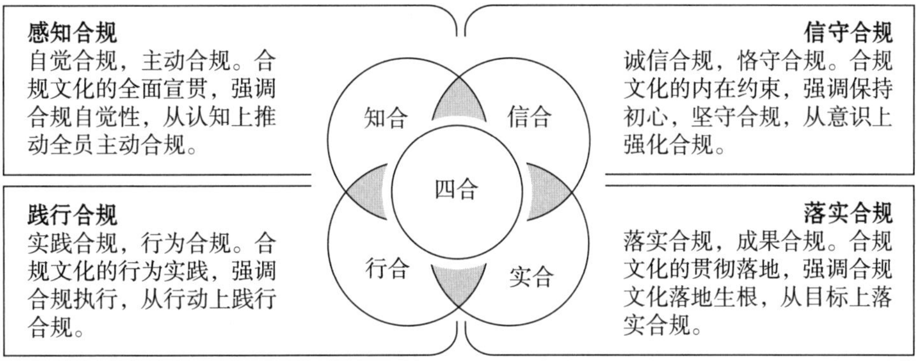

图 2　国电电力合规文化“四合”内涵

2024 年，国电电力在“5 · 10”中国品牌日——“能源行业品牌宣传周”上，发布了国内能源行业首个合规管理品牌“国电四合绿盾”，打造出合规品牌标识，塑造了合规品牌卡通形象“国电小合”，还编制了《国电四合绿盾合规品牌手册》（见图 3）、《合规品牌“一三五”

建设规划》,得到了环球时报、中国工业报等诸多国内主流媒体和权威行业组织的广泛关注和报道。“国电四合绿盾”荣获中国能源研究会“绿能星·特等奖”,入选“能源产业品牌成果典型案例”,并荣获中国企业评价协会与《企业家》杂志社共同举办的第三届电力企业合规管理成果评选特等成果,还获评中国电力企业联合会法律分会“2024 年度电力企业法治合规十大典型事例”,全面彰显了国电电力合规品牌化工作的卓越成效与开创性意义。

图 3 《国电四合绿盾合规品牌手册》

五、合规管理品牌化建设思路

(一)坚持 RISE 引领,保持品牌调性一致

发挥国家能源集团 RISE 品牌战略的引领性、全局性作用,保持其与国电电力品牌定位、品牌金句及品牌调性等要素的一致性,结合合规管理的特性,以持续丰富国电电力品牌内涵,增强品牌的可感知性、互动性与影响力为遵循与目标。

分析提炼构建适合且彰显国电电力合规特色的品牌体系,包括品牌识别体系、品牌传播体系、品牌体验体系、品牌管理体系等,形成管理维度的要素品牌自下而上反哺国电电力品牌,进而支撑国家能源集团品牌不断“RISE”。

(二)对标五项工程,一体化推进实施

在国家能源集团 RISE 品牌“五项提升工程”的指引下,遵循新品牌塑造的一般规律,具体结合企业合规管理特性,重点开展理念立品、传播响品、管理树品、融合铸品、保障促品工作,一体化推进实施,从多个维度塑造合规管理品牌。

以品牌建设理论为指引,通过横向比较,运用品牌化思维分析国电电力合规建设实践,基于国电电力合规差异性特点,构建国电电力独特的合规品牌价值和理念。

六、合规管理品牌化实施路径

(一)理念立品,构建合规品牌识别体系

品牌名称:国电四合绿盾。

品牌目标:成为能源合规建设的引领者。

国电电力在合规管理方面取得的独创性实践,即“锚定高标准,高起点建设具有引领性的合规体系”、“构筑特色鲜明的合规文化”、“开创合规披露先河”、“自主研究合规实践有效性评价”、率先开启合规品牌化建设探索,对能源行业合规建设具有示范性、引领性作用;同时,匹配国家能源集团“世界一流品牌”目标和国电电力“建设具有全球竞争力的世界一流电力公司”的品牌目标,一流的企业品牌需要一流的合规管理来支撑,为此,国电电力以“成为能源合规建设的引领者”作为合规品牌目标。

品牌定位:创造多重价值的合规管理标杆。

结合国家能源集团“全球可持续能源典范”品牌定位,国电电力创新性地提出递进式合规创造价值,第一阶段保障企业合规,助力企业高质量发展,实现合规创造安全价值、经济价值;第二阶段承担央企担当,履行社会责任,推动合规引领行业发展,创造社会价值;第三阶段创新发展理念,提倡价值共享,促进合规创造共享价值。

国电电力发挥全价值链合规管理的创新实践作用,以员工自豪、企业绿色发展、利益相关方信赖、行业赞誉、社会认可等为价值追求,强化合规价值意识,树立企业形象,扩大品牌声誉。这样既可增加员工自豪感,形成凝聚力、向心力,也可助力国电电力绿色发展形成市场竞争力,还可获得利益相关方信赖、行业赞誉、社会认可,从而引领和推动行业合规建设。

品牌内涵:诚信　规范　责任　价值

诚信:诚实守信,守承诺,讲信用,培育和弘扬诚信文化,践行企业诚信,诚信为本理念,持续为企业品牌提升知名度和信誉度。

规范:明文规定或约定俗成的标准,以规范为指引,以标准为纲领,构建统一规范的合规管理体系,促使企业依法合规经营。

责任:应尽的义务及应承担的过失。牢固树立责任意识,建立健全合规责任追究机制,遵循合规免责,违规问责原则,促进企业持续健康发展。

价值:积极正面、奋发向上的精神力量。推进合规经营持之以恒、合规发展与时俱进,促使合规经营创造企业价值。

品牌理念:

合规从高层做起。国电电力发挥"关键少数"合规管理作用,响应国资委要求强化企业领导人合规意识,带头合规经营管理。

全面合规、全员合规。国电电力发挥基础能源央企责任,响应国资委要求引导全员自觉践行合格合规理念,实现全面合规、全员合规。

合规保障安全。国电电力合规文化推动国电电力发挥能源供应"压舱石"作用,要求全员脚踏实地、合规经营,推动国电电力稳健高质量发展。

合规创造价值。国电电力发挥全价值链合规管理的创新实践作用,强化全员合规价值意识,创造合规管理价值、安全价值、经济价值、社会价值、共享价值。

品牌主张:以"四合"护发展

"四合"合规文化是推动国电电力合规践行的关键,以文化引导,将合规文化深深根植于每个员工、"关键少数"、利益相关方的内心,达到自发、自觉、自愿和自律,从而实现以"四合"守护企业发展;企业经营发展过程中的每一项决策、每一次行动都要在合规的框架内进行,做到有规可依、履规必严、违规必究,坚持合规经营,有利于国电电力健康、稳健前行、基业长青,真正实现"四合护发展、合规利长远"。

品牌金句:守护每一度电的清洁与安全。

结合国电电力品牌金句"国电电力——清洁绿色的可持续动力",从要素品牌支撑公司品牌的角度,提炼形成国电电力合规管理品牌——"国电四合绿盾"的品牌金句。

每一度电:旨在突出国电电力核心主业,也强调了国电电力坚守合规经营的决心和勇气,更彰显了国电电力在能源供应中的社会责任和担当。

清洁:既代表国电电力不断强化清洁低碳转型,也强调国电电力在生产经营过程中的每一项决策和每一次行动都是在合规的框架下进行的,确保每一度电的生产、传输和使用都符合法律法规的要求,"每一度电"都是绿色的、纯净的。

安全:在合规管理的保障下,国电电力严格遵守安全生产法规,避免出现安全生产事故,同时强调合规管理的功能价值,即合规利长远,合规护航企业安全、健康、可持续发展。

品牌工具:合规品牌的塑造围绕合规品牌的目标与受众,以"四合"文化品牌核心贯穿合规建设始终。通过一系列方式和手段(工具)宣贯"四合"文化,达成"合规四进"(见图4),即

“合规进班子、合规进管理、合规进班组、合规进相关方”，提高合规品牌体验，推动合规践行落地落实，持续打造品牌故事，实现品牌价值提升。

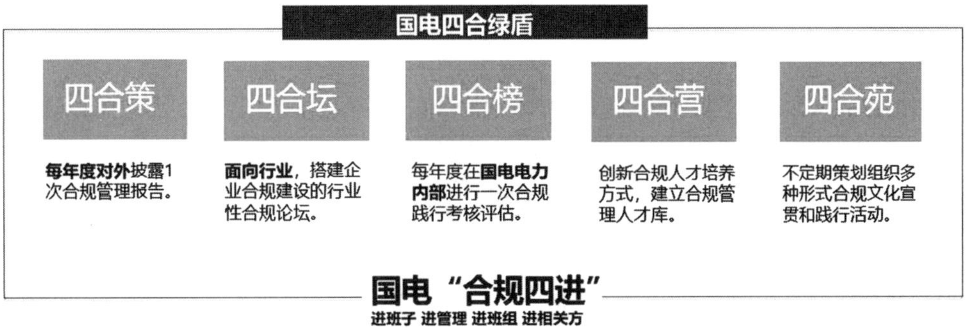

图4 国电“合规四进”

(二)传播响品，通过多维度传播打响品牌

1. 合规管理品牌标识

国电电力合规管理品牌标识由三部分组成：品牌图形标志、品牌中文名、品牌英文名。其中，品牌图形标志汲取“不以规矩，不能成方圆”的中华优秀传统文化的思想精华和道德精髓，融合新时代绿色发展理念，以“国电”首拼音字母 GD 设计构成“合”字，外围由圆形包裹，有方有圆，颜色以绿色、白色为主色调，意为“国电电力合规，助力绿色发展”，具体见图 5。

国电四合绿盾

GD POWER COMPLIANCE

图5 国电电力合规管理品牌标识

2. 合规管理品牌 IP 形象——国电小合

国电电力合规管理品牌 IP 形象(见图 6)是对国电电力合规管理文化和合规管理实践的卡通化、可视化、艺术化、人文化的表达，是国电电力合规管理品牌与目标受众间的传播沟通载体和工具，旨在建立起与目标受众间的联系，让目标受众产生认知、记忆、联想，形成国电电力独特的合规管理品牌文化，从而促进合规管理落地落实。

图6 国电小合形象

(三)管理树品,建立合规管理品牌运营的长效机制

组建合规管理品牌建设管理领导小组,强化品牌管理,完善品牌工作体制机制,基于《国电电力合规管理建设规划实施方案(2023—2025年)》,制定合规管理品牌建设整体实施规划。

按照系统谋划、分步推进的方式,明确合规管理品牌价值理念识别、统一合规管理品牌视觉识别、构建合规管理品牌体验体系、创新合规管理品牌传播路径、加强合规管理品牌资源投入、夯实合规管理品牌支撑基础,推进合规管理品牌建设工作体系化、日常化,推动国电电力及所属各分子公司合规管理品牌协同发展,持续提升合规管理品牌影响力。

(四)融合铸品,不断丰富合规管理品牌内涵与价值

将品牌理念、品牌意识融入国电电力合规建设的全过程,将品牌思维前置,将品牌思维运用到合规管理实践中,推动合规管理品牌塑造与合规体系搭建、合规文化塑造、合规管理考核等同推进、同落实,有效调动内外资源和力量,共同建设合规品牌。

积极运用品牌塑造的先进理念和方法,与国电电力合规实践形成嵌入融合的一体化工作模式,从合规引领力、合规运营力、合规保障力、实践推广力等多维度强化合规管理品牌管理能力的建设与提升,加快培育国电电力特色合规管理品牌,树立国电电力在行业内的合规管理品牌形象。

(五)保障促品,构筑合规管理品牌建设的持续动力

加强与专业品牌机构的合作,制定短期、中长期合规管理品牌建设规划;定期举办内

部品牌学习与培训活动,培养专业人才,提升全员合规管理品牌意识。

同时,鼓励每位员工积极参与合规管理品牌建设,让员工不仅仅是合规的执行者,更是合规管理品牌的传播者。

通过策划、组织员工合规管理品牌文化活动,确保合规管理品牌管理与行业最佳实践保持一致,以和合共生的团队合作精神为引领,让员工成为合规管理品牌建设的坚实支持者。根据合规管理品牌建设需要,确定品牌建设人员编制、品牌建设预算等。

七、合规管理品牌化建设规划

品牌建设并非一蹴而就,需要久久为功。为此,国电电力持续以习近平法治思想为指引,全面落实党中央关于依法治国的重大决策部署,以自主创新为内核,以高质量发展为基石,以精致管理为保障,以诚信合规为命脉,落实集团公司“41663”总体工作方针和 RISE 品牌战略,全面系统布局公司合规管理建设,持续提升公司合规管理水平及合规管理品牌价值,以建设具有全球竞争力的世界一流电力公司为目标,推进五项合规管理品牌工程,加快打造“国电四合绿盾”卓著合规管理品牌,编制形成了《国电四合绿盾合规品牌“一三五”建设规划》(见图 7),谋篇布局深化合规管理品牌建设的中长期发展战略。

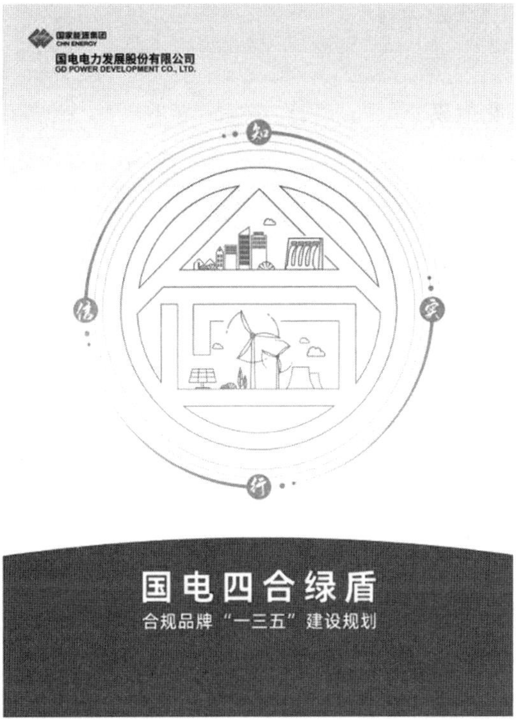

图 7 《国电四合绿盾合规品牌“一三五”建设规划》

(一)合规管理品牌蓄力期(2024年)

重点内容:实施理念立品工程,围绕国电电力合规管理实践和成效,运用品牌思维,梳理、提炼合规建设亮点和特点,构建合规品牌价值理念识别(MI)和品牌视觉识别(VI)体系、优化设计合规管理品牌标识logo、设计合规管理品牌IP形象。

(二)合规管理品牌强化期(2025—2027年)

重点内容:实施管理树品和融合铸品工程,确立合规管理品牌建设管理、运营机制,建立合规品牌塑造与合规建设融合的工作模式;提炼、打造优质传播内容;积极参加能源或企业管理领域具有影响力的论坛,申报案例评选评奖并发表观点,寻求权威机构背书认可和评价;联合开展合规管理实践有效性评价团体标准的制定。

实施传播响品和保障促品工程,多维度搜集、总结、梳理合规践行的典型人物,树立合规管理人物品牌,发挥合规榜样人物作用,持续赋能合规建设;采取1+N模式,打造合规践行典型案例,以案例促品牌。

(三)合规管理品牌价值提升期(2028年)

重点内容:深化推动国电电力合规管理高质量发展,在数智建设、人工智能等方面提高合规管理生产力,树立良好的行业口碑和社会形象。总结合规管理品牌建设经验和成果,形成具有国电电力特色的合规管理品牌管理模式,升华合规管理品牌建设,持续打造能源行业合规管理品牌“领跑先锋”。

八、合规管理品牌化效果

国电电力在国家能源集团“一主多元”品牌“大厦”中占有重要位置,其以合规管理为维度的要素品牌建设,在其与利益相关者之间建立起情感连接,构建维护起良好合作关系,持续增强利益相关者对其好感度。

通过合规品牌传播有效传递了国电电力坚守法规、诚信经营的企业形象,使利益相关者更加信任和认可国电电力,丰富了国电电力对RISE品牌内涵的认知,提升了国电电力的品牌形象。

国电电力实施合规管理品牌化建设,既是其合规建设工作体系化推进的重要目标,也是其合规体系成熟度和创新性实践成效的重要体现。合规管理品牌化提高了利益相关者对国电电力的信赖和认可,使国电电力吸引更多优质的合作伙伴开展合作,有助于国电电力拓展市场,增强了国电电力的市场竞争力。

国电电力合规管理品牌的塑造和传播,利于国电电力内部员工对其文化和价值观产生认同感和归属感,增强了全员合规意识,引导员工更加积极地参与到其各项工作中,形成了强大的内部凝聚力和向心力,推动其不断向前发展。

国电电力开展合规管理品牌化建设具有前瞻性、创新性，为能源行业合规管理品牌化提出了“国电方案”，贡献了“国电智慧”，为能源行业合规管理品牌管理体系的建设树立了典型标杆、打造了标准“范式”，为推动能源行业合规建设高质量发展献上了“国电力量”。

九、结语

“忆往昔、看今朝、眺未来”，今后，国电电力将始终坚持习近平法治思想，围绕改革发展中心工作，以成为能源行业乃至中央企业范围内合规管理的典范品牌、知名品牌为奋斗目标，按照《国电四合绿盾合规品牌“一三五”建设规划》的要求，持续做好传播响品，不断提升公司品牌价值与依法合规经营水平，为世界一流企业建设赋予强大合规动能，为全面提升央国企合规管控实践再赋“国电之思”、再献“国电之力”、再创“国电之绩”！

第二编　合规应用

第二编　合规应用

打造以"2+3+1"数字工具应用为基础的合规风险防控机制

徐宝华　邵　全　王国亮　张蓓蕾

作者简介

徐宝华　国网安徽省电力有限公司法律合规部主任

邵　全　国网安徽省电力有限公司法律合规部副主任

王国亮　国网安徽省电力有限公司法律合规部合规管理处处长

张蓓蕾　国网安徽省电力有限公司法律合规部合规管理处专责

企业简介

国网安徽省电力有限公司是国家电网公司全资子公司，以建设和运营电网为核心业务，承担着保障安徽省能源电力安全可靠供应、服务人民美好生活需要的重要使命，是安徽省能源领域的骨干企业。国网安徽省电力有限公司先后荣获"全国五一劳动奖状"、全国国有企业创建"四好"领导班子先进集体、电力行业文化品牌影响力企业、全国厂务公开民主管理先进单位、中央企业思想政治工作先进集体、全国"安康杯"竞赛活动示范企业、第十二届安徽省文明单位等称号。

内容摘要

国网安徽电力全面贯彻依法治国战略部署,积极顺应数字中国建设要求,以提升合规风险防控水平、实现高质量法治护航为目标,以合规数字化建设为抓手,着力打造以“2+3+1”数字工具应用为基础的合规风险防控机制。系统科学论证,建设2个风险预警工具;利用数字赋能,开发合规数字员工、合同智慧助手、风险监测模型等3个风险管控工具;基于PDCA循环(计划—执行—检查—处理)理念,研发1个风险提示改进工具;强化过程管控,完善合规风险闭环应对机制;厚植合规文化,强化全员风险防控意识。通过实施这一系列创新举措,推动了合规数字化建设走深走实,促进了业规融合,实现了精准提示,风险防控成效显著提升,问题整治水平不断提高,助力国网安徽电力合规建设再上新台阶,保障了国网安徽电力行稳致远。

关键词

电力行业 数字工具 合规风险防控

一、打造以“2+3+1”数字工具应用为基础的合规风险防控机制的实施背景

(一)落实数字中国建设部署的重要措施

近年来,以习近平同志为核心的党中央高度重视发展数字经济,将其上升为国家战略,从国家层面部署推动数字经济发展。习近平总书记围绕加快数字信息基础设施建设、完善数字经济治理体系等作出一系列重要论述。党的二十大报告进一步对加快建设网络强国、数字中国作出新部署、提出新要求。2023年2月,中共中央、国务院印发《数字中国建设整体布局规划》,明确数字中国建设“2522”的整体框架布局。随着能源电力技术与数字技术的深度融合,深入落实数字中国建设部署、应用“大云物移智”等新兴技术、加快合规数字化建设,是电网企业抓住发展机遇、强化合规管理的必然选择。

(二)推进央企合规管理信息化的迫切需要

2022年国务院国有资产监督管理委员会发布《中央企业合规管理办法》,对中央企业落实全面依法治企战略、推进完善企业合规管理体系作出重要部署,明确要求加快推进合规管理信息化建设,查找合规风险点,运用信息化手段将合规要求和防控措施嵌入流程,针对关键节点加强合规审查,强化过程管控。作为关系能源安全和国计民生的国有重点骨干企业,国网安徽省电力有限公司(以下简称国网安徽电力)加强依法合规管理,加快合规信息化建设,运用数字技术强化合规风险防控,提升合规管理水平,是推动其高质量发展的应有之义。

(三)提升企业风险防控水平的内在需求

电网企业联系千家万户、服务各行各业,管理链条长、分布范围广,潜在“发热点”多,其作为自然垄断企业,面临严格的外部监管,生产经营、供电服务等各项业务必须经得起法律法规和政策制度的检验,强化合规管理、防范化解风险始终位于其经营的突出重要位

置。着眼推动企业基业长青、行稳致远,利用数字技术赋能企业风险防控,不断提升合规风险防控的能力和水平,推动破解风险防控与业务管理“两张皮”等难题,具有很强的紧迫性与必要性。

二、打造以“2 +3 +1”数字工具应用为基础的合规风险防控机制的主要做法

国网安徽电力搭建合规管理智能管控平台,研发业规融合数字协同前端工具,利用 2 个风险预警工具、3 个风险管控工具和 1 个风险提示改进工具,不断强化对重点领域、关键节点的实时动态监测,实现合规风险即时预警、快速处置,持续提升合规管理质效。

(一)系统科学论证,建设 2 个风险预警工具

1. 构建 SOD 风险矩阵,量化风险等级

SOD 风险矩阵(见图 1)是指包含处罚类型、社会形象、直接经济损失三个子维度在内的风险影响程度(severity)(见表 1),全量问题库对应的风险发生可能性(occurrence)(见表 2),以及防控措施对风险的探测防御水平(detection)(见表 3)三个指标,分别进行 5 级赋分,形成风险分值 RPN = S × O × D,对全业务领域风险进行量化评分。设置风险预警阈值与限额阈值,将所有风险分值划分为高(RPN > 30)、中(10 < RPN≤30)、低(RPN≤10)三类。其中,10 ~ 30 分为预警阈值,表示指标的合理偏差度,采用历史波动分析设置;大于 30 分为限额阈值,表示指标能承受的最低或最高值,设置依据主要参考行政处罚、承担责任案件等。

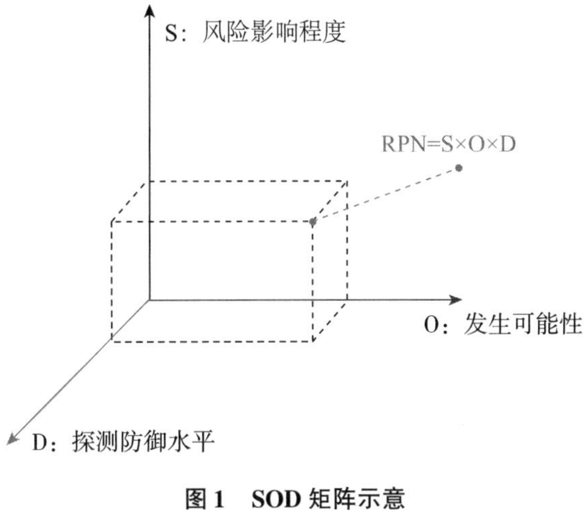

图 1 SOD 矩阵示意

在风险分布基础上设置“红黄绿”风险信号灯与底线风险警戒灯,预警阈值以内为绿灯区域,表示正常风险;预警阈值至限额阈值为黄灯区域,表示预警风险;限额阈值以上为红灯区域,表示重大风险。在风险分布基础上,以“红黄绿”风险信号灯与底线风险警戒灯直观显示风险等级,利用合规风险矩阵研判风险走势,有效发挥合规风险预警作用。

表 1　风险影响程度等级

级别(分值)	违法违规处罚	经济损失	非财产损失
关注(1)	其他责任	10 万元以下	县所辖范围内受到影响,但该影响可由所辖公司短期内自行消除
一般(2)	一般行政责任(警告、通报批评)	10 万元及以上、50 万元以下	地市范围内受到影响,但该影响需要一定时间,付出一定代价消除
较大(3)	较大行政责任(罚款、没收违法所得)	50 万元及以上、500 万元以下	省范围内受到影响,但该影响需要一定时间,付出一定代价消除
重大(4)	重大行政责任(责令停产停业)	500 万元及以上、5000 万元以下	全国范围内受到影响,这种影响需要通过长时间努力,付出巨额代价消除
特大(5)	刑事责任、严重行政责任(吊销营业执照)	5000 万元及以上	国际范围内受到影响,这种影响难以消除

表 2　风险发生可能性等级

级别(分值)	专业人员判断	历史发生频率
极低(1)	从未发生或几乎不可能发生	每 5 年以上发生
较低(2)	曾有发生,但再次发生可能较小	每 5 年发生
一般(3)	有可能发生	每年发生
较高(4)	有较大可能发生	每半年发生
极高(5)	有可能频繁、多次发生	每月发生

表 3　风险探测防御水平等级

级别(分值)	措施评价情况
高效(1)	防控措施完备,在很大程度上杜绝该风险发生
有效(2)	防控措施基本完备,可有效控制该风险的影响程度或发生可能性
一般(3)	具备防控措施,可在一定程度上降低该风险的影响程度或发生可能性
薄弱(4)	防控措施薄弱或存在漏洞,对风险影响程度与风险发生可能性的控制程度较弱
缺失(5)	防控措施缺失或无效,风险影响程度与风险发生可能性仍然处于较高水平

梳理近年来在各类行政处罚、案件以及巡视巡察、审计、投诉、信访、舆情等工作中发现的 1162 项问题,分析问题发生的流程环节、问题表现、损失后果、违反规范等情况,统一关键字段,形成与业务流程相对应的全量问题库。对照全量问题库及实际业务需要,通过补充、删减完善合规风险库,形成合规风险点 667 个。

2. 岗位风险画像,定向推送防控措施

引入用户画像机理,对直接接触风险的岗位与个人开展专项评估。通过文献研究法,对与公司风险相关的指标以及与个人风险特征相关的指标进行选取,初步筛选后获得 35 项指标。在考虑指标科学性、多指标间相关性、指标可计量性、指标区分度、隐私保护等因素的基础上，通过问卷法、访谈法最终确定涉密程度、岗位属性、财务情况、外部联系等8项岗位风险指标（见表4）和学历匹配、岗位匹配、奖励情况等6项个人特征指标（见表5）。

通过层次分析法对各指标的权重及其重要程度进行判断，首先填写判断矩阵，基于两两比较各指标间的相对重要性来构建评价矩阵。采用方根法计算此判断矩阵的特征向量，量化各指标的相对权重。完成权重计算后，使用一致性检验判断所构建的判断矩阵是否存在逻辑错误。若通过一致性检验，则表明所构建的判断矩阵合理，所得权重能够准确反映各指标的重要程度。

表4　岗位风险层次分析表

指标	涉密程度	岗位属性	财务情况	外部联系	外部监管	内部检查	工作影响	岗位流动
涉密程度	1	1	0.5	0.333	0.143	0.2	0.333	0.5
岗位属性	1	1	0.5	0.333	0.143	0.2	0.333	0.5
财务情况	2	2	1	0.5	0.25	0.5	0.5	1
外部联系	3	3	2	1	0.5	0.5	1	1
外部监管	7	7	4	2	1	2	3	4
内部检查	5	5	2	2	0.5	1	2	3
工作影响	3	3	2	1	0.333	0.5	1	2
岗位流动	2	2	1	1	0.25	0.333	0.5	1

层次分析结果

项	特征向量	权重值(%)	最大特征根	CI值
涉密程度	0.41	4.086	8.089	0.013
岗位属性	0.41	4.086		
财务情况	0.771	7.691		
外部联系	1.207	12.037		
外部监管	3.138	31.301		
内部检查	2.04	20.348		
工作影响	1.251	12.478		
岗位流动	0.799	7.973		

一致性检验结果

最大特征根	CI值	RI值	CR值	一致性检验结果
8.089	0.013	1.404	0.009	通过

表5　个人特征层次分析表

指标	学历匹配	岗位匹配	奖励情况	惩罚情况	专项培训	绩效考核
学历匹配	1	0.333	1	0.143	0.167	0.333
岗位匹配	3	1	3	0.333	0.5	1
奖励情况	1	0.333	1	0.143	0.167	0.333
惩罚情况	7	3	7	1	1	2
专项培训	6	2	6	1	1	2
绩效考核	3	1	3	0.5	0.5	1

层次分析结果				
项	特征向量	权重值(%)	最大特征根	CI 值
学历匹配	0.372	4.752	6.015	0.003
岗位匹配	1.07	13.67		
奖励情况	0.372	4.752		
惩罚情况	2.579	32.948		
专项培训	2.289	29.252		
绩效考核	1.145	14.626		

一致性检验结果				
最大特征根	CI 值	RI 值	CR 值	一致性检验结果
6.015	0.003	1.25	0.002	通过

各部门依据风险画像评价表(见表6)对关键岗位进行全面评分,合规管理部门对评分情况进行复核,最终通过信息平台实现可视化呈现,关联至岗位与个人信息。年度累计对岗位风险与个人特征存在异常的12个岗位进行重点关注。针对员工画像提示的“外部监管”异常数据及时应对,如向“业扩报装”等岗位定向推送《反垄断法》《信息安全保护法》及其对公司业务的影响、典型垄断案件及分析等合规知识,激励相关人员通过对推送内容的学习掌握,提升自身合规管理能力。

表6　风险画像评价表

岗位风险				
指标名称	描述	数据来源	评分	权重(%)
涉密程度	岗位是否涉及商业秘密、国家机密;涉密程度大小	公司涉密事项清单及涉密人员清单	4. 国家秘密 3. 核心商密 2. 普通商密 1. 重要事项 0. 普通事项	4.086

续表

岗位风险				
指标名称	描述	数据来源	评分	权重(%)
岗位属性	是否属于《合规管理办法》明确的重点领域及人资的关键岗位领导岗位名录	《合规管理办法》及关键岗位领导名录	4. 属于关键领导岗位 3. 属于关键岗位 2. 属于重点领域领导岗位 1. 属于重点领域或领导岗位 0. 普通岗位	4.086
财务情况	岗位涉及的资金规模大小	职能描述、业务条线划分	4. 数额巨大 3. 数额较大 2. 数额一般 1. 数额较小 0. 数额极小	7.691
外部联系	岗位工作是否与外部交互;交互对象的重要程度	职能描述、业务条线划分	4. 联系关键外部对象 3. 联系重要外部对象 2. 联系一般外部对象 1. 较少联系外部对象 0. 无外部联系对象	12.037
外部监管	外部审计、巡视、监管机关各类检查、督查发现的问题,舆情、信访、投诉等反应的问题及严重程度	问题库	4. 1 年内曾发生一级违规事件的 3. 1 年内曾发生二级违规事件的 2. 1 年内曾发生三级违规事件的 1. 1 年内曾发生四至六级违规事件的 0. 1 年内无外部监管问题的	31.301
内部检查	内部审计、巡察、各类专项检查中发现问题的数量及严重程度	问题库	4. 1 年内内部检查发现问题并因此受到处罚 3. 1 年内内部检查发现问题数量较多 2. 1 年内内部检查多次发现问题 1. 1 年内内部检查较少发现问题 0. 1 年内内部检查未发现问题	20.348
工作影响	岗位可能产生的影响的辐射范围(如县、市、省、全国、国际)	职能描述、风险库及违规库	4. 国际 3. 全国 2. 省 1. 市 0. 县	12.478
岗位流动	岗位的离职调动情况	岗位任职情况	4. 1 年内岗位发生多次离职 3. 1 年内岗位发生离职 2. 3 年内岗位发生离职或多次调动 1. 3 年内岗位发生调动 0. 3 年内岗位无调动	7.973

续表

个人信息				
指标名称	描述	数据来源	评分	权重(%)
学历匹配	员工个人学历	企业资源计划(ERP)	4. 专业与岗位不匹配且学历低于岗位一般要求 3. 专业与岗位不匹配或学历低于岗位一般要求 2. 学历和专业均符合岗位一般要求 1. 学历高于一般要求或专业匹配度高 0. 学历高于一般要求且专业匹配度高	4. 752
岗位匹配	员工个人履历	企业资源计划(ERP)	4. 没有工作经验 3. 没有同领域和相关岗位工作经验 2. 有 1 年以上同领域或相关岗位工作经验 1. 有 3 年以上同领域或相关岗位工作经验 0. 有 3 年以上本岗位工作经验	13. 670
奖励情况	员工个人奖励情况	奖惩记录	4. 没有奖励情况 3. 曾获县处级奖励 2. 曾获市局级奖励 1. 曾获省部级奖励 0. 曾获国家级奖励	4. 752
惩罚情况	员工个人惩罚情况	奖惩记录	4. 近 1 年受过行政及以上外部处罚 3. 近 1 年受过降职及以上纪律处分 2. 近 1 年内受过记过、记大过纪律处分 1. 近 1 年内受过警告纪律处分或其他内部惩罚 0. 近 1 年未受过惩罚	32. 948
专项培训	培训次数及培训班名称等,如有培训考试,以通过测试为参加标准	年度培训人员名单	4. 未参与过本岗位相关的专项培训 3. 未参加本岗位必要的专项培训 2. 正常参加了本岗位必要的专项培训 1. 积极参加本岗位相关的其他专项培训 0. 全勤参与本岗位专项培训或培训成果显著优异	29. 252
绩效考核	A/B/C/D	企业资源计划(ERP)	4. 近三次考核中出现过 D 级 3. 近三次考核中出现过多次 C 级 2. 近三次考核中出现过较少 C 级 1. 近三次考核均在 B 级以上 0. 近三次考核均在 B 级以上且有 A 级	14. 626

(二)利用数字赋能,开发3个风险管控工具

1. 开发合规数字员工,实时提示业务风险

依托合规智能管控平台及合规风险库,采用国网安全浏览器前端信息安全特性及浏览器自动化技术,研发面向电力全业务流程的合规数字员工。遵循无须改造业务系统、无须接口集成、无须人工操作“三无”原则,强化跨系统协同,实施非侵入式业务系统数据校验,自动执行预定流程,实现前端场景化业规融合。

结合合规知识库,建立业务合规知识图谱,根据用户系统操作,设计三种合规管理应对方法:一是合规风险提醒,对于内部业务系统数据,监控业务数据产生过程,通过风险规则,评估数据、业务是否合规,对不合规内容及时发出预警指令;二是合规知识弹窗,用户使用国网安全浏览器访问业务系统,实时嵌入合规风险提醒功能,根据用户访问操作、登录账号,智能推送当前用户可能需要了解的合规知识和业务合规要求;三是业务流程阻断,依托国网安全浏览器通过业务流程嵌入等方式,实时分析系统当前流程所具有的合规风险,根据风险等级要求,智能阻断当前的系统操作,并给用户提示风险问题。

2. 构建合同智慧助手,即时防控履约风险

梳理合同签订、履约等环节的风险规则,结合数字化法治平台系统、企业资源计划(ERP)、财务管控、外部企业工商信息等数据,采用人工智能技术,研发合同智慧助手(见图2),实时对公司合同进行智能分析,识别合同中的风险问题,构筑合同合规智能守护防线。

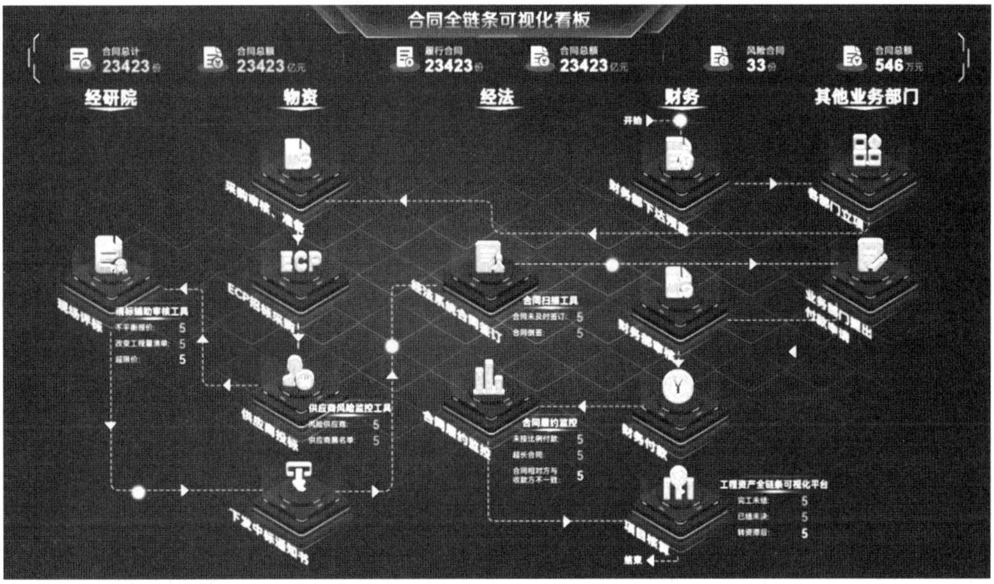

图2 合同全链条可视化看板

一是通过设置关键词实现对合同数据的风险自动识别和判定，支持扫描关键词、数据阈值、标准格式等合同风险规则的设置，提供主动触发和手动触发两种合同风险扫描方式。主动触发依托数字化法治平台合同接口，实时获取在数字化法治平台系统内填报的合同信息，对合同信息按照规则进行实时风险扫描，识别风险问题；手动触发主要是支持业务人员根据工作需要，上传合同文本，扫描合同内的相关风险问题。二是支持与外部数据库（如"天眼查"）连接，对合同中重点关注的乙方企业进行企业经营风险监控跟踪。如果发现乙方企业经营风险出现异常，实时告知合规人员。合规人员可以通过内部模块向平台、承办部门、法律部门发出警示并提示承办部门留存证据。三是实现合同风险预警、风险阻断。在业务人员无感情况下，识别合同全生命周期风险问题，通过门户消息、邮件、短信等方式主动提醒承办单位承办人和数字化法治平台系统审批人员，并提供详细的风险点和整改建议，有效阻断合同风险问题发生，及时止损。四是基于合同合规数据，建立企业信用评价，从履约能力、履约质量、合同风险等多维度对企业进行评定，辅助支撑项目承办部门的履约评估。

合同智慧助手结合公司业务系统操作需求和实际情况，针对重要合同合规审查事项，固化审查流程，实施专业部门审查以及法律部门审查的流程、时限和审核要求的工作机制。这样既节省了人工的成本，也降低了操作失误带来的风险，将企业法务从简单重复的劳动中"释放"出来，提升了管理体系的标准化、管理的有效性、监督评价的科学化、资源利用的高效化。

3. 搭建风险监测模型，全面防控违规问题

以营销服务工单为核心数据源，对工单中识别的合规风险数据进行深度剖析，提取服务类工单的合规风险特征与热点特征，构建基于营销服务工单的合规风险识别模型，包括电价领域滥用市场支配地位行为风险分析模型、个人信息保护风险识别模型、频繁致电反复致电风险识别模型。利用模型支撑工单大数据挖掘分析，可视化展示模型运行结果。

构建覆盖广泛、细致入微的合规监控规则库，其中包括但不限于合同风险管理、反垄断合规、数据保护安全，以及各类监管风险领域。每项规则均设定具体的监控指标，确保监控工作的标准化、规范化执行，为合规管理提供坚实支撑。基于特征值学习机制，不断优化和完善监测模型，确保模型能够动态适应风险变化，提高风险监测识别的准确性和时效性。

基于该模型实现内外部数据融合监控，对于内部业务系统数据，监控业务数据产生过程，通过风险规则，评估数据、业务是否合规；对于政府监管网站、企业工商信息等外部数据，动态监控相关政府监管信息的披漏、监管要求的发布和供应商经营状况等数据。依托内外网安全交互架构，将外部监控数据同步至内网，实现内外部风险数据的融合。采用"合规数字员工＋标签＋图谱"技术，管理服务类工单合规风险案例，通过非侵入方式为各个业务部门、服务岗位提供案例告知和合规风险提醒服务，实现服务岗位人员违规问题的

防范、合规知识普及的无感嵌入。

（三）基于 PDCA 理念，研发 1 个风险提示改进工具

1. 创新三级标尺规范评价标准

结合国家政策文件要求，构建合规管理体系评估三级标尺。依照《中央企业合规管理指引（试行）》《中央企业合规管理办法》对合规体系组织架构、职责分工、运行机制等方面的要求，形成一级标尺基础标准，衡量合规风险防控体系“是否建成”。梳理 ISO 37301：2021《合规管理体系　要求及使用指南》提出的内外部环境分析、领导作用、持续改进等内容，建立二级标尺进阶标准，检验合规风险防控“是否有效”。整合电网合规风险管控实践以及电动汽车公司等市场化单位不同需求，细化标准、精准赋值，建立三级标尺卓越标准，评估合规风险防控“是否优秀”，从而构建从无到有、从有到优的评价标准。具体见图 3。

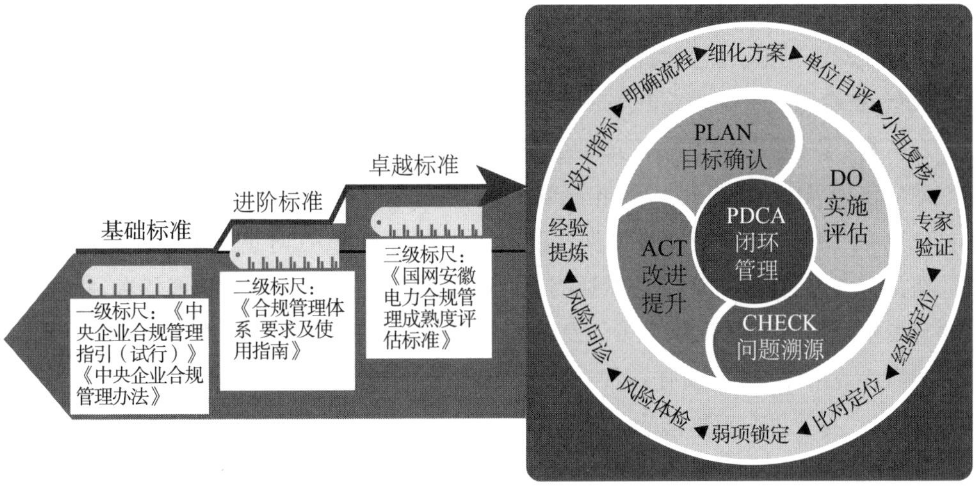

图 3　三级标尺 + PDCA 协同闭环管理

运用层次分析法，设计“三级”成熟度指标，涵盖 4 项一级指标、20 项二级指标及 67 项三级指标，科学配置固定指标和差异化指标，实现传统行业与新兴产业合规体系评估的全覆盖。基于模糊综合评价方法，以指标对目标的贡献度为标准，经专家评估打分、构建判断矩阵、层次分析结果随机一次性检验等步骤，精准赋值各项评估指标，定量评估合规风险防控成熟度。

2. 数智评估精准推送改进建议

基于 PDCA 协同闭环管理机制，研究制定“目标确认、实施评估、问题溯源、改进提升”工作流程。目标确认阶段，充分调研各单位合规体系建设现状，制定评估方案，明确目标及流程；评估阶段，从是否满足监管需要、是否低于平均水平、低水平指标数量等多维度进行评估；问题溯源阶段，以评估得分情况定位薄弱环节，分析问题根源；改进提升阶段，针对各单位合规管理基础不同、外部环境差异，提出改进建议并开展再评估，持续完善合规体系。

利用合规管理智能管控平台,实现在线评估、改进建议流转和经验交流共享。通过在线评估功能,固化考核指标及评分标准,实现在线评估和问题分析报告的自动生成。通过改进建议流转功能,实现问题和改进建议线上点对点推送,强化监督管控。通过经验交流共享功能,建立基层单位之间及基层单位与上级单位合规管理部门的沟通渠道,实现资源共享、沟通交流,及时推广好的经验做法,解决基层单位合规风险防控工作机制运转不顺畅等问题。

(四)强化过程管控,完善合规风险闭环应对机制

1. 风险"零报告",促进管理向前延伸

建立违规信息月度"零报告"机制,明确各单位在接受外部监管机关的各类检查、督查工作时,如因不合规行为面临行政机关处罚,需向上级单位报告相关情况。规范违规事件处置流程,结合《行政处罚法》《行政强制法》等法律法规,发布《国网安徽省电力有限公司违规事件应对工作指引》,从面临监管机关检查到法律合规风险提示等9环节,规范统一工作流程,避免因处置应对不当发生违规事件。

2. 问责"零容忍",促进追责全面覆盖

建立违规事件分级机制,从作出处罚机构、事件造成损失和影响范围等维度,将违规事件细化为六级,对每一级违规事件匹配不同级别的调查组,防止违规事件调查流于形式。坚持实事求是,分析直接、间接原因,确定事件的直接责任者和间接责任者,并结合其在事件发生过程中的作用,确定事件发生的主要责任者、同等责任者、次要责任者,以及各级领导对违规事件应负的责任,以严肃问责倒逼管理合规,筑牢合规防线。

3. 提示"零放过",促进整治向后延伸

建立"公司律师+法律顾问"的专项法律合规风险提示团队,将18名公司律师按照各自擅长领域划分为6个小组并定期轮换,由事发单位根据违规事件发生领域向公司律师小组发出申请,双方共同研究提出法律合规防范建议,发挥"提示一次、警示一片"的作用。聚焦违规事件高发、频发领域,制定典型审核事项对照清单、前置材料清单,清晰界定应审事项及审核重点,紧盯后评估和监督考核,从源头防范违规行为发生。

(五)厚植合规文化,强化全员风险防控意识

强化合规文化传播、合规实践行动,引导员工强化合规意识、摒弃违规理念,确保合规体系在外防、内控的基础上长效自稳。

1. 丰富合规文化传播活动

合规进班子,带头合规、率先垂范。各级领导干部带头签订《合规承诺书》,将合规管理纳入党委法治专题学习,强化"关键少数"的合规意识,发挥其示范带动作用。合规进部门,集中宣讲、研学一体。合规管理人员定期开展"本部大讲堂",针对与电网业务密切相关的政策文件、规章制度,面向全体员工开展宣讲;以联合主题党日活动形式,组织合规管理部门与业务部门共学共研。合规进班组,自检风险、警示教育。班组成员通过班组微课

堂、线上读书会、班前班后会等形式，排查日常工作中的合规风险点，解析业务相关典型违规事件，交流心得体会，提升合规意识，强化其一线支撑作用。

2. 深化合规文化实践行动

每周推送一条解读，全面透视法律法规。建立“法律周报”机制，组织解读各专业法律法规政策文件，通过公众号、微信群、电子邮件等平台推送，提示相关部门及时自查法律合规风险。每月发布一期专刊，动态提示合规信息。创建《合规信息动态专刊》《电力法眼》《新法速递》，聚焦合规管理典型案例，针对性提示合规风险，为各部门开展业务工作提供支撑。每季组织一次讲座，深度探寻合规策略。以“微党课”等形式，学习贯彻习近平总书记全面依法治国战略及《安全生产法》《反垄断法》等合规知识；结合高发频发案件、违规事件，总结类案处理建议，共研提升合规管理“技能”。每年开展一次“问诊”，精准“疗愈免疫机体”。法律顾问及外聘律师聚焦电网建设、营销管理及安全环保等重点领域，定期“上门问诊”，解答业务中遇到的电费回收、电力设施侵权、电气火灾等法律合规问题，对症开具法律合规“诊疗单方”，保障企业健康运行。

三、打造以“2 +3 +1”数字工具应用为基础的合规风险防控机制的实施效果

（一）促进了业规融合，风险防控成效显著提升

依托合规管理智能管控平台风险库，将合规管理要求融入业务流程，有效管控工程物资招标、合同签订等业务过程中产生的合规风险，及时向业务部门预警提醒，提升了响应速度，“一道防线”风险防控显著加强。2022 年，识别预警合规风险 150 项，主要涉及办理用户暂拆业务不规范、电价执行不规范、暂停业务不规范等风险项，成功阻断涉及供电方案、受电工程设计文件审核超期、通知超期，违规为临时用电办理变更用电等合规风险。

（二）实现了精准提示，问题整治水平不断提高

通过建立“业规融合为导向、评估结果为支撑、风险防控为目标”的协同闭环管理机制，采用“各单位自评 + 评估小组复核 + 专家组验证”的方式，将合规要求融入业务管理，有效发现并提示经营管理中面临的合规风险，实现了风险防控薄弱点精准提示。2021 年合规管理评估工作，锁定部分单位存在未开展商业伙伴调查、部分规章制度未经业务部门合规审查等 21 个薄弱点，发出提示意见 39 项；2022 年的合规管理评估工作中，商业伙伴合规调查等 14 个方面未再发现问题，问题整治长效机制得到有效建立。

（三）强化了数字赋能，有力保障企业行稳致远

国网安徽电力紧扣数字中国建设战略布局，顺应数字时代发展和管理需要，扎实开展“合规管理提升年”行动，强化技术创新，加快数字化技术深度应用，有力推动了合规数字化转型升级，支撑了企业安全稳定运行，保障了电网精益高效运营，推动了企业高质量发展，为法治国网建设及全面建成具有中国特色国际领先的能源互联网企业贡献了安徽力量。

第二编　合规应用

工商业分布式光伏项目开发与风险防控

郭琍丽　高　清

作者简介

郭琍丽　中国华电集团有限公司浙江公司企业管理与法律事务部主任

高　清　中国华电集团有限公司浙江公司企业管理与法律事务部内控合规专责

企业简介

中国华电集团有限公司浙江公司成立于2003年4月，隶属中国华电集团有限公司，是国家电力体制改革组建的五家国有独资发电企业集团之一，属于国务院国有资产监督管理委员会监管的特大型中央企业，中央直管的国有重要骨干企业。中国华电集团有限公司浙江公司经过20多年的改革发展，已经成为一家以天然气发电为主，气、水、风、光共同发展的清洁能源企业。

截至2024年9月底，中国华电集团有限公司浙江公司资产总额168亿元，其中新能源资产占比52.79%；总装机544.09万千瓦，其中气电装机402.65万千瓦（气电装机占浙江省统调气电装机的33.1%）、水电装机37.2万千瓦、风电装机33.34万千瓦（包括海上风电装机22.9万千瓦）、光伏装机70.9万千瓦。非化石能源装机占比26%，风光新能源装机占比19.16%。

多年来，中国华电集团有限公司浙江公司坚持“服务浙江经济发展、做强做优华电浙江”的战略定位，以“建设一流综合能源公司”为目标，外拓市场、内强管理，综合竞争力快速提升，先后获得中国华电集团有限公司“先进企业”“先进基层党组织”等多项荣誉，获评浙江省忠实践行“八八战略”奋力打造“重要窗口”立功竞赛先进集体、浙江省第二批“共富领头雁企业”。

内容摘要

“碳达峰、碳中和”战略背景下，我国光伏发电蓬勃发展。近年来工商业分布式光伏已成为光伏发电增量市场的主力军，当今市场机遇与挑战并存、收益与风险共生，构建一套能够承接国家发展战略、助力企业长周期稳健经营的工商业分布式光伏风险防控策略势在必行。

关键词

工商业分布式光伏　风险防控　精准评估　精品工程　精益管理

一、背景

当前，绿色低碳发展、应对气候变化已成为全球大势、时代命题，关乎人类未来命运的发展，“碳达峰、碳中和”正在推进一场广泛而深刻的经济社会系统性变革。近年来，在“碳达峰、碳中和”战略背景下，国家密集出台构建“碳达峰、碳中和”“1+N”政策体系等多项纲领性文件，全力推进以新能源为主体的新型电力系统建设，加快构建清洁低碳、安全高效的能源体系。《“十四五”可再生能源发展规划》中明确提出“十四五”期间太阳能发电量实现翻倍，大力推动光伏发电多场景融合开发。光伏发电作为清洁和可再生的绿色能源，具备低碳和零排放的特点，大力发展光伏发电产业，对调整能源结构、推进能源转型具有重要意义。

2023年我国光伏发电新增装机2.16亿千瓦，包括集中式光伏1.2亿千瓦，分布式光伏0.96亿千瓦，其中未来三年分布式光伏预期年新增装机5000~6500万千瓦，与集中式光伏开发并举的趋势明显，有望成为未来光伏发电新增规模的主力，是光伏增量市场的重要突破口。针对分布式光伏的快速发展形势，构建一套能够承接国家发展战略、助力企业长周期稳健经营的分布式光伏项目开发与风险防控机制势在必行。

（一）我国工商业分布式光伏发展概况

截至2023年底，我国分布式光伏装机3.7亿千瓦，在光伏装机中占比已超过60%。从工商业、户用细分市场看，二者装机分别为2.54亿千瓦、1.16亿千瓦，其中工商业分布式光伏约占69%，由于工商业分布式光伏可以分散在各个地区，具有不依赖传统大型电网输电，能够在本地直接供应电力需求，选址较为灵活，光伏组件材料成熟等优点，同时，随着国家“整县推进开发模式”等政策的支持，工商业分布式光伏已成为分布式光伏发展的主要模式，以下对其特点与优势进行分析，以供参考。

工商业分布式光伏具有以下特点与优势：一是空间利用效率高。通常利用已有的建筑空间，这些建筑同时也是电力消费的场所，如商业建筑、工业园区、住宅等。不需要额外的土地资源，减少了长距离传输电力所导致的能量损失，提高了能源效率。二是项目灵活度高。项目载体企业通常使用一套独立的发电系统，可以自行调整项目的发电量，或选择“发电自用、余电上网”的模式，实现发电与用电共存，与传统发电项目的统一接入输电网模式相比，具有灵活度高的优势。三是项目单体规模小。与传统的集中式光伏发电项目相比，其发电项目单体规模小，建设场地更为灵活，我国可作为分布式光伏发电项目的土地资源充足,总体来看可利用和开发的规模可观。四是运维成本较低。模块化集成的特点使其在出现故障时更易维护,部分模块出现故障不会导致项目整体的运营出现问题,面对灾害等突发情况可以有效地分散风险,提高电网系统的整体稳定性。

(二)中国华电集团有限公司浙江省工商业分布式光伏发展概况

工商业分布式光伏的发展与各地电力需求、资源条件、政策导向、市场环境等密切相关,具有较大区域差异性。浙江省作为我国重要经济中心和电力负荷中心,近年来常面临电力供应短缺局面,受浙江省“七山二水一分田”的地貌影响,集中式电站因土地资源紧张发展受限,工商业分布式光伏发展需求旺盛,据统计,浙江省2023年工商业分布式光伏新增装机2690万千瓦,连续多年稳居全国前列。浙江省工商业分布式光伏在容量规模、发展特点等方面具有一定典型性和代表性。

目前,中国华电集团有限公司浙江公司(以下简称华电集团浙江公司)立足“分布式光伏铺天盖地”的战略目标,全力推进分布式光伏项目发展。截至2024年年末,华电集团浙江公司工商业分布式光伏装机28.8万千瓦,共41个项目点,分布在杭州、湖州、宁波、衢州等城市,呈点多面广的态势。华电集团浙江公司工商业分布式光伏有以下特点。

项目类型方面,以企业屋顶光伏开发为主,积极推进户用光伏开发利用。浙江省工商业发达,屋顶资源丰富,且屋顶光伏项目单体容量大、收益率高,目前华电集团浙江公司分布式光伏装机全为屋顶分布式光伏。

并网方式方面,企业屋顶光伏主要是自发自用、余电上网,其上网电价均为当地的燃煤标杆电价。屋顶用户用电价高且用电量大,其自用电部分以光伏电代替电网电存在差价空间(工商业电价—光伏上网电价),其采用自发自用、余电上网方式可获得最优收益。

商业模式方面,以折扣电价、房屋租赁为主,对用户自发自用部分一般采用(基于工商业电价的)折扣电价进行结算,浙江省的折扣为6折到9折左右、自发自用比例在60%以上,余电上网部分以标杆电价与电网公司进行结算。

运维方式方面,以委托第三方运维为主,主要采用就地监测+少人值守模式。目前光伏电站的运行运维工作主要包括就地监测、人工巡检、清洗维护、抄表计量等。光伏板的清洗周期一般为半年一次,以人工清洗为主。

二、工商业分布式光伏“1+4”全生命周期风险防控机制

本文围绕华电集团浙江公司工商业分布式光伏开发经验,紧扣项目前期、工程建设、生产运营等阶段主要风险点,创新提出工商业分布式光伏“1+4”全生命周期风险防控机制,即“1套防控管理理念+4项防控创新机制”,为企业加强工商业分布式光伏项目全生命周期风险防范提供了参考和借鉴。

(一)1套防控管理理念

华电集团浙江公司确立了“一个引领、两个坚持、三个强化”的防控管理理念,即坚持

战略引领，凝聚各方合力，确保一贯到底、层层夯实、有效防控；坚持底线思维，坚持系统观念，树牢依法合规经营意识，有效推动风险防控融入业务管理和职能管理；强化“数智应用保障、协同配合保障、人才支撑保障”三个核心支撑作用。

（二）4 项防控创新机制

1. 构建“精准评估”机制，防控项目前期风险，确保合理布局规划。该阶段的主要风险点包括：建筑产权合规性、抵押查封情况、选址周边规划、建筑安全及使用寿命、业主经营状态等。华电集团浙江公司创新编制“项目前期精准评估要素清单”（见表 1），夯实合规经营基础。该清单主要包括房屋权属评估、合法合规事项评估等核心要素，重点关注项目承租权利的合规性，建筑物是否属于违建临建，出租人是否为房屋产权单位，租赁期限是否超过土地使用权期限，房屋是否存在抵押查封情况以及项目选址周边规划情况，避免房屋被列入征收计划。对上述涉及可持续经营的关键因素审慎做实做细、尽职调查，必要时要求对方出具承诺函。筑牢安全底线，“一厂一策”科学评估筛选。工商业分布式光伏电站运营周期一般长达 25 年，承载其建筑物的安全和使用寿命尤为关键。可根据项目实际情况，量身定制“一厂一策”评估方案，在开发建设时严格做好屋顶荷载校验，并在设计建设中严格按照国家及行业标准，规范安装施工。针对彩钢瓦屋顶寿命最长为 10 ~ 15 年，小于光伏项目设计寿命的问题，应在合同中约定屋顶维护和更换的细则和双方责任，并充分考虑后期运营成本列支。“把脉问诊”业主经营状态，预案先行有备无患。分布式光伏电站收益与业主的电力消纳水平密切相关，如业主经营不佳导致破产，将对项目收益造成重大影响。建立企业经营风险识别评估机制，深入了解企业所在行业状态、经营情况、资产信用等信息，分析企业可能存在的潜在影响，同时做好若企业破产，保障分布式光伏电站存续运行以及电量变更为全额上网的经济性评价和技术方案的预案。

表 1　项目前期精准评估要素清单

编号	风险点	关键点
1	项目宏观选址	主要关注调研项目的环境影响、地理、气象、地形、电网、运输等多方面因素，综合各项因素情况预测项目装机容量、年平均光照、风速等，形成项目考察报告，进行初步评估，必要时与地方政府签订开发协议
2	项目开发重要支持性文件	环境影响评价报告及其批复，水土保持方案批复，电网接入方案批复，农用地转用、征地、临时用地审批，投资风险评估报告等其他所需支持性文件
3	地方营商环境不佳风险	地方性法规、惯例影响，需额外附加投资条件，如缴纳项目“资源费”（民生建设费、诚意金、配套产业落地政策等）作为企业取得项目开发权的前提。项目开发协议签订后，可能发生出租项目范围内土地给第三方等与项目开发相冲突的情形，导致项目开发成本增加
4	项目用地征用风险	因排查工作不深、不实、不细，未能摸清项目用地权属问题，造成后期项目推进中用地成本大幅上升、相关手续办理困难，以及项目建设工期延长等不利情况

续表

编号	风险点	关键点
5	选址范围和开发规模不匹配风险	未能及时完成相关手续办理，或是国家、地方行政管理部门出台新的行政规定，导致在项目后续推进中出现行政否决性或限制性条件，选择场址有效利用面积减少，达不到规划规模的开发需求，项目经济性得不到保障
6	敏感因素排查不彻底风险	风光电项目涉及区域面积较大，敏感因素排查工作量大，按规定不能使用如军事设施、文物、机场、寺庙、坟墓等敏感因素的排查有时会出现遗漏，造成后期工程建设土地组卷困难，有时存在以行政处罚代替合规手续的侥幸心理
7	土地征租价格虚高风险	受国家宏观政策影响，风光电进入发展高峰期，资源逐渐稀缺，产生了一些利用自身信息渠道广、社会关系复杂的吃“政策饭”“消息饭”的“掮客”，其了解掌握地方政府相应的资源开发方案，甚至左右资源竞争结果，通过虚增用地面积、虚高征租地价格来牟取利益
8	风光资源评估不到位风险	对于风光电站而言，风能、光能资源的优劣直接影响项目建成后设备利用小时数，对项目投资收益起决定性作用。实际测风、测光过程中，因设备故障或数据传输问题造成关键性数据缺失，或测风、测光时间达不到要求，再或者因毗邻上风向区域新建风电项目等，都可能造成风能、光能资源评估与实际不符，造成投资收益率达不到预期的风险
9	配置储能风险	为了获取风光电资源指标，承诺配置储能，同场配置储能可能导致设施闲置，影响风光电项目收益
10	外部条件变化引发重新决策、审批风险	内部投资决策后，由于国家产业政策的调整，项目建设条件、位置发生变化，可能造成项目规模减小或者建设成本升高，使项目投资收益减少甚至达不到要求，导致集团重新决策、环保重新审批等
11	核准文件、预审文件过期风险	取得相关审批之后，要加快取得有关专项报告，完成可研论证，推进项目尽快通过内部决策，确保在审批文件有效期内按时开工建设。定期梳理和检查核准文件的有效性和时限要求，在审批时限即将到达前，按照要求及时正确办理延期手续。一旦行政审批文件超出最后期限，应及时与相关审批部门沟通协调，拿出切实可行的解决办法，必要时重新办理审批手续，确保项目开发建设的合法合规。加强项目全周期管理，由项目建设单位相关职能部门专人负责项目前期的合规性手续，直至后评价结束
12	开工条件未落实风险	项目开工前，应全面梳理项目建设条件是否落到实处。特别是对土地（海域）属性、权属、范围和流转意愿摸排准确，确保满足项目用地总量，防止开工后边建设边落实边界条件，导致项目建设进度不达预期，无法如期建成、无法全容量投产、无法发挥应有的经济效益。必须及时组建项目管理机构，专业人员必须足额配置到位。管理人员必须掌握新能源建设管理基本知识、技能，防止因管理人员管理水平不足，项目发生较大风险。项目边界条件落实必须明确具体责任人和检查验收人，定期检查督导、逐条销号。对于建设条件发生重大变化的情况，按相关规章制度及时研究，并履行相关程序

续表

编号	风险点	关键点
13	弃风弃光风险	项目前期工作应对项目所在地区的电源点及负荷情况进行调查，考虑弃风弃光因素对经济性的影响，尽可能采用分散式电源项目建设等方式，就地消纳。强化对标管理，新建新能源项目利用小时数应达到区域同类型项目标准。综合分析区域内电源结构、用电负荷情况以及储能建设和运营成本，结合电网架构，研判项目存在的弃风弃光可能，根据国家、当地及电网政策，研究项目储能可行性方案，确保项目投资收益率达到内部管理要求

2. 构建“精品工程”机制，防控工程建设风险，推动高质高效建设。该阶段主要风险点包括：工期违约风险、设计—采购—施工（EPC）总承包履约管控、工程建设质量不佳等。严格控制工期，“火眼金睛”压紧“盯”字。项目开工条件未落实、建设手续不全，将导致建设逾期、投资超概、违规叫停甚至拆除等风险，同时因光伏项目前期流程周期较长，实际建设工期会与业主期望产生偏差。一是紧盯“关键节点”，协调好政府相关建设手续的办理，在合同中约定开工手续办理时间节点要求，设置逾期违约条款。二是紧盯“关键环节”，加强工期进度控制，配齐配强有实际工程建设经验的项目管理团队，重点关注里程碑节点进展情况。三是紧盯“关键对象”，在前期阶段合理与业主方争取最佳工期，助力按期保质推进项目施工。严格准入机制，抓住关键做足“评”字（见表2）。工商业分布式光伏发电项目多采用EPC模式，该种方式有利于利用总承包方的整体资源优势，同时也提高了对总承包方履约能力管控的要求。通过构建评价与预警“双促进”管理新模式，即“承包商分级评价机制”“合同履约指标预警机制”，对供应商近三年业绩资质、履约能力、社会信誉等进行量化指标评价，评定为A、B、C、D四个等级，从源头上加强招标采购质量，从工程准备、质量进度、文明施工等维度，对过程中承包商合同履约指标设置预警提醒，同时加强现场检查，督促承包商有效落实工程人力、设备等施工资源投入。创建精品工程，夯实基础做实“精”字。一是抓实安全质量工作，围绕高水平达标投产的目标，科学有序地推进工程建设，打造优质工程。二是强化创新驱动，不断探索应用工程建设新技术，推动关键核心技术攻关。三是坚持把生态文明建设贯穿工程建设的全过程，严格保护生态环境。四是坚持综合效益目标引领，严格控制工程投资，确保利用小时、能耗、资本金内部收益率等技术经济指标实现预期值，促进当地经济、社会、生态等综合效益的提升。2023年，华电集团浙江公司钱塘福特5.96MWp屋顶分布式项目、建德史密斯5MWp屋顶分布式项目成功入选“浙江省分布式光伏高质量典型案例”。

表2　光伏发电工程参考工期管控

编号	里程碑节点	参考工期
1	光伏阵列（升压站）基础或桩基开始施工	项目开工（第0月）
2	光伏支架开始安装	1个月

续表

编号	里程碑节点	参考工期
3	全部光伏组件安装完成	4 个月
4	集电线路施工完成	4.5 个月
5	升压站反送电	5 个月
6	首个光伏发电单元并网发电	5 个月
7	全部光伏发电单元并网发电	6 个月

注 1：本参考工期以一期工程、备案容量 10 万千瓦及以内、陆上、平原地区、升压站电压等级 110kV 的光伏发电工程为基准制定（未考虑外部影响因素）。

注 2：项目容量每增加 10 万千瓦，工期增加 1 个月。

注 3：采用 220kV 电压等级升压站的项目，工期增加 1 个月；采用 330kV 电压等级升压站的项目，工期增加 2 个月；采用 500kV 电压等级升压站的项目，工期增加 3 个月。

注 4：南方地区、山地项目，工期增加 1 个月；南方山地、鱼塘、滩涂项目，工期增加 1.5 个月。

注 5：Ⅱ类寒冷地区有冬季施工的项目工期增加 0.5 个月；Ⅲ类严寒地区有冬季施工的项目工期增加 1 个月；Ⅳ类酷寒地区有冬季施工的项目工期增加 2 个月。

注 6：本参考工期不考虑送出工程工期影响，送出工程应确保与项目主体工程同步建设、同步投运。

注 7：本参考工期不包含储能、制氢等配套工程建设。

注 8：本参考工期适用于境内单体装机容量 100 万千瓦（含）以下的项目。

说明：若同时触发多个工期调整项，以工期增加最多的两个调整项为准。

3. 构建“精益管理”机制，防控生产运营风险，助力安全稳健运营。该阶段主要风险点包括：生产准备不充分、电费回收不及时、市场政策变化等。规范生产准备管理，确保项目安全稳定运行。生产准备部门应与新建项目公司同步组建，配齐配强生产准备人员，强化人员日常培训，选派经验丰富的人员全过程参与项目设计、施工及安装调试工作，做好过程质量监督。根据“一厂一策”制定生产准备大纲和计划（示例见图 1），并定期开展生产准备工作检查，系统梳理评价生产准备落实情况。规范做好基建转生产的移交工作，组织施工方、监理和工程专业人员做好质量三级验收和闭环整改，结合基建遗留问题清单，做到早发现早治理。企业应在项目完成建设后及时办理不动产权证等有关证书，避免因合规瑕疵受到行政处罚。建立电费回收机制，确保经营收益稳定。根据“重在预防、过程控制、确保回收”原则，建立健全“电费回收催缴机制”，包括电费回收额、回收率、票据占比等信息，重点分析未收回电费的企业的情况，制定回收策略，组织专员采取书面、电话等方式因地制宜进行催缴，保留对账确认单、往来函件、录音等催缴资料。电费逾期的应及时向其发送催缴函、律师函，若其仍未缴款则可启动法律诉讼程序，过程中应与律师、法院加强沟通，跟踪诉讼进展，维护保障企业利益。2023 年华电集团浙江公司共收回电费逾期欠款 338 万元。此外，如存在能源管理合同无法履行的风险，应提前做好电价上网模式调整为“全额上网”的经济性测算和电价变更预案。积极应对形势变化，应享尽享政策补贴。随着国家电力市场化改革的深入推进，原有市场电价政策调整、工商业分时电价浮动比例等都将面临深刻变化，导致原有能源管理合同难以执行。可在合同中约定相关保障条款，如电价应与电网售电价格联动或以优化调整分档式价格结算等形式，择机重新开展电价论证谈判，维护双方合作共赢的局面。同时加强对国家光伏产业等新能源发展新形势新政策的研究分析，确保应知尽知政策、应享尽享补贴。

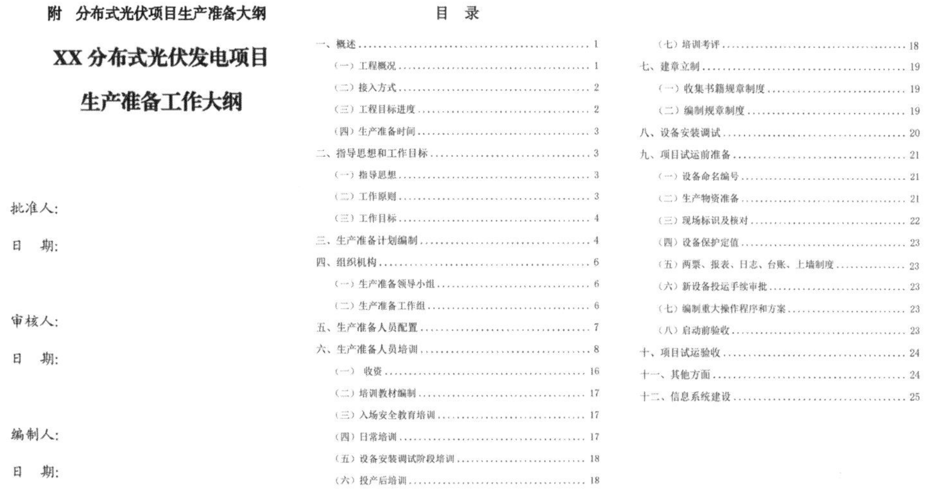

附　分布式光伏项目生产准备大纲

XX 分布式光伏发电项目

生产准备工作大纲

批准人：

日　期：

审核人：

日　期：

编制人：

日　期：

目　录

图 1　《生产准备工作大纲》示例

4. 构建“多元支撑”机制，厚植要素保障基础，聚力激发核心竞争力。一是强化数智应用保障。依托中国华电集团有限公司“内控合规风险一体化管理信息平台”，每年整合建立风险清单，针对重要业务领域设置风险监控预警指标。目前华电集团浙江公司 26 个工商业分布式项目均已实现一体化管控平台全覆盖，针对资金、采购、合同、燃料 4 个重要业务领域设计了 71 项风险监测预警指标，如有异常情况，平台将自动发送提示函，提高了风险防控的全面性和时效性。二是强化协同配合保障。牢固树立“一盘棋”的理念，打破部门间信息壁垒，围绕分布式光伏项目开发的关键领域，协同相关部门深入研究、充分论证、科学决策，形成齐抓共管的工作格局，最大程度降低风险隐患。加强与政府的沟通汇报，坚决突破围墙思维，全力争取政策和工作支持。三是强化人才支撑保障。启动人才“远航”计划，全力推进光伏技术专家和技术管理骨干梯队建设，以强化人才队伍保障服务企业生产经营管理的质效提升。配套健全完善如“登高目标”“劳动竞赛”等项目开发激励约束机制，将工作业绩作为薪酬收入和岗位晋升的重要依据。健全培训交流机制，学习借鉴优秀经验，促进人才队伍业务水平和管理能力的持续提升。

三、实施效果

随着“碳达峰、碳中和”目标的深入推进，以及“推动形成适合中国国情、有更强新能源消纳能力的新型电力系统”规划的提出，我国光伏等可再生能源技术产业体系已进入高质量发展的新阶段。光伏发电具有安全、高效、可持续等优点，经过多年发展，其将在我国能源系统中扮演越来越关键的角色。未来随着能源市场化交易的推进，虚拟电厂、智慧能源等新模式的出现，工商业分布式光伏将是开展模式创新、拓宽增值服务的重要载体。

华电集团浙江公司的实施效果为“三个一”成效。抢占了一块市场,截至 2024 年年末,华电集团浙江公司工商业分布式光伏合计容量 28.8 万千瓦,整体收益达到预期,如杭州金固资金收益率 17%、临安泰特 14.83%。2023 年华电集团浙江公司分布式光伏利润占主营业务收入的 27.92%。完善了一套机制,华电集团浙江公司通过健全“权责清晰、流程规范、风险明确、措施有力”的“1+4”全生命周期风险防控机制,为企业光伏发展战略布局、国有资产保值增值、分布式光伏项目管理提供了参考和借鉴。建强了一支队伍,华电集团浙江公司全力推进光伏技术专家和技术管理骨干梯队建设,全方位锻炼人才队伍业务水平和管理能力,为保障服务企业生产经营管理奠定了坚实的人力资源基础。

第二编　合规应用

中国水电四局合规风险识别与流程管理融合实践

王永祥　柳晓龙

作者简介

王永祥　中国水电四局法律合规与风险管理部主任

柳晓龙　中国水电四局法律合规与风险管理部经理

企业简介

中国水利水电第四工程局有限公司成立于1958年10月，隶属世界500强企业——中国电建集团，是服务全球能源和基础设施建设，拥有水利水电施工总承包特级等资质，集建设施工、勘察设计、制造安装、运营管理、投融资等为一体的综合性大型中央企业，也是国家高新技术企业和青海省第一家获得国家援外项目实施资格的企业。

内容摘要

通过分析合规风险识别、业务流程梳理存在的问题，结合中国水电四局现有全面风险管理与内部控制体系基础，应用系统、逻辑、问题思维，指导梳理现有职责、强调“规矩”意识、职责与制度转换管理流程、合规“三张清单”关联等解决方法，有效实现合规管理与法务管理、内部控制、风险管理等协同运作机制，避免交叉重复，提高管理效能工作要求，为企业管理高质量发展与依法合规经营奠定了基础。

关键词

合规风险识别　风险管理　流程管理　一体化融合

中国水利水电第四工程局有限公司（以下简称中国水电四局）成立于1958年10月，隶属世界500强企业——中国电建集团，是服务全球能源和基础设施建设，拥有水利水电施工总承包特级，市政公用工程、建筑工程、公路工程、电力工程施工总承包一级等多个专业承包一级和对外贸易经营等资质，集建设施工、勘察设计、制造安装、运营管理、投融资等为一体的综合性大型中央企业，也是国家高新技术企业和青海省第一家获得国家援外项目实施资格的企业。

中国水电四局现有在册职工8901人，具备专业技术资格正高级93人，副高级857人，拥有职业技能等级证书948人，各类职业资格1639人，是世界最大单机100万千瓦水轮发电机组安装纪录的创造者，涉及水利、铁路、地铁、公路、房建、新能源等业务领域，参与铸就了南水北调、长江三峡水利枢纽、白鹤滩水电站等大国重器，为业主、为社会交付了一系列精品工程，先后获得“鲁班奖”“詹天佑奖”“国家优质工程奖”“菲迪克奖”“国际里程碑奖”“国家科技进步奖特等奖”等多项国家和行业重要奖项，在依法合规经营，防范化解重大风险上，严格执行“三个不准，八个严禁”，切实推进合规管理融入业务管理全流程、各环节。

一、背景与目的

根据《中央企业合规管理办法》中提到的“发挥合规管理与法务管理、内部控制、风险管理等协同运作机制，加强统筹协调，避免交叉重复，提高管理效能”，各行业的经营主体正在积极运用多种方法构建法律合规风险内控“四位一体”管理体系。然而，将合规管理有效融入企业的日常运营，并将复杂的制度体系转化为清晰、责任明确的管理流程，将业务合规管理措施嵌入管理流程的控制环节，以降低日常业务管理风险，仍然是企业管理者需要深入探讨的课题。

（一）合规风险识别面临的问题

1. 合规风险识别困难。建立体系并不是越多越好，而是要可以适用。同样，制定者往往难以真正理解全面风险管理体系下的风险管理清单与合规管理体系的合规风险识别清单之间的本质区别，更不用说合规管理的主导部门引导业务部门进行合规风险识别了。尽管《中央企业合规管理办法》对合规风险进行了明确的界定，但这一定义为企业及其员工在经营管理中因违规行为引发的法律责任、经济和声誉损失及其他负面影响的可能性，相对较为宽泛。在不同领域和层级上，合规风险的定义可能不同，可能会导致人力、物力和财力的浪费。梳理出的合规风险可能会出现包含与被包含关系或相互交叉的问题，如相对宽泛的融资风险、资金风险、信息披露风险和交易风险，以及相对具体的资金存量风险、会计信息质量风险和工程竣工决算风险。缺乏基础框架的合规风险识别，可能会遗漏部分业务。例如，在进行合规风险识别时，由于缺乏基本的数据比对，可能会识别不到重要的业务合规风险。

2. 合规的“三张清单”需分别建立。合规风险识别清单、合规岗位职责清单及合规流程管控清单建立的基本原则在于通过“清单”工具将企业战略中的各种保障措施细化到具体的工作流程和岗位上，以有效的防控措施来预防合规风险的发生，避免给个人或企业带来经济损失或声誉损害。基于工作职能，以工作流程作为媒介，并依据工作岗位职责，合规的“三张清单”相互之间应当紧密联系。然而，目前多数企业的“三张清单”是独立建立的，缺乏关联，部分企业在防控措施和标准上存在差异，导致管理效果难以落实，且与整体风险管理的相关性不明显，合规风险的数据整理与分析的利用价值不高等问题。

3. 合规风险嵌入流程的问题。在业务流程梳理和岗位职责调整完成后再进行合规风险识别，可能会导致合规风险识别与业务流程控制步骤及岗位职责清单之间的匹配性不足。如果识别出的风险与业务流程中的风险和岗位职责清单中的风险不一致，管控措施的完整性将受到影响，合规风险识别与业务流程管理之间就会出现差异。例如，在工程分包业务的管控流程中，关键控制步骤包括分层分级授权管理以及对分包商资信和业绩的审查，而合规风险识别可能将分层分级授权管理视为重点管控，而忽视分包商资信与业绩在业务管控及合规管理中的重要性。

（二）业务流程梳理问题分析

1. 责任分配不明确。许多企业面临责任不清晰的困境，容易导致推诿责任、争抢功劳的现象。对于大小事务，往往需要通过会议来解决，虽然制定了大量制度和流程文件，但真正得到严格执行的却寥寥无几。例如，在项目垫资上，牵头部门和业务部门的职责没有明确划分，市场营销过程中可能涉及垫资的情况，在项目跟进和签约审核之前，各部门要么提出垫资风险，要么对此完全沉默。

2. 部门之间衔接不顺畅。很多企业在处理跨部门流程时感到困扰，表面上看是团队协作不力，实际上是长期存在的本位主义问题。流程化思维应当体现客户导向，上一个流程步骤的工作是为了服务于下一个步骤。例如，市场营销部门在营销阶段将风险留在合同中，而在合同实际执行时，经营部门对市场营销的背景缺乏了解，未能对合同中的风险进行进一步识别和分析，也未结合项目实际制定有效的应对措施，导致合同风险逐渐演变为履约风险。因此,下游部门实际上是上游部门的客户,围绕客户的流程再造旨在打破“唯我”思维,转而实现“利他”思维。

3. 审批流程过于烦琐。流程负责部门担心某些职能未被注意可能会导致责任推卸,因此在管理过程中增设了许多不必要的审批步骤。具体职务在签字时往往不清楚需要做什么、审核的原因以及关注的内容,仅仅是形式上的签字而已。如果出现问题,也难以追责。例如,未能区分关键岗位与普通员工,所有员工办理退休手续时均需各职能部门联合审核,但在制度及审核流程中并未对关键关注点进行说明。

二、具体做法

(一)思维模式

合规管理与合规风险防控均在其他管理体系内,所以流程的设计思维决定合规管理与流程的融合程度,以及流程的适用度,对企业后续依法经营制度的设计影响极大,也关系到后期执行是否有效。所以,仅仅明确风险合规风险内控组织、制度结构和层次还远远不够,企业管理者需要用正确的思维方法来引导“四位一体”建设。中国水电四局根据其在合规管理与流程梳理实践中的一些体会,总结了“四位一体”建设设计一定要有的系统思维、逻辑思维、问题思维。

1. 系统思维。流程本身就是一个操作系统,所以流程设计需要系统思维的引导。如果流程设计没有系统的考量,环节与环节之间相互割裂,单一的流程并不能产生应有的关联效应带来的整体价值,合规风险管理镶嵌在其中,更加是如此。比如企业的投资评审流程与重大事项决策流程,招投标管理流程与合同评审、签订流程,合同交底流程与项目前期策划流程等流程要考虑到流程与流程之间横向系统关联性,和PDCA(策划、实施、检查、处置)纵向体系关联性,以确保横向与纵向搭接顺畅,以实现企业经营管理的最终目标。

2. 逻辑思维。很多人可能会把系统思维和逻辑思维搞混,实际上二者截然不同,前者强调的是整体与个体的关系;后者侧重流程内部的结构以及每个步骤的关联性。流程设计时要考虑相关制度规定的岗位分离、授权范围,要有前、中、后的顺序,前边做准备、中间做过程,最后做收尾工作,要按逻辑顺序依次开展,不可违反相关制度和规定要求。

3. 问题思维。在流程设计前,有一项重要的工作是要收集该流程事项中常出现的问题,直接暴露问题的做法,可能会让很多管理者觉得丢面子,当时很难接受,所以保持开放的心态非常重要,敢于暴露自己的问题恰恰是自信的标志,也是敢于与过去决裂的勇气。从查看监督检查机构发现的违规问题、查看下级单位(服务对象)投诉记录、获取岗位下游信息、横向对接职能提出建议、自身管理过程中积累等5个渠道发现问题,利用鱼骨刺图或思维导图分析主要问题和导致问题出现的原因,找出流程中权责不清晰的岗位、流于形式的控制步骤、不完备不系统的控制措施、不合理的时限要求等。

（二）融合基础

合规风险识别不是孤立的，不是独立于其他管理体系另设立的体系，而是与目前经营管理体系中现有体系相互辅助、相互映衬的体系；在流程梳理和岗位职责制定时就应当考虑到合规风险识别，就应当考虑到流程中控制步骤具体实施岗位人员如何防范合规风险问题；按照开篇中《中央企业合规管理办法》第26条的规定，发挥“合规管理与法务管理、内部控制、风险管理等协同运作机制，加强统筹协调，避免交叉重复，提高管理效能”。我们思考，合规风险管理与当前较为成熟的“全面风险管理与内部控制体系”部分工作内容可以有机融合。

1. 根据企业发展战略与中短期工作目标，确定管控职能定位，梳理工作职责，对管理过程中突发或新增事项的职责进行补充完善，前期职责不合理或不科学的要再调整，以保证企业经营管理各项工作的组织体系、制度体系完备。

2022年战略发展管理部门对中长期战略方案进行阶段性评估与调整，并结合战略发展需求对总部机关部门职能通过“总则、通则、核心职能、主要职能”将职责从原则性转换为精准性。如“总则”明确各职能部门“战略管控、价值服务、资源配置、考核与监督绩效评价、风险控制中心”的管理作用，“通则”明确“全面风险与内部控制、质量、环境与职业健康等体系建设与运行”协同管理职能与“遇职责重叠、空白、交叉情况”原则。

2023年法律合规风险内控管理部门为进一步完善合规管理组织体系，充分发挥职能部门合规管理工作职能，以《中央企业合规管理办法》和《内部控制与全面风险管理办法》为依据，持续推进“四位一体”全流程闭环管理工作机制，明确15个职能部门的合规管理分管领导、合规管理员以及其相应的工作职责，为下一步合规风险识别与业务流程融合提供了组织和制度保障。

2. 强调“规矩”意识，定下来的职责和制度就是刚性要求和行为准则，自上而下、全体员工要严格遵守和认真执行，对违规行为及时通报和惩罚。

2023～2024年中国水电四局参与和组织法律合规与风险内控管理业务培训共计24次，培训人员覆盖总部职能部门合规管理领导、合规管理专员、二级单位领导班子成员、项目经理、经营管理、人力资源管理、财务管理、资产管理等关键岗位人员；重点对流程管理体系、内部控制评价、重大风险评估、风险管理案例进行讲解；对“联审联检”“内控审计”“党委常规巡视”过程中发现的违规行为给予通报与处罚。企业依法合规经营意识进一步提高。

3. 根据职责与制度，将具体事项转换为管理流程，分解到每个管控流程、每一个工作岗位和每一个管控步骤，合规义务不需要单独梳理和识别，它就在制度里、就在流程里、就在岗位职责里。合规义务包括授权、不相容职务分离等内部控制活动内容。

2024年中国水电四局着重对近三年职能调整或细化、新增或修订过的制度、跨部门相互协作、内部控制评价与审计经常出现的缺陷、日常业务管理过程中多发问题、重大风险管控措施涉及的业务管理流程进行梳理与优化，在此期间充分考虑业务管控过程中的合规管理要求、内部控制规定、风险防控措施，形成14个模块、152个业务流程的体系文件（见表1）。此处将初步形成的业务流程体系标准文件框架展现给大家，作为合规风险识别时的重要依据。

表1　业务管理流程体系文件框架

模块	序号	流程名称	备注
一、公司治理（COG）			
	01	董事会会议流程	
	02	党委会召开流程	
	03	总经理办公会召开流程	
	04	职工代表大会召开流程	
二、战略管理（STM）			
	05	公司战略制定流程	
	06	公司战略实施总结与评价流程	
	07	企业改革改制计划编制流程	
	08	企业改革改制实施管理流程	
三、综合事务管理（ITM）			本文流程框架内容较多，由于篇幅所限，仅对模块标题进行阐述，具体流程名称未一一说明
四、人力资源管理（HRM）			
五、财务管理（FIM）			
六、资本运营管理（CAM）			
七、设备物资管理（MEM）			
八、工程管理（PRM）			
九、市场营销管理（MAM）	……	……	
十、经营管理（ORM）			本文合规风险识别与流程融合举例主要以经营管理中的工程分包风险项下的分包商资源库、农民工管理流程所涉及流程控制步骤合规风险和防控措施进行举例
	118	综合统计管理流程	
	119	合同管理流程	
	120	分包商资源库管理流程	
	……	……	
十一、法律事务管理（LAM）			
十二、内部监督（INS）			
十三、信息化管理（IFM）			
十四、科技管理（MOT）	152	……	

(三)融合路径

合规风险识别与风险管理的融合初步建立,为合规风险识别清单、合规岗位职责清单、合规流程管控清单的关联奠定了基础。合规风险事项的识别、风险因素的分析、应对措施的制定、责任部门的落实、责任岗位内容的框架应有关联,并且关联内容保持基本一致,以下是合规风险识别与业务流程融合的基本步骤,见图1。

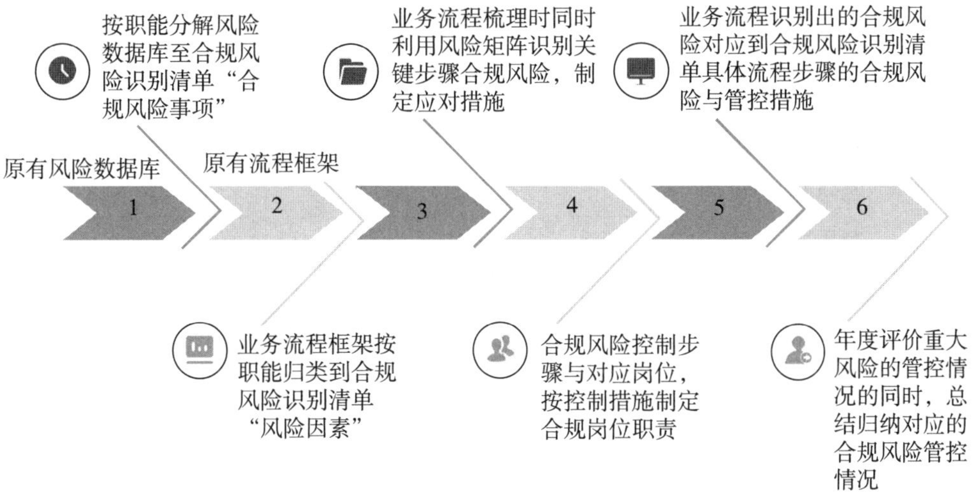

图1　合规风险识别与业务流程融合的基本流程

1. 第一步归集:将原有风险数据库中的风险依据部门职责先归类,作为牵头部门组织开展风险整理和分析的前提条件。将战略、财务、市场、运营、法律五类风险项下的58个二级风险,根据部门职责进行归集,比如涉及企业发展部门牵头管控的合规风险事项就是原有风险数据库中的宏观经济、国家政策、战略规划、改革重组、公司治理、资质管理等风险;涉及办公室/董事会办公室部门牵头管控的合规风险事项就是原有风险数据库中的公司管控、制度建设、企业信用等风险;涉及党委部门牵头管控的合规风险事项就是原有风险数据库中企业文化、意识形态、危机公关管理、保密等风险;涉及经营管理部门牵头管控的合规风险事项就是原有风险数据库中的工程分包、工程结算、工程变更索赔等风险;涉及法律事务部门牵头管控的合规风险事项就是原有风险数据库中的合同管理、合规管理、风险管理等风险。这就是第一层将原有风险数据库中的风险以部门为单位重新分类归集,具体对企业发展和经营管理等部门的合规风险进行归集,见表2。

表2　合规风险识别清单总表

序号	合规风险控制事项					具体流程步骤的合规风险及管控措施				
	牵头部门	事项(风险数据库)	风险因素(业务流程)	情形描述	涉及部门	1. 风险(风险控制矩阵)	管控措施(流程描述)	2. 风险(风险控制矩阵)	管控措施(流程描述)	……
1	企业发展部门	宏观经济风险								
2		国家政策风险								
3		战略规划风险								
4		改革重组风险								
5		公司治理风险								
6		资质管理风险								
7		……								
8	经营管理部门	工程分包风险								
9		工程结算风险								
10		工程变更索赔风险								
11		……								

注:由于篇幅受限,仅示意两个部门的合规风险事项。

2. 第二步分解:如何将上述归集到部门的合规风险事项再分解,将原有风险数据库中的框架定义分解到具体业务管控流程中是合规风险识别的关键步骤。如大家比较容易理解的工程分包合规风险表述:“企业的分包管理制度体系不够完善,分包授权管理后出现管控缺失,分包队伍选择把关不严,将工程分包给了不具备承包资质的分包队伍,构成违规分包;分包合同订立不规范,必备条款存在缺漏,加大了企业的责任;分包策划缺失,过程监控不到位;缺乏分包责任追究机制,对分包商没有足够的掌控能力,分包商因拖欠工资、材料款以及劳务工伤造成的风险容易被其转移给企业。国家新印发的《关于营造更好发展环境支持民营企业改革发展的意见》,需要企业进一步妥善处理好与民营企业工程分包之间的关系。”这些是风险数据库中的定义,也是分解合规风险事项、识别合规风险因素的基础依据。大家在识别合规风险时以此为基本定义,结合实际管理工作,梳理业务管理流程。工程分包合规风险包括分包商资源库管理、农民工管理等流程管控方面,见表3。

表3　工程分包合规风险清单

序号	合规风险控制事项					具体流程步骤的合规风险及管控措施				
	牵头部门	事项（风险数据库）	风险因素（业务流程）	情形描述	涉及部门	1.风险（风险控制矩阵）	管控措施（流程描述）	2.风险（风险控制矩阵）	管控措施（流程描述）	……
1	经营管理部门	工程分包风险	分包商资源库管理流程	分包商资源管控规范性不足可能导致公司分包业务战略伙伴不能良性发展	经营管理部门					
2			农民工管理流程	农民工管控规范性不足可能导致分包纠纷或工程分包风险的发生	人力资源部门					
3			……							

3.第三步再分解：涉及工程分包合规风险的流程初步识别有两个业务流程，那么这两个业务流程具体是在哪一个控制步骤有分包管理合规风险要在流程梳理时进行判断，我们通过流程梳理风险控制矩阵反推流程步骤有无控制措施，是否能达到控制目标，具体见表4、表5。

表4　分包商资源库管理流程描述

编号	流程步骤	责任部门岗位	流程步骤描述	输出文档	备注
01	分包商入库申请	各项目部经营管理部	【C01】 公司内、外部分包商有意愿参与公司分包工程投标、施工建设的，须通过各单位向公司申请进入初始库。各项目部对分包商递交的入库申请资料进行审查并经项目负责人批准后上报上级单位		
02	审核	各单位经营管理部	对分包商或项目部上报的分包商入库申请资料进行审核、调查、核实，并经单位主要负责人确认后上报公司经营管理部		
03	审批	经营管理部	【C02】 经各单位及公司资格审查通过后列入"初始分包商资源库（C级库）"	【EF01】 《初始分包商资源库（C级库）》	

续表

编号	流程步骤	责任部门岗位	流程步骤描述	输出文档	备注
04	项目部层级履约评价	各项目部经营管理部	对本项目所属在建分包商进行履约评价,经项目负责人批准后上报上级单位		
05	各单位层级履约评价	各单位经营管理部	对本单位所属项目上报的履约评价资料进行调查、核实,经单位主要负责人确认后上报公司经营管理部		
06	公司层级履约评价	经营管理部	【C03】 公司各单位将所属项目部的中标分包商及其履约评价结果上报公司,经公司调查、核实后履约评价得分大于等于75分、小于90分的分包商可列入“合格分包商资源库(B级库)”;公司各单位将所属项目部的中标分包商及其履约评价结果上报公司,经公司调查、核实后履约评价得分大于等于90分的分包商可列入“优秀分包商资源库(A级库)”;凡列入公司分包商资源库,能够利用自身资源协同公司开发市场并中标,且自身具备较强的施工、技术、管理等综合实力,愿意与公司“紧密协作、利益共享、风险共担、协同发展”的分包商,由各单位充分评估后上报公司,经批准列入“优质分包商资源库(A+级库)”。凡涉及集团(股份)公司和公司对禁入(不合格)分包商认定情形的,一律列入公司“禁入(不合格)分包商名单”	【EF02】 《季度履约评价表》	
07	公示	经营管理部	公司经营管理部公示“四级库”+“禁入(不合格)分包商名单”	【EF03】 《季度履约评价公示文件》	
08	公布	经营管理部	公司经营管理部公布“四级库”+“禁入(不合格)分包商名单”,各项目部及各单位接收、存档,并参照执行	【EF04】 《季度履约评价公布文件》	

表 5　分包商资源库管理风险控制矩阵

目标编号	控制目标	风险编号	风险描述	风险分类					风险等级	控制措施编号
				战略	经营	报告	合规	资产安全		
T01	规范分包商入库申请,项目部对拟入库分包商进行资格预审	R01	分包商资格审查不力,在股份公司承包商管理系统中注册、登记、审查、入库不规范		●		●		低风险	C01
T02	全面审查各单位所属项目部、直属项目部维护、更新的分包商信息并进行评审	R02	公司初始分包商资源库库内分包商资格不满足要求		●		●		中风险	C02
T03	调查、核实各单位推荐的优秀分包商、优秀现场负责人,建立公司"优秀分包商资源库(A 级库)"及"优质分包商资源库(A + 级库)",保证推优工作真实。对于上报的不合格分包商,要求各单位及时终止与其合同关系,清算退场	R03	优秀分包商、优秀现场负责人的推荐工作失真,分包商的履约、风险共担等能力较差,继续使用不合格分包商名录中的分包商,存在一定的纠纷隐患		●		●		低风险	C03

4. 第四步抽取要素数据:涉及工程分包合规风险中两个流程中的合规风险在风险控制矩阵中已经可以识别,随之抓取到合规风险识别清单即可,风险管控措施在表 4 流程步骤描述中即有体现,最终形成信息完备的工程分包合规风险识别清单,具体见表 6。

表 6　工程分包合规风险识别清单

序号	合规风险控制事项					具体流程步骤的合规风险及管控措施			
	牵头部门	事项（风险数据库）	风险因素（业务流程）	情形描述	涉及部门	1. 风险（风险控制矩阵）	管控措施（流程描述）	2. 风险（风险控制矩阵）	管控措施（流程描述）
1	经营管理部门	工程分包风险	分包商资源库管理流程	分包商资源管控规范性不足可能导致公司分包业务战略伙伴不能良性发展	经营管理部	风险编号:R01 分包商资格审查不力，在股份公司承包商管理系统中注册、登记、审查、入库不规范。 风险编号:R02 公司初始分包商资源库库内分包商资格不满足要求	流程步骤名称:各项目部经营管理部分包商入库申请 C01 公司内、外部分包商有意愿参与公司分包工程投标、施工建设的，须通过各单位向公司申请进入初始库。各项目部对分包商递交的入库申请资料进行审查并经项目负责人批准后上报上级单位。 流程步骤名称:经营管理部审批 C02 经各单位及公司资格审查通过后列入“初始分包商资源库（C 级库）”	风险编号:R03 优秀分包商、优秀现场负责人的推荐工作失真，分包商的履约、风险共担等能力较差，继续使用不合格分包商名录中的分包商，存在一定的纠纷隐患	流程步骤名称:公司层级履约评价 C03 公司各单位将所属项目部的中标分包商及其履约评价结果上报公司，经公司调查、核实后履约评价得分大于等于 75 分、小于 90 分的分包商可列入“合格分包商资源库（B 级库）”；公司各单位将所属项目部的中标分包商及其履约评价结果上报公司，经公司调查、核实后履约评价得分大于等于 90 分的分包商可列入“优秀分包商资源库（A 级库）”；凡列入公司分包商资源库，能够利用自身资源协同公司开发市场并中标，且自身具备较强的施工、技术、管理等综合实力，愿意与公司“紧密协作、利益共享、风险共担、协同发展”的分包商，由各单位充分评估后上报公司，经批准列入“优质分包商资源库（A + 级库）”。凡涉及集团（股份）公司和公司对禁入（不合格）分包商认定情形的，一律列入公司“禁入（不合格）分包商名单”
2			农民工管理流程	农民工管控规范性不足可能导致分包纠纷或工程分包风险的发生	人力资源部	风险编号:R01 未建立农民工实名制规章制度，内容不合法合规，可能导致农民工实名制管理工作缺乏操作指引，导致该项工作的不规范	流程步骤名称:签订施工总承包合同 C01 公司制定了《中国水利水电第四工程局有限公司农民工实名制管理办法》（公司人〔2024〕3 号）文件，该制度主要对管理农民工的机构、农民工实名制管理体系、农民工工资支付管理、检查监督、农民工生活管理及维稳等进行了规范。 业主单位签订施工总承包合同，合同中应明确约定人工费比例、拨付周期等内容	风险编号:R02 施工准备阶段需要通过相关部门办理合法合规材料，手续要齐全，若准备阶段流程手续没有合规，可能在后续农民工管理过程中存在隐患	流程步骤名称:存储农民工工资保证金 C02、 开设农民工工资专户 C03 设立农民工专管员 C04 具体措施内容过多就再此不详细表述
3			……						

注:1. 由于篇幅受限，表中仅对分包商资源库管理流程在表 4、表 5 中阐述，未对农民工管理流程的描述与风险矩阵进行阐述。
2. 表中所述 R、C 为该流程中的风险编号与流程控制代号。

5. 第五步关联工作职责：合规风险已经识别，并且通过业务流程风险控制矩阵找到了风险管控措施，工程分包管理由经营管理部负责，但具体到管控处室和岗位还需要与岗位职责清单联系起来。中国水电四局通过岗位职责清单中正面清单的形式具体反映职责范围与工作任务，负面清单的形式反映合规风险和工作中注意的行为，具体见表7。

表7　岗位职责清单

<table>
<tr><td rowspan="5">岗位信息</td><td>组织全称</td><td colspan="3">中国水利水电第四工程局有限公司</td></tr>
<tr><td>所属部门(单位)</td><td colspan="3">经营管理部</td></tr>
<tr><td>岗位名称</td><td>合同风控</td><td>岗位类别</td><td>管理(行政、党务)类</td></tr>
<tr><td>管理层级</td><td>××</td><td>直接上级</td><td>××</td></tr>
<tr><td>职　级</td><td>××</td><td>职　　等</td><td>××</td></tr>
<tr><td>任职资格要求</td><td colspan="4">1. 男女不限，年龄不限、身体健康；
2. 须具备硕士研究生及以上学历、2年及以上专业工作经验；本科学历、3年及以上专业工作经验；大专学历、中级及以上职称或相对应的专业技术职业资格、5年及以上专业工作经验；
3. 须具备硕士研究生学历；本科学历、1年及以上专业工作经验；大专学历、初级及以上专业技术资格、3年及以上专业工作经验。</td></tr>
<tr><td>业务素质能力要求</td><td colspan="4">1. 了解国家相关法律法规、国家和行业相关标准与政策，具有良好的组织协调能力、计划控制能力、表达沟通能力、分析思考能力、执行力和业务处理能力；
2. 具有较为丰富的专业基础理论知识和工作经验；能够较好地完成安排的各项工作任务，确保工作的顺利进行；具有分析各类数据、完成各类复杂报表填报的能力；
3. 具有较强的学习能力，能够快速掌握新知识并加以运用。</td></tr>
<tr><td>工作任务及职责范围</td><td colspan="4">正面清单：
1. 分管公司工程承包合同和内部合同管理工作；
2. 负责根据法律法规及上级管理单位管理要求，结合公司经营管理实际，制定、完善公司工程承包合同和内部合同管理办法和制度，并监督、检查各单位执行；
3. 负责工程承包合同、内部合同、分包立项、选定分包商(分包商资源库)、分包合同、分包结算等各类日常审核、审批、备案等工作；
4. 负责工程承包合同和内部合同管理相关台账建立与动态管理；
5. 领导交办的其他工作。
负面清单[1]：
1. 以询比采购等非公开定向征集方式所邀请的分包商不是合格的承包商；
2. 以公开招标等公开征集方式确定的中标人未在合格分包商库中，且在合同签署前未评定为本企业合格分包商；
3. 分包招标计划(分标计划)未批先招的、应报批未报批或超出权限决策等分包招标程序不合规；
4. 未按规定对分包商响应文件及资信进行复核等分包评标程序不合规；
5. 设置不合理业绩、资质、资格等限制条件条款；
6. 应发现而未发现分包商存在串通投标；
7. 分包评标结果应报批未报批、应公开未公开等程序不严格；
8. 不按规定将分包信息公开公示、拟选分包商公示期低于3天；
9. 与禁入分包商及其法定代表人(或实际控制人)控制的任何企业、现场负责人所代理的任何单位新签任何经济合同；
10. 按照主合同要求，应向发包人、监理人报备、报审的分包，而未进行报备、报审工作。</td></tr>
</table>

〔1〕因本文需要着重对分包管理过程中负面管理行为予以说明。

总体来说，合规风险识别时应用风险数据库定义各类风险，保证各业务领域的合规风险不会被重复归类和乱归类以及合规风险嵌入业务流程关键节点，保证合规风险识别与业务流程梳理匹配性；将合规风险联系到岗位职责正面、负面清单，保证合规风险防控责任落实到具体岗位；将合规风险纳入风险评估阶段性总结，保证合规风险系统性和连续性管理要求。

三、工作成效

2024 年中国水电四局通过以上问题分析、思维模式、融合基础、融合路径的探索，经过合规管理、全面风险管理、内部控制流程管理部分业务的融合与贯通，初步形成了相互联系、相辅相成、互动融合，在内容上、形式上、流程上相互满足、相互制约、相互监督的一套合规管理“三张清单”体系性文件编制方式方法。该方法为中国水电四局实现所属项目综合、合同、进度、成本、采购、分包、材料、设备、资金、质量、技术、HSH、竣工、风险、报表等 15 个管理模块，161 个审批流程、213 个确定表单信息化建设关键控制环节嵌入合规管控措施奠定了坚实基础，为企业实现“管理制度化、制度流程化、流程表单化、表单信息化、信息智能化”，企业内部控制管理与项目业务管理一体化融合创造了条件。

第二编　合规应用

供电企业关于案件溯源合规到业务全面合规路径探析

王云飞　张俐祯

作者简介

王云飞　国家电网甘肃省电力公司法律合规部高级主管

张俐祯　国家电网甘肃省电力公司酒泉供电公司办公室企业法治管理

企业简介

国家电网甘肃省电力公司是国家电网有限公司的全资子公司,主要负责甘肃电网的建设、运营和发展,为甘肃省的经济和社会发展提供安全、持续、可靠的电力保障。甘肃电网位于西北电网中心位置,是“西电东送”的重要通道和西北地区电力交换的枢纽。

国家电网甘肃省电力公司酒泉供电公司是国家电网甘肃省电力公司的分支机构,承担着酒泉市和嘉峪关市行政区域内 35 千伏及以上电网的建设、运营和发展任务。

内容摘要

守法经营是任何企业都必须遵守的基本原则，企业只有依法合规才能行稳致远。案件是放大企业是否合规经营的一个重要观察点，既可以检视管理是否存在合规风险，又可以反映专业运行是否落实合规管理要求。本文结合供电企业案件管理实践，以案件全流程合规管理为主线，创新诉前合规警示、诉中合规处理、诉后合规提升三大阶段工作，综合实施发案根源合规整改，业法融合优化合规警示与合规监管，业法联动强化合规激励与合规制约一体化联动举措，探索出从案件管理专项合规到专业运行全面合规的管理路径，以点带面，有效促成专业管理系统性落实合规。

关键词

诉前合规警示　诉中合规处理　诉后合规提升　合规监管

国家电网甘肃省电力公司（以下简称国网甘肃电力）隶属于国家电网有限公司，主营甘肃省区电网建设、运营和发展业务，为甘肃省经济和社会发展提供安全、持续、可靠的电力保障。国网甘肃电力现有多个职能型事业部、业务支撑单位、地市级供电企业、县供电公司以及省管产业单位平台企业。随着甘肃积极抢抓“一带一路”、新一轮西部大开发历史机遇，国网甘肃电力迎来了良好的发展契机，为各类人才提供了广阔的成长平台。

国网甘肃电力酒泉供电公司处于新疆、青海、甘肃三地电力互联的枢纽位置，供电覆盖面积19.2万平方公里，服务客户63.04万户。

一、案件专项合规管理的实施背景

（一）适应国有企业合规管理的要求

习近平总书记强调，“企业只有依法合规经营才能行稳致远”。国务院国有资产监督管理委员会高度重视国有企业合规管理工作，在当前国际竞争越来越体现为规则之争、法律之争的大背景下，在国有企业面临的国内外环境和风险挑战日趋复杂严峻的新形势下，先后出台了《中央企业合规管理指引（试行）》、《中央企业合规管理办法》和《中央企业法律纠纷案件管理办法》，对国有企业合规管理提出更高的要求。与此相对应，现行《公司法》更是首次在法律上明确“国家出资公司应当依法建立健全内部监督管理和风险控制制度，加强内部合规管理”，将合规管理提到了前所未有的高度。案件是揭开企业合规风险“面纱”的“手”，案件管理对于企业发现案件背后的管理问题、堵塞管理漏洞、完善管理制度、健全工作机制以及切实保障企业合规稳健发展具有重大意义。

（二）适应企业内部高质量发展的需要

近年来，企业内部对于法律纠纷案件管理越发重视，特别是针对触电、劳动争议等涉及生命安全、劳动者切身利益的案件，原来“仅就案件管案件”的模式已不能适应企业合规管理的发展趋势。企业需要以案件为突破点，通过处理一起案件、推动一次反思、提出一项整改建议、实现一次合规管理提升，从而构建案件“四个一”全流程合规管理机制；需要优化诉前合规警示、诉中合规处理、诉后合规提升三大阶段管理流程，以案件为对象，开展合规调查，组织相关方进行合规会商，确定合规处理意见；结合案件办结情况，锁定案件暴露的合规风险，及时堵塞管理漏洞；借助案件专项合规管理，敦促相关专业建立完善合规制度；治理合规风险，辅以正向合规激励、负面合规制约措施，促成专业全面推进合规整改（见图1）。企业通过“四个一”全流程合规管理机制和三大阶段管理流程递进运行的工作体系，实现专业管理由“纸面合规”向“实质合规”的提升。

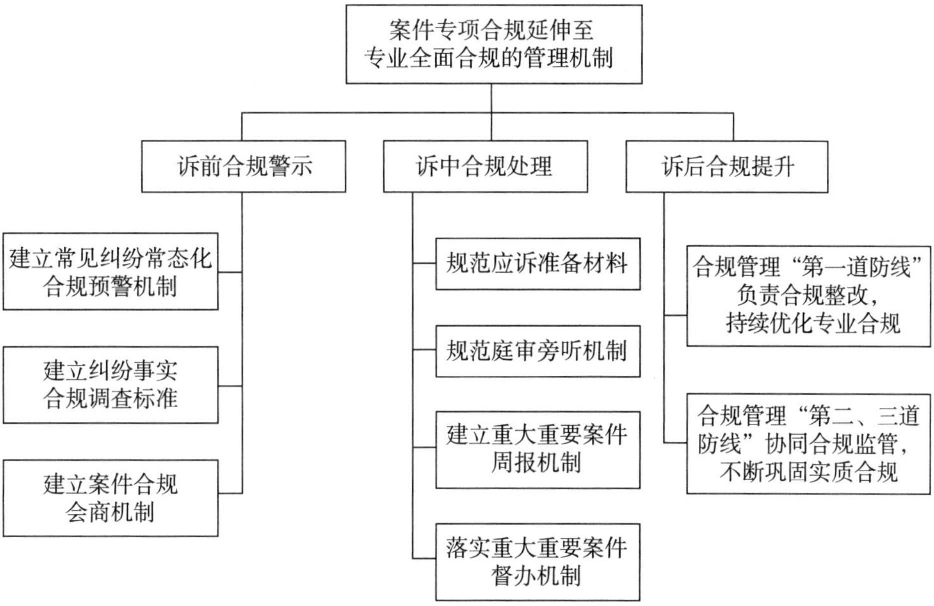

图1　案件专项合规延伸至专业全面合规的管理机制

二、案件专项合规到专业全面合规的路径建设

（一）诉前合规警示环节

1. 建立常见纠纷常态化合规预警机制

诉讼作为定分止争的最后手段，耗时长、成本较高，前期如处理不当，矛盾激化，可能导致当事人的情绪化诉求高于其合理诉求，加之电能本身危险性高，企业抗风险能力较个人更强，外部司法环境倾向供电企业应承担更严格的责任，因此，强化诉前合规预警，加强前期合规风险监管，将矛盾纠纷隐患化解在诉前越发重要。

结合既往案例数据分析结果，我们发现供电企业涉诉纠纷类型、成因相对集中，易形成诉讼纠纷的领域如下：(1)触电引发的触电人身损害纠纷风险；(2)社保缴纳、劳务派遣用工等引发的劳动争议纠纷风险；(3)停电、线路打火等导致的财产损害纠纷风险；(4)合同履行等引发的民商事合同纠纷风险；(5)停电、电价电费等引发的供用电纠纷风险；(6)现场安全管控、交通事故等引发的一般人身损害赔偿纠纷风险。对此，供电企业应针对上述纠纷类型发布安全预警提示，编制常见纠纷常态化预警清单(见表1)，敦促专业部门常态化重点关注。

表1　常见纠纷常态化预警清单

序号	常见纠纷类型	常见纠纷成因	常见纠纷争议焦点
1	触电人身损害纠纷	1. 线下建房、加高建筑物等施工导致安全距离不足； 2. 拉线伤人； 3. 低压线路老化掉落未及时处理； 4. 电网设备占道阻碍交通； 5. 线下钓鱼、种树、堆积杂物、放风筝等； 6. 设备、线路裸露； 7. 销户后或线路弃用后未采取规范断电隔离措施； 8. 低压用户私拉乱接； 9. 配电台区三级漏保未配置及使用	1. 触电是否引起损害； 2. 涉案电力设施设备产权是否归供电企业； 3. 供电企业是否存在过错，如线路架设是否合法合规、安全距离是否足够、是否设立警示标志、是否针对违规行为发放隐患告知、是否将隐患报备能源/工信等政府部门等； 4. 受害人是否存在过错，如是否违规线下施工、是否违规进入电力设施保护区域等
2	劳动争议纠纷	1. 社保缴纳； 2. 劳动关系认定； 3. 劳务派遣关系认定； 4. 职工退休年龄； 5. 劳务外包关系认定	1. 争议是否属于法院受理范围； 2. 双方是否存在劳动关系； 3. 双方是否建立劳务派遣关系； 4. 案件是否超过诉讼时效； 5. 公司解除劳动关系是否合法，解除程序是否合法合规； 6. 劳动者受到伤害是否属于“自甘风险”的情形； 7. 争议是否属于“职务行为致人损害”的范围
3	财产损害纠纷	1. 停电； 2. 火灾； 3. 修剪的树枝、废弃的电杆等未及时处理导致	1. 损害的形成是否与电有关，如停电是否是造成财产损失的直接原因，火灾是否是线路短路、设备老化等原因造成； 2. 涉案电力设施设备产权是否归供电企业； 3. 供电企业是否存在过错，如是否提前/及时发送停电通知、是否及时进行抢修、是否定期进行巡线、是否对易引起火灾的行为送达隐患告知并将隐患报备消防等部门； 4. 受损害方是否存在过错，如是否有备用电源、是否有停电预警装置、是否采取其他非电类保护措施、是否申请双回路电源、是否违规在线下种树/堆积杂物、是否阻碍消防通道、是否及时采取措施避免损失扩大
4	民商事合同纠纷	合同履行	双方是否按合同约定履行付款、提供服务等义务

续表

序号	常见纠纷类型	常见纠纷成因	常见纠纷争议焦点
5	供用电纠纷	1. 停电； 2. 电价电费； 3. 供电质量	1. 双方是否存在供用电关系，双方供用电合同是否真实有效； 2. 停电原因是否合法，如是否属于检修停电、是否为配合政府/法院停电、是否属于故障停电、是否属于窃电停电等。需注意的是，法律以及供用电合同约定的供电企业的持续供电义务，均是指在电力系统正常状况下，并不包含供电线路突发故障的情形； 3. 停电程序是否合法，如检修停电、配合政府停电等；供电公司是否尽到提前通知义务； 4. 供电企业是否尽到管理义务，故障停电后是否及时赶往现场抢修； 5. 电价电费收取依据是否合法，计量是否准确； 6. 供电企业的供电质量是否符合国家标准，用户如对供电质量有异议，应有专业机构的鉴定结果
6	一般人身损害赔偿纠纷	1. 交通事故； 2. 帮工	1. 损害是否是供电企业职务行为引起； 2. 双方是否构成帮工、承揽、劳务关系

2. 建立纠纷事实合规调查标准

纠纷发生后，能否第一时间到达现场有效调查取证，对后续案件处置影响巨大。诉讼中的核心对抗之一为证据对抗，因此如何通过合规手段留存相关证据，还原纠纷事实尤为关键。

(1)明确事实合规调查主体及内容

案涉部门(单位)负责案件事实调查和初步证据收集，事实部分需明确对方的诉求；事发现场视频、照片等；对方认为的事实经过以及公司查明的事实经过；双方认知存在的明显差异部分；案涉部门(单位)提供的资料等。初步证据部分需参考证据收集建议清单(见表2)，列举现有证据清单。

表2　初步证据收集建议清单

序号	纠纷类型	所需证据	注意事项
1	触电损害事件	1. 了解损害是否是触电引起，需要收集病例、相关证明文件(专门部门——刑警队)、有权机构(当地的安全生产监督管理局)出具的事故原因认定书，现场勘查笔录、询问笔录； 2. 了解涉案线路的产权归属，需要收集供用电合同； 3. 了解事件过程资料，需要收集能客观反映出事现场原貌的录像带、录音带、照片、示图，现场勘查笔录，现场遗留的物证、书证，向知情人(不少于二人)所作的询问笔	一是必须第一时间到达现场了解事件原委，通过录音、录像、拍照等方式留存现场情况，特别是供电企业资产现状(包括但不限于事发资产紧密关联的线路、计量、变压器等资产情况)以及当事人情况。及时通过当事人陈述、邻居、村(居)委会了解客观损害情况和事件发生过程，尽量通过录音、录像、当事人书面签字资料确定客观损害情况和事件发生过程。 二是审慎判断案件原因是否与供电企业有

续表

序号	纠纷类型	所需证据	注意事项
		录或调查笔录； 4. 了解供电公司电力设施设备情况，需要收集电力设施、设备的设计、施工安装和运行管理符合国家标准或电力行业标准的依据；高度证据：与第三方的测量报告、第三方鉴定报告；安全警示证据：现场照片、证人证言；维护巡查证据：巡线记录（第三方签字、执法记录仪）；隐患整改证据：整改通知书、安全告知书（第三方签字、执法记录仪时间）；积极履行消除隐患的证据：向相关部门报备、要求排除妨害等； 5. 了解受害人情况，需要收集受害人受损程度的说明或依据、受害人索赔依据	关，特别是在回答行政机关调查询问时，避免轻易下结论。 三是高度重视矛盾初期，密切联系事发地村（居）委会、派出所、派出法庭、公证处等，整合多方资源，在矛盾前端进行处置。 四是触电人身伤亡安全事故的调查取证，必须严格执行有关规程制度。事故现场必须派专人严格保护，未经调查和记录的事故现场，不得被任意变动；应当立即通知当地公安机关，并要求其派人共同负责现场的保护和证据的收集工作。需要紧急抢修恢复运行而变动事故现场的，除按有关制度规程报批外，还应采取有效措施进行证据保全，必要时邀请公证机关对现场和证据进行公证。责任单位应当会同公司安全监察部、安全生产监督管理局、公安机关等有关人员对事故现场拍照或摄像，对事故经过、发生原因进行调查取证，注重对事故原始资料的收集保存，并及时向有关部门和人员调查、索取有关资料
2	财产损害事件	1. 了解损害是否与供电企业有关，需要收集消防等有权认定机构出具的事故认定书，对于认定不排除与供电企业有关以及认定与供电企业有关的，一般在10日内向上一级机关申请复核；对于当地安全生产监督管理局和派出所出具的事故处理意见，需注意的是，法律规定仅有消防部门有权认定火灾事故原因、统计火灾损失；对于鉴定结果认定与供电企业有关的，供电企业如对鉴定结果确实存疑，及时向社会司法鉴定机构申请重新鉴定；相关政策性文件； 2. 了解涉案线路的产权归属，需要收集供用电合同； 3. 了解事件过程资料，需要收集能客观反映出事现场原貌的录像带、录音带、照片、示图；向知情人（不少于二人）所作的调查笔录或询问笔录；电力设施、设备的设计、施工安装和运行管理符合国家标准或电力行业标准的依据；事故当日的电压、电流曲线图，附近电表正常运转的数据，如确定供电企业线路设备正常运转，必要时，及时进行公证； 4. 了解受损方的损失情况，事故发生后，尽早要求受损方提供受损财物清单及购货发	一是第一时间到达现场了解事件原委，通过录音、录像、拍照等方式留存现场情况，特别是供电企业资产现状（包括但不限于事发资产紧密关联的线路、计量、变压器等资产情况）以及受损方损失情况。对于财产损害的安全事故，无论事故责任如何认定，相关部门应当及时尽早与财产所有者或管理人共同统计、核实损失数量。 二是及时通过受损方本人陈述、邻居、村（居）委会了解客观损失情况，尽量通过录音、录像、受损方书面签字资料确定损失情况。 三是受损方索赔时，谨慎使用不可抗力作为免责理由，禁止向受损方提供供电企业内部资料。 四是审慎判断案件原因是否与供电企业有关，特别是在回答行政机关调查询问时，避免轻易下结论。 五是高度重视矛盾初期，密切联系事发地村（居）委会、派出所、派出法庭、公证处、消防等，整合多方资源，在矛盾前端进行处置

续表

序号	纠纷类型	所需证据	注意事项
		票;当地安全生产监督管理局和派出所制作的现场勘查笔录、询问笔录及受损财物清单;法定评估机构依法出具的受损财物价值评估书	
3	供用电合同纠纷事件	1. 了解双方是否存在供用电关系,需要收集用电申请报告或用电申请书;供电方案;供用电合同; 2. 了解供电公司行为是否合法合规,需要收集有用户签章确认的用户受电装置施工竣工检验报告;有用户签章确认的用电计量装置安装完工报告;有用户签章确认的供电设施正常运行的定期检验报告;终止用电通知书;停电通知书;事故停电责任分析报告;相关政策性文件; 3. 了解用户行为是否合法合规,停电时间及用户在停电时间内可能用电量的依据;欠费催缴通知书;用户违约用电行为的证据;其他能证明用户有违约行为的证据	一是供电企业必须与用户签订供用电合同,禁止代签。特别是低压供用电合同以及临时供用电合同。 二是供用电合同由专人负责保存,并编号备查
4	劳动争议	1. 了解双方是否存在劳动关系,需要收集双方所签订的劳动合同、劳动关系的证明(未签订劳动合同的应提供工作起止日期及相关证明或当事人其他协议);相关政策性文件; 2. 了解社保缴纳情况,需要收集社会保险机构出具的合同备案或人力资源和社会保障局出具的合同备案登记;工资、奖金收入情况;社会保险费用缴纳记录或单据;政府相关政策文件; 3. 了解供电企业的行为是否合法合规,需要收集变更劳动合同的依据。按供电企业内部规章制度处罚的,应提供相应的规章制度;解除劳动合同的,应提供开除、除名、辞退的决定或通知;劳动者违章违纪的有关证明材料;考勤记录	一是高度重视矛盾初期,密切联系属地劳动仲裁委员会、人民调解委员会、工会等,整合多方资源,在矛盾前端进行处置。 二是员工考勤表要本人签字。 三是涉及员工考核、惩处等事项要通知本人并签字知悉。 四是涉及员工切身利益的规章制度要员工知悉并保存资料。 五是注意留存相关政策性文件,尽量保存原件,避免文件失效后无法查找
5	民商事合同纠纷	1. 了解合同主体,需要收集对方营业执照、授权委托书、身份证明等证明合同主体身份或者资质的资料; 2. 了解合同内容,需要收集合同原件,了解双方的权利义务、违约责任等; 3. 了解是否超过诉讼时效,需要收集邮寄凭证、聊天记录、录音等	民商事合同纠纷诉讼时效为 3 年,一般涉及合同履行问题;针对外部邮寄的早期问题函件,特别是律师函、EMS 邮件,需慎重签收,避免签收时间问题导致诉讼时效重新计算

续表

序号	纠纷类型	所需证据	注意事项
6	一般人身损害纠纷	1. 了解损害是否是供电企业职务行为引起，需要收集相关文件资料； 2. 了解双方是否构成帮工、承揽、劳务关系，需要收集合同、工作记录、现场安全管控情况、工作票证、证人证言	一是因职务行为需要外部服务的，必须提前对外签订合同，再开始服务。 二是需要外部服务的，建议与对方建立承揽关系、劳务关系，禁止与外部建立雇佣关系。 三是高度重视矛盾初期，密切联系事发地村（居）委会、派出所、派出法庭、公证处等，整合多方资源，在矛盾前端进行处置

（2）明确事实合规调查注意事项

一是第一时间到达现场了解事件原委，通过录音、录像、拍照等方式留存现场情况，特别是供电企业资产现状（包括但不限于事发资产紧密关联的线路、计量、变压器等资产情况）以及用户损失情况。二是及时通过用户本人陈述或邻居、村（居）委会证词了解客观损失情况，尽量通过录音、录像、用户书面签字资料固定损失情况。三是用户索赔时，谨慎使用不可抗力作为免责理由，禁止向用户提供公司内部资料。四是审慎判断案件原因是否与供电企业有关，特别是在回答行政机关调查询问时，避免轻易下结论。五是高度重视矛盾初期，密切联系事发地村（居）委会、派出所、派出法庭、公证处、工会、消防等，整合多方资源，在矛盾前端进行处置。六是针对外部邮寄的早期问题函件，特别是律师函、EMS 邮件，需慎重签收，避免签收导致诉讼时效重新计算。

3. 建立案件合规会商机制

会商是探讨问题解决方案的常规方法。为进一步提升会商针对性、会商效率、会商质量，杜绝会商流于形式、会商结果可有可无，通过细化设置会商要求、编制会议材料模板等，直击问题核心，提高会商质量。

（1）明确会议时限

新发案件、重大重要案件一审开庭前需召开案件分析会。

（2）明确参会范围

法律专业分管领导、案件管理部门负责人、案涉部门（单位）相关负责人、相关业务部门负责人、案件亲历者、案件经办人、代理律师。

（3）明确会议要求

案涉部门（单位）会前应完成案件事实合规调查，形成合规调查报告并明确案件处置意见，包括但不限于主要事实（要陈述事发时间、地点、起因、经过、现状，对方的基本情况、对企业的要求、认为企业应赔偿的原因等）、主要矛盾点（主要陈述企业与对方关于主要事实认知的主要差异点，并明确公司是否有相关佐证证明企业认为的事实）、本单位处理意见（是否进行诉讼，如诉讼，希望达成的目标等）。案件管理部门人员需明确法律合规建议，相关业务部门人员需针对案件事实明确专业管理要求及专业建议，代理律师需明确应诉方案。

(二)诉中合规处理环节

诉讼对抗是发现公司经营管理不合规之处的重要环节,特别是法庭之上各方举证质证、发问辩论,可以帮助公司管理人员直面非公司方对公司经营管理的要求和观点。合规应对诉讼处理,对后续经营管理合规整改影响重大。

1. 规范应诉准备材料

第一次开庭前,案涉部门(单位)将案件事实合规调查材料,案件委托代理合同、授权委托书,答辩状,证据清单,关键证据材料扫描件移交案件归口管理部门。

2. 规范庭审旁听机制

案涉部门(单位)应组织案涉问题分管专业领导、相关专业部门负责人参加案件庭审,以案为鉴检视、排查管理中存在的合规风险隐患,以案为戒坚决杜绝同类违规问题反复发生。

3. 建立重大重要案件周报机制

针对重大重要案件,以及案件管理部门认为需要及时掌握情况的案件,案涉部门(单位)应按照规定模板,按周向案件管理部门汇报案件最新情况。

4. 落实重大重要案件督办机制

针对需要重点关注的重大重要案件,案件管理部门负责下发督办通知书,案涉部门(单位)应及时、真实反馈督办案件办理最新进展情况,直至案件办理完毕为止。

5. 建立庭审过程信息分析机制

案件管理部门负责详细记录庭审过程,复盘提炼庭审过程中对方当事人诉求、举证资料、答辩观点、法官提问等重点信息,形成内部庭审记录。组织案件管理部门、案涉部门(单位)分别从法律合规风险防控、业务管理视角进行分析,了解用电客户对供电服务、用电环境的合理期待,掌握司法机关对供电企业依法经营的底线要求,深思专业部门现有管理模式与外部要求之间的差距,研判案件发生与业务管理是否履职到位之间的关联度。案件管理部门结合分析结果,诉后以督办单、签报、风险提示书等形式敦促业务管理部门强化风险防控;业务管理部门结合分析结果,诉后以优化管理机制流程、人员追责问责等提升日常管理。

(三)诉后合规提升环节

案件专项合规的根本目的在于推进专业全面合规。诉后专业部门是否进行合规整改,合规整改是否到位,是确保从案件专项合规到专业全面合规闭环管理的支撑点。

1. 合规管理"第一道防线"负责合规整改,持续优化专业合规

取得裁判结果并非案件管理的终点,案件专项合规的目的在于推进专业全面合规,需要业务部门靠实"第一道防线"职责,全面落实"管业务必须管合规、抓专业必须强法治"要求,坚持源头管理理念,对诉讼中发现的专业问题进行整改完善,以案为镜,建立完善的合规制度或规范,提升专业管理规范水平,形成"排查问题—落实整改—完善管理—推动提升"的管理闭环机制,压实专项压降、规范管理的主体责任,避免同类问题反复发生。

2. 合规管理"第二、三道防线"协同合规监管,不断巩固实质合规

(1)建立重大重要案件、有责败诉案件一案一督办机制

针对重大重要案件以及法院裁判由公司承担责任的案件,案涉部门(单位)自收到案件

督办通知书之日起，应于6个月内反馈督办案件反映的专业管理问题以及问题整改情况、后续管理规范情况等，并附相关佐证材料，反馈至案件管理部门；由案件管理部门将相关违规信息移交纪检、审计、人力资源等协同监管部门，由协同监管部门判断是否进行合规问责。

（2）建立重大重要案件、有责败诉案件一案一签报机制

针对重大重要案件以及法院裁判由公司承担责任的案件，案件管理部门负责向公司主要领导及专业分管领导，以签报形式汇报案件基本情况、分析案情并提出工作建议。案涉部门（单位）需及时向案件管理部门报送结案后的整改情况，案件管理部门每季度形成专项分析报告，以签报形式呈送公司领导审阅。

（3）建立重大重要案件、有责败诉案件一案双重合规考察与评价机制

针对重大重要案件以及法院裁判由公司承担责任的案件，专业部门负责向案涉部门（单位）提出专业管理问题，明确合规整改完成时限。截至合规整改时限，由专业部门负责结合专业岗位合规管理要求，对照开展合规整改考察，负责评价案涉部门（单位）制度规范到岗、到人情况。

案件管理部门负责向案涉部门（单位）提供类似问题合规处理建议，补充完善案涉部门（单位）合规风险点。由案件管理部门结合公司合规风险库列举的风险点，对照开展合规整改考察，负责评价案涉部门（单位）合规风险识别、防范情况，纠纷可能因素防范、控制情况。

合规管理“三道防线”的关系见图2。

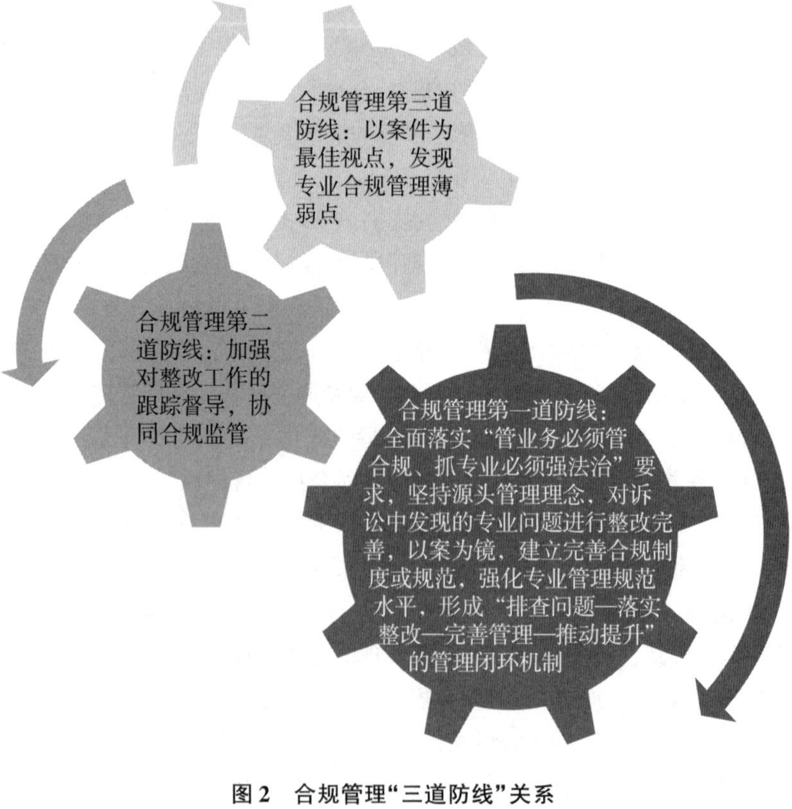

图2　合规管理“三道防线”关系

(4)建立重大重要案件、有责败诉案件说清楚机制

针对重大重要案件以及法院裁判由公司承担责任的案件，或胜诉但回款困难案件，根据涉案金额和相关情况，案涉部门(单位)需要向案件管理部门和业务管理部门说清楚，包括但不限于剖析败诉原因、管理中存在的问题、合规整改举措等。

三、案件专项合规到专业全面合规取得的工作成效

(一)坚持目标导向，做实源头合规，减少企业经济损失

推动从案件专项合规到专业全面合规以来，专业部门对合规管理的认识和理解逐步加深，把是否发生案件作为评判专业合规管理是否到位的重要标准，特别是涉及人身损害类案件，生命安全至高无上。以案件专项合规为突破口，加强专业合规管理，有效从源头避免纠纷发生；同时主动丰富多元专业合规管理模式，力求快速、高效解决问题，减少诉累。从实施效果看，既节约了国网甘肃电力的诉讼成本，有效维护了国网甘肃电力的合法权益，同时也提升了国网甘肃电力良好的社会形象。2024 年国网甘肃电力案件数量、涉案金额同比下降 11.9%、33.1%，避免或挽回经济损失 7000 多万元；全年未发生重大案件，触电案件“七年七连降”，有效体现了案件管理的经济价值。

(二)强化数据分析，提前预判风险，实现合规管理靠前一步

近年来，随着经济的迅速发展和改革的不断深入，国网甘肃电力的管理理念和模式发生了新的变化，更具有经济性、灵活性和高效性特征。如何准确理解适用国家最新的法律法规政策，对国网甘肃电力提前谋划未来发展提出了更高的要求。国网甘肃电力法务人员和专业管理人员各自发挥专业优势，结合国网甘肃电力实际运营事实、合规管理程度、信息化管理数据，深度分析近年案件发案类型、涉案金额、争议焦点、裁判结果等，运用信息化手段加强类案判决检索，综合应用法律 + 专业协同管控前端—中端—后端管理模式，基于案件大数据从人身属性、经济属性和组织属性等方面研判风险，提前印发各类风险提示卡、提示函，宣传不合规行为引发的负面案例和近期合规管理重点，提出应对建议，促进了国网甘肃电力合规管理能力的整体提升。

(三)增强内外合力，发挥各方优势，综合采取多元举措化解管理矛盾

国网甘肃电力综合运用内外“法律大脑”，内部法务人员 + 外部专业律师“双牵头”办理案件，共享内外资源，互促专业能力提升；以案为鉴，内外双视角发现内部管理提升点；法律人员和专业人员共同参与律师案件代理情况评价，强化律师案件办理质效管理。同时，注重企业合规管理的边界，既要依法依规开展工作，也要促进企业经济有序发展，保证制度的“刚性”的同时，也要注重其“柔性”，以人为本，尊重公序良俗。将晦涩的法律法规制度与一线工作人员的朴素认知相融合，根据单位实际，制定更为人性化的合规管理宣传培训体系，增强全员对企业合规管理的认同感，激发全员主动合规的工作积极性。

四、案件专项合规到专业全面合规的普遍性思考

（一）业法互助共同完善合规标准，压降合规风险

看不见的风险是最大的风险，案件是暴露专业合规管理薄弱点的最佳视点，特别是面对有责败诉案件判决书中原告、法官视角下供电企业应该担责的理由，既可以观察出外部环境对供电企业合规管理的期待，也可以反思供电企业内部专业管理存在的疏漏。专业部门通过案件专项合规，检视专业合规管理制度建设是否完备，合规管理要求落实是否到位，优化修订专业管理制度，编制合规管理专项方案，疏通专业合规管理落实堵点；案件管理部门通过案件专项合规，检视法律合规风险排查及风险管理是否疏漏，法律法规文件是否更新，外部法规与内部制度是否冲突，外部司法环境、监管趋势是否变化。业法协作以案为镜，在制度层面共同商讨“外规”转化为“内规”的必要性、可操作性、具体内容等；在风险层面共同研究合规风险点增删裁补、合规风险防范措施、相关证据留存方法等，切实强化专业管理部门工作人员合规风险识别能力、防范能力、应对能力，系统性提升企业专业合规能力。

（二）专业协同共同推进合规监管，做实合规整改

实现从案件专项合规到专业全面合规，需要专业部门科学合理制定合规整改方案，明确整改措施、完成时间和整改责任人，踏实进行整改。考虑到外部监管成本高、不可控风险因素较多，为确保合规整改真正落在行动上，需要充分发挥内部监管优势，依托合规管理“第二、三道防线”加强对整改工作的跟踪督导。合规监管过程主要存在两大难点，一方面，合规监管可能与供电企业运营发展存在冲突，面对违规行为，需要监管方勇于“踩刹车”；另一方面，信息不对称可能阻碍合规监管有效落地。因此，一是需要被监管方主动作出合规承诺，加深合规认识，面对合规监管人员提出的问题，研判达成经营目的的合规路径；二是需要加强跨部门机构的信息共享，特别是规则依据共享、违规信息共享，针对案件暴露的管理问题，特别是部分专业管理存在违规，或者部分员工存在违规行为导致的案件，需要加强违规线索移交等。通过合规管理“第二、三道防线”协同开展监管，督促专业部门落实整改。

（三）合规制约合规激励同向发力，提升监管效力

合规制约与合规激励是保障合规监管有效落地的关键措施。一方面，严肃合规制约，让合规管理“长出牙齿”。结合案件发生情况，合规专业协同人力资源专业，一是将年度发案数量、有责判决情况纳入各县公司层级企业负责人业绩考核指标；二是严肃考核前期处理不当导致久拖成诉，未积极履行共同处理案件责任分工、过错丢失重要证据材料或相关资料、泄露或擅自对外发布案件相关信息等未按照案件管理要求运行导致案件处理被动或败诉的行为；三是严肃考核后续整改不到位，导致同一类型案件反复发生的情形。另一方面，拓宽合规激励，让合规管理释放动力。合规专业协同专业部门，在编制专业合规管

理提升方案时,对开展合规运营、合规整改有力的专业、人员,加大合规激励力度;合规专业协同纪委、审计等合规监管专业,在开展合规考察、合规评价环节时,科学评估合规管理工作成效,以评促改,对评价较好的专业、人员加强物质、精神奖励。坚持正面引导和反面制约相结合,营造良好的合规管理氛围。

第二编 合规应用

企业合规标准化管理实践

——以新能源项目开发建设合规手续管理为例

胡 阳 刘继瀛 何芳艳 郭志鹤 魏 超 尚 鑫 吕习亮

作者简介

胡 阳 中国长江三峡集团有限公司副总经济师

刘继瀛 中国长江三峡集团有限公司法律合规与企业管理部副主任

何芳艳 中国长江三峡集团有限公司/三峡能源法律合规部副主任

郭志鹤 中国长江三峡集团有限公司法务中心一处主办

魏 超 中国长江三峡集团有限公司法律合规与企业管理部法务合规处处长

尚 鑫 中国长江三峡集团有限公司法务中心一处处长

吕习亮 中国长江三峡集团有限公司法务中心二处副处长

企业简介

经国务院批准,1993 年 9 月 27 日,中国长江三峡工程开发总公司(中国长江三峡集团有限公司的前身)成立。在党中央、国务院的坚强领导下,中国长江三峡集团有限公司历经 30 年持续快速高质量发展,现已成为全球最大的水电开发运营企业和中国领先的清洁能源集团,成为国务院国有资产监督管理委员会确定的首批创建世界一流示范企业之一。

内容摘要

在国家"双碳"目标和全面推进法治企业建设的背景下,随着新能源项目开发爆发式增长,相关法律合规管理问题不断凸显。面对新问题、新要求,应聚焦新能源项目开发建设法律合规手续管理,以标准化管理的思路和方法为工具,分析提炼共同点要素,挖掘关键节点;创新性地提出通过搭建过程手续和用地手续两个框架来实现新能源项目开发建设合规手续的标准化管理,并结合法律指引、论丛书籍等成果予以详细阐述,以达到防范法律合规风险、提升管理效率、节约人力资源等目的。

关键词

新能源开发建设　合规手续　标准化管理　风险防范

一、背景:问题导向

气候变化是全人类面临的共同挑战,中国作为世界上最大的发展中国家,始终坚持贯彻新发展理念,坚持走绿色低碳发展道路,将应对气候变化摆在国家治理的突出位置,不断提高碳排放强度削减幅度,以最大努力加大应对气候变化力度,2020 年我国宣布力争于 2030 年前实现"碳达峰"和 2060 年前实现"碳中和"的目标。能源是经济社会发展的重要物质基础和动力源泉,也是推进"碳达峰、碳中和"的主战场,我国不断加大节能减排力度,统筹有序推进能源结构调整,构建清洁低碳安全高效的能源体系,确保如期完成"双碳"目标任务。以光伏、风电为主的可再生能源对推动能源结构转型、提升能源安全、降低碳排放、促进可持续发展等起到不可替代的作用,对"双碳"目标的实现具有深远的战略意义。

我国"双碳"目标提出后,中央财经委员会第九次会议提出构建以新能源为主体的新型电力系统,国家出台了一系列促进新能源发展的有利政策,新能源项目开发进入爆发式增长阶段。新能源项目开发、投资、建设既是一项技术性、经济性、专业性很强的工作,也是一项法律性、政策性很强的工作,整个开发过程涉及诸多行政许可和行政管理监督事项,所涉及法律合规手续十分重要。随着近几年我国新能源开发的加速,项目面临行政处罚数量多、罚款累计金额大、被巡视审计机关指出问题频次高、整改难度大、整改任务艰巨等诸多难题。新能源项目法律合规手续管理的这些问题给企业管理带来了巨大挑战,新能源开发企业普遍面临以下的现实和困境:

一是合规手续的重要性。(1)关乎电站建设和资产的合法性。核准或备案文件的有效性关系到电站开发权是否合法,环评、水保等重要手续的有效性关系到项目建设是否合法,并网手续、电力许可等手续的有效性关系到项目能否并网投产,用地、不动产权等手续的有效性关系到资产是否合法。如果有关重要合规手续缺失,可能会导致项目资产确认存在障碍,甚至投资失败,造成经济损失,以及违规追责。(2)关乎法律责任。建设过程中,如果某些手续缺失或者违规开发建设,可能导致产生行政、刑事等相关法律责任。未批先建被予以高额罚款、责令停工等行政处罚屡见不鲜;如果违反环保、土地、林业等禁止性规定,则可能会面临没收、拆除等行政处罚;如果存在导致环境污染或生态破坏、违法占用土地等问题,不仅可能需要承担修复、补偿或赔偿等民事责任,开发企业、项目负责人或相关责任人还可能会被追究刑事责任。

二是合规手续管理的复杂性。(1)涉及部门、法律法规众多。新能源项目开发涉及政府多个部门,如国家发展和改革委员会、自然资源部、生态环境部、住房和城乡建设部、能源局等。这些部门分别负责不同的审批和监管事项,企业需要逐一办理相关手续。同时,新能源项目涉及的法律法规手续数量庞大,多达 70 ~ 80 个,且更新频繁,包括法律、行政法规、部门规章以及地方性法规、地方政府规章等。(2)流程完整,周期较短。新能源项目虽然开发时间较短(一般仅需 1 ~ 2 年),但"麻雀虽小五脏俱全",开发流程比较完整,法律手续的办理流程较长,且包含项目前期、施工期、验收期等多个环节的手续,短周期内办理全流程合规手续给管理带来新挑战。(3)点多面广,管理困难。新能源单个项目规模比较小,开发企业每年的开发任务量很大,项目遍地开花,项目管理人员流动频繁,给合规意识的提高和知识经验的积累造成了对冲效应。

三是人力资源矛盾。(1)人力资源配置不足。新能源项目通常涉及多个专业领域,如法律、工程、电气、环保等,而项目管理团队人员配置较少,难以涵盖各专业各方面,知识全面、经验丰富的复合型人才需要长时期培养。新能源这一崭新业务的积累时间有限,尤其是法律方面属于新课题,法律专业人士数量也有限。这导致在办理法律手续时,团队可能无法准确理解和应对复杂的法律法规要求,难以满足新能源大规模开发、多个项目同时开发建设的需要,从而影响项目的进度和合规性。(2)业务人员欠缺法律知识。新能源项目开发政策性强、涉及管理部门众多,且相关法律法规数量庞大、更新频繁,依法合规办理项目所需的全部合规手续需要业务人员有一定的法律知识储备,但目前开发企业的业务员工存在法律知识欠缺,或未对最新行业法律政策及时学习等问题,影响法律手续办理时的效率性和准确性,甚至合法性。

在推进全面依法治国、建设法治国家的背景下,新能源开发企业,尤其是央企、国企,更应该带头落实全面依法治国战略,全面推进法治企业建设,将法治作为企业的核心理念,并使其于企业治理、经营、管理各领域得到体现,遵纪守法、依法经营,实现高质量发展。新时代、新形势给新能源开发建设合规手续管理提出了新要求,新能源开发企业必须回答好、解决好这个新课题,在经营活动中严格遵守法律法规,加强合规管理,防范法律风险,确保经营行为的合法性和合规性。

二、新能源项目开发建设合规手续标准化管理的可行性

标准化是指对产品、过程或服务等制定统一要求，发布及实施的过程。通过标准化，可以不断提高生产效率、保证质量、促进创新，常见的标准化方法为简化、统一化、通用化，某事项能够标准化，其应具备抽象性、连续性、约束性、政策性、经济性等基本特性。标准化为标准化管理提供了基础和依据。标准化管理起源于泰勒提出的科学管理理论，随着工业化生产的快速发展，标准化管理在西方得到了广泛应用，并逐渐成为一系列科技发展的基础思想和方法之一，其核心要点包括全要素管理、制度化管理、风险管理、基层管理、员工岗位行为管理以及持续改进管理等方面。企业标准是针对企业内需要协调、统一的技术要求、管理要求和工作要求所制定的标准，是企业科学管理的基础，是企业组织生产、经营活动的依据。

法律作为一种特殊的社会行为规范，具有普遍约束力，能够为人们提供明确的行为准则，具有一般性、抽象性和概括性的特征。企业法律合规管理主要是为企业经营管理提供明确的规则和依据，确保内部秩序和谐稳定，降低风险。企业法律合规管理贯穿于企业经营管理的全过程，涵盖各个方面，需要通过个性化与定制化方式，确保针对性和有效性；管理依据涉及各类法律法规、政策性文件，每个领域都有其独特的法律规定和程序要求，具有专业性和针对性。法律学科理论深厚、规则复杂，面对千变万化、纷繁复杂的社会现象，法律实务所面对的事务和案例往往表现出的主要是个性化、独特性、具体问题具体分析的特征，似乎与标准化的要求风马牛不相及。但基于一定的个性化、针对性特征，结合标准化的要求，企业法律合规管理的某些方面也可以实现标准化。企业法律合规管理标准化是一个复杂而细致的过程，通过体系化、规范化方式，确保经营管理行为符合法律法规、监管规定、行业准则以及企业内部制度要求。一般而言，企业法律合规管理标准化的实现需要经过特定的过程，根据特定领域或业务相关的法律法规、政策制度要求以及实际法律合规管理情况，明确需要标准化管理的特定领域，锁定目标；通过调研和分析，总结存在的特征，找出问题和不足；以标准化的方式制定并实施合规管理的手册、规程等文件和制度；对实施情况进行跟踪监督或检查，确保相关文件得到有效落实；同时，不断总结和评估，持续更新、改进和优化。

作为新能源企业法律合规管理的重要组成部分，新能源项目开发建设合规手续管理不仅存在个性化要求，而且存在法律性、政策性强、共性特征明显等特点，符合标准化管理的特性，具备标准化管理的基础，可以实行标准化管理。具体而言，其可行性体现在以下两个方面。

（一）切分聚焦，锁定目标

企业面临的法律事务类型多、大而全，既有宏观的又有琐碎具体的，包括合同管理、章程和制度制定审核、重大决策法律审核等风险内控业务，主要以企业内部风险识别、风险评价、风险预防与风险控制为主，涉及企业方方面面；仲裁、诉讼等纠纷案件管理，主要侧重对法律纠纷案件的组织应对和指导、协调和监督管理，具有很强的个性化特征；尽职调查、谈判、投资并购等非诉业务，在具备业务相关的专业性、技术性基础上，还需要高效性，具有个性特征；改制上市、非公开发行等筹融资业务，从不同来源和渠道获取资金，具有多样性、灵活性特性；法律手续合规管理，指依据法律政策和程序，通过识别、评估和监督确保各项手续符合法律法规、规章制度和行业准则要求，以及进行普法宣传、法律咨询等。经研究发现，大量的法律事务不适合做标准化建设，如大部分诉讼业务、法律咨询等，其主要体现为个性化、独特化、具体问题具体分析的特点。然而，新能源项目开发建设合规手续管理中，不同类型新能源项目的合规手续虽有不同程度的个性化要求，但前期阶段的行政手续、建设期的行政管理或监督手续、完建期的工程验收手续以及用地合规手续方面，均存在诸多共性特征。基于新能源项目开发建设的行政许可和行政管理监督事项涉及的合规手续特点，这类事项可以进行标准化管理。

（二）新能源项目开发建设合规手续的特点

新能源项目开发建设过程中的行政许可事项和行政管理监督事项，例如项目核准或备案、施工许可、质量监督、环境保护、水土保持等，具有以下两个特点：

一是政策性强，要求明确。通常情况下，这些行政许可和行政监管要求等都是以法律法规或规章制度的形式公开对外发布的，文件内容明确、要求具体，具有很强的操作性。

二是重复性高，具有普遍适用性。这些行政许可和行政监管文件一经发布，在其有效期内，就具有普遍适用性，全国范围内的同类项目均需要遵循同样的政策规则。

基于这些特点，新能源开发企业只需要将这些明确的行政许可和行政监管要求加以梳理，并结合企业自身的经营实际，即可制定出共同的能够重复使用的方法、规则和制度，从而达到合规性风险管理的科学化、规范化和统一化。因此，在合规性风险的管理中，可以运用标准化管理方法，将法律及行政规章等要求与企业的具体实践进行整合，形成一套标准化作业方法、规则和制度，使相关工作人员，无论是法律工作人员还是业务人员都能够尽快地、熟练地掌握应用，从而实现防范因法律手续违规而发生风险的目的。

三、新能源项目开发建设合规手续标准化管理的创建过程和成果

系统观念和守正创新是辩证唯物主义的重要认识论和方法论，是具有基础性的思想

和工作方法。在新能源项目合规手续管理实践中,要用科学的思想方法和工作方法,辩证地分析问题,抓住事物的规律和共同点,运用创新思维,提出解决问题的方法。

(一)方法与步骤

1. 提炼要素,搭建框架

标准化的前提和核心是抽象化,第一步是要提炼出同类业务的共同要素,挖掘出控制的关键节点,形成管理的基本框架。这一步最具创造性,是最关键、最重要的步骤,所形成的框架和思路是标准化的基石和前提。抽象化是提取某一概念或现象的本质特征,去除与原来关联对象的依赖关系,并对其进行泛化的过程。抽象化是一个涉及多个学科和领域的复杂过程,其核心是提取某一概念或现象的本质特征,忽略非本质的细节,在保留关键信息后,将其实用价值应用于更广泛的场景和领域。在实践的基础上,从认识出发,通过分析和比较,首先明确抽象目的和所需的关键信息,并提炼出共同要素、挖掘出关键节点,然后忽略与抽象目的无关的非本质细节,以简化抽象过程提取本质特征和关键属性,从而形成标准化管理的基本框架,并可以进行价值化和广泛应用。

经过对陆上风电、光伏、海上风电等新能源项目开发建设合规手续的深入分析可以发现,新能源项目开发涉及众多环节和部门,包括环境评价、水土保持、职业病防护、土地规划等多个方面,有些合规手续之间存在前后顺序制约关系,有些互相之间是一种并联关系,而有些手续存在专项性的特点。中国长江三峡集团有限公司认真分析研究后,搭建了两个框架来实施新能源项目开发建设合规手续的标准化管理。第一个框架是过程手续框架(见图1),按照项目开发的规律分为项目前期、施工期和验收期三个环节:项目前期以项目开发权为控制节点,集中核准或备案环境评价、水土保持、职业病防护等方面的行政许可手续,是项目开发合规手续最重要的阶段,事关项目能否合法落地;施工期的关键节点是施工许可和质量、粉尘、噪声等环境保护监测以及水土保持监测相关的行政管理或行政监督手续;验收期的控制节点主要涉及环保、水保等专项验收手续和各种工程验收手续。第二个框架是用地手续框架(见图2),新能源项目用地问题比较复杂,虽然新能源项目规模不大、占地面积小,但用地方式较水电项目、火电项目更为复杂。水电项目涉及的枢纽工程建设用地、水库淹没区用地、道路用地都是建设用地,火电项目范围内的发电厂房、冷却系统、仓储系统等主体功能区用地也都是建设用地;而新能源项目用地涉及建设用地、租赁不同性质的土地、"以补代征"、共建使用等多种用地方式的结合。中国长江三峡集团有限公司根据新能源电站资产的功能区搭建了用地手续框架,分为四部分:升压站和综合楼用地、场内道路用地、送出线路用地、发电场区用地。第一个框架是线性结构、实际是树状结构,第二个是块状结构,两个不一样的框架,两个不一样的结构,解决同一个问题,这也是在创建新能源项目合规手续标准化管理过程中的一个重要难点和亮点。

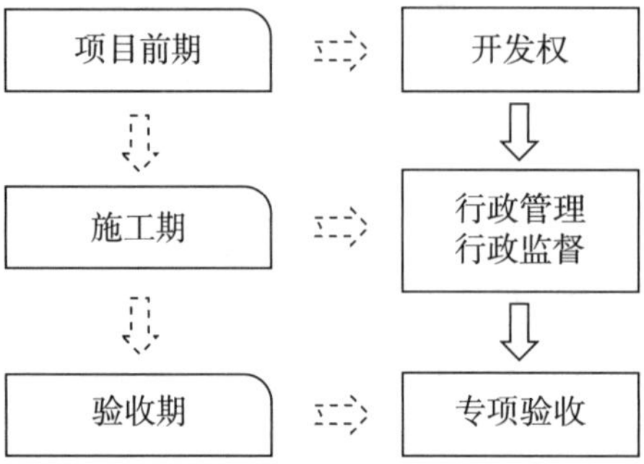

图1 过程手续框架

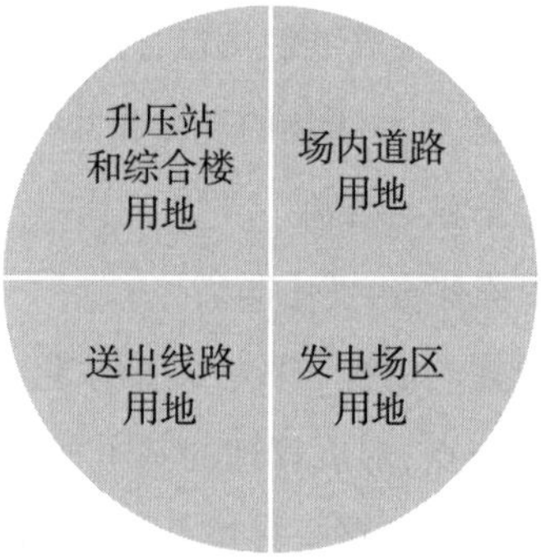

图2 用地手续框架

2. 统一标准,制定流程

在搭建完合规手续标准化管理框架以后,应针对各个环节的工作内容和工作标准提出具体要求,做到标准统一,同时还应针对相关要求制定相应流程。这一步是具体落实环节,工作量最大、耗时最多,需要查阅大量的法律法规、文献资料、文书案例等材料,涉及制作流程图、表格等工具,以及编写形成法律指引材料。

(1)开发建设过程手续。就新能源项目开发建设过程手续而言,中国长江三峡集团有限公司研究了每个环节涉及的法律法规、规程规范,对其工作内容和工作标准提出具体要求,明确每个环节应该办理的各种手续,梳理制定了工作流程。还根据陆上风电、光伏发电、海上风电各自个性化工作要求,分别编写了陆上风电、光伏发电和海上风电开发建设法律指引,其中包含项目前期、施工期、验收期各阶段工作法律合规手续流程图,以此引导合规手续办理,避免合规手续出现瑕疵。以光伏发电项目为例,光伏发电项目是先与地方政府签订开发协议或合作协议,然后选址测光,根据测光数据进行资源评价,对具备开发价值的光伏电场开展建设条件论证,作为经济技术可行性的初步判断。一旦决定开发,光伏发电项目开发企业要向地方能源主管部门备案。完成备案后,开发企业开展建设用地预审与选址意见、环境影响评价、水土保持方案、军事设施保护意见、职业病危害预评价、电网接入系统设计审查等前置手续办理工作。获得项目备案文件和各前期手续标志着该阶段工作完成。光伏发电项目在施工期包括施工准备、主体工程施工、工程启动验收和工程移交验收等环节。主体工程施工环节主要是进行土建及安装等工作,包括质量监督、消防设计审查或提供消防设计图纸及技术资料、防雷设计审核、水保监测、职业病危害因素监测、环保监测等工作。在项目验收阶段,主要是办理环保验收、安全验收、消防验收或备案抽查、水保验收、计量验收、档案验收等专项验收手续。光伏发电项目开发建设全生命周期法律手续流程见图3。

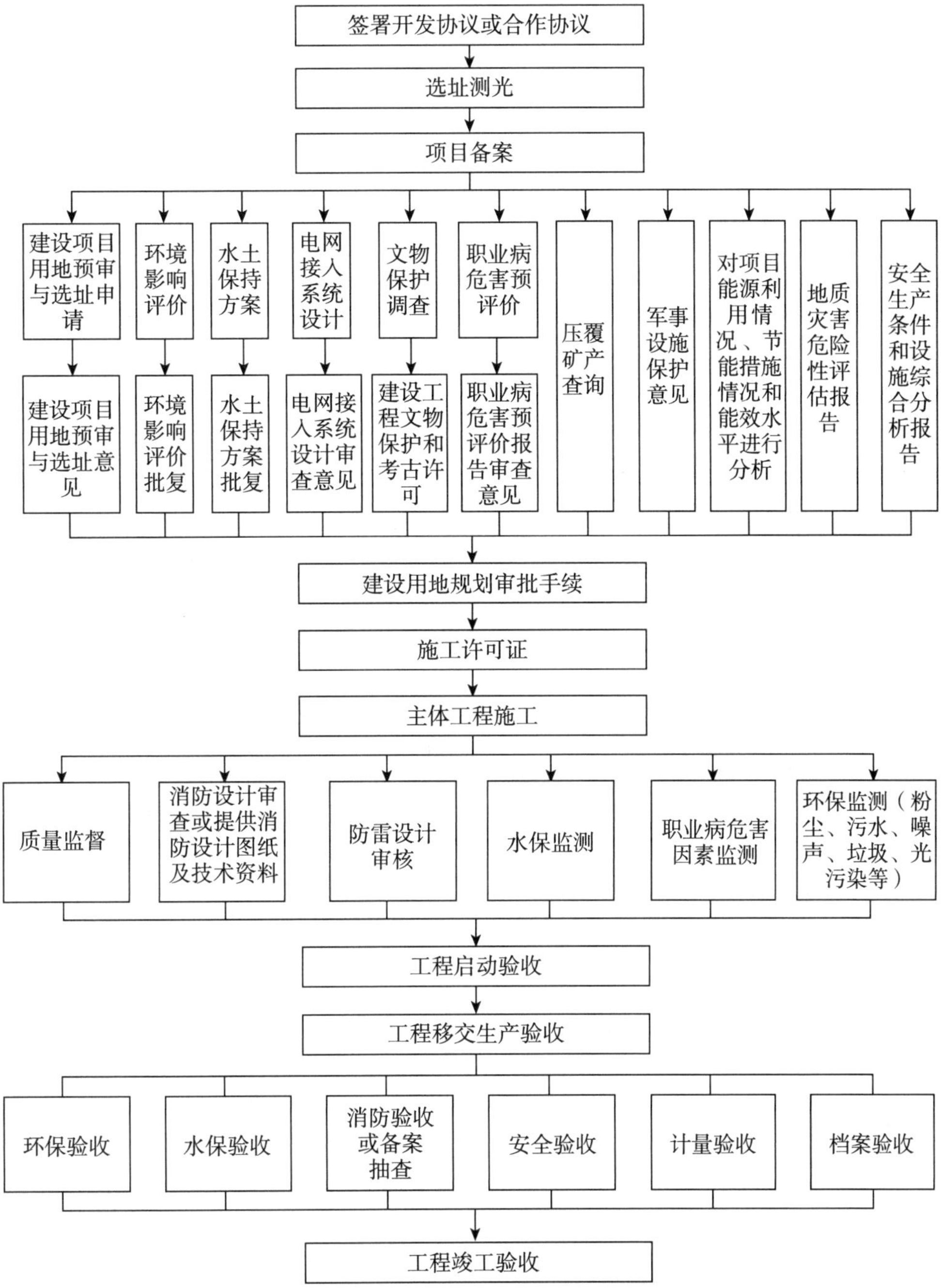

图3　光伏发电项目开发建设全生命周期法律手续流程

(2)用地手续。就项目用地手续而言,中国长江三峡集团有限公司根据土地相关法律法规对电站资产的不同功能区的土地使用性质、土地权属关系和应具备的证照提出明确要求,总结在新能源项目用地法律指引中。具体如下:项目升压站和综合楼用地属于永久建设用地,应办理建设用地手续,取得国有建设用地使用权;项目集电线路和送出线路用地各地基本上以"以补代征"为惯例,要求符合国家法律法规或当地法规政策即可;场内道路应办理建设用地手续,但也可以利用乡村公路、防火通道等公用道路或公益道路,光伏扶贫项目和光伏复合项目的场内道路还可按农村道路用地管理;发电设备用地,风电和光伏区别较大,特点明显不同,即风机基础和箱变用地属于点征地、建设用地,应办理建设用地手续,光伏场区用地可以租用未利用地、林光互补项目可以租用宜林地、光伏扶贫项目和光伏复合项目可以租用除基本农田以外的农用地,但不得破坏生产条件、不改变原用地性质,并按照项目所在地有关部门提出的建设要求实施。新能源项目用地法律合规要求及手续简况见表1。

表1　新能源项目用地法律合规要求及手续简况

<table>
<tr><th colspan="2">功能区域</th><th>用地性质</th><th>法律手续</th></tr>
<tr><td colspan="2">升压站和综合楼</td><td>永久建设用地</td><td>办理建设用地手续,取得国有土地使用权证书</td></tr>
<tr><td colspan="2">集电线路
和送出线路</td><td>零星占地,理论上都是建设用地</td><td>集电线路和送出线路占地都是零星占地,理论上都是建设用地,但对这类用地的审批手续,原国土资源部的有关文件也前后不断变化,项目公司主要根据当地省级政府的规定进行操作即可(如"以补代征")</td></tr>
<tr><td colspan="2">场内道路</td><td>(1)建设用地;
(2)村村通道路;
(3)防火通道;
(4)租赁使用土地</td><td>进场道路和场内道路也属于永久使用性质,理论上应该是建设用地,但道路占地面积较大,全部办理建设用地手续的难度很大,也有使用村村通道路或者防火通道等道路。项目公司和路权主体签署道路扩建维修协议和道路使用协议,防火通道具备政府主管部门的批复文件即可</td></tr>
<tr><td rowspan="4">发电设备</td><td>风机基础
和箱变</td><td>点征地、建设用地</td><td>办理建设用地手续,取得国有土地使用权证书</td></tr>
<tr><td rowspan="3">光伏场区</td><td>"林光互补"租用宜林地</td><td rowspan="2">按照原国家林业局《关于光伏电站建设使用林地有关问题的通知》(林资发〔2015〕153号)(已失效)有关要求办理,按照原国土资源部、国务院扶贫办、国家能源局《关于支持光伏扶贫和规范光伏发电产业用地的意见》(国土资规〔2017〕8号)(已失效)有关要求[1]办理</td></tr>
<tr><td>光伏复合项目、光伏扶贫项目租用农用地</td></tr>
<tr><td>租用未利用地</td><td>按照《关于支持新产业新业态发展促进大众创业万众创新用地意见》(国土资规〔2015〕5号)(已失效)有关要求办理</td></tr>
</table>

〔1〕上述文件目前均已失效,现行有效的文件为:自然资源部办公厅、国家林业和草原局办公室、国家能源局综合司《关于支持光伏发电产业发展规范用地管理有关工作的通知》(自然资办发〔2023〕12号),国家林业和草原局办公室《关于支持光伏发电产业发展规范使用草原有关工作的通知》(办草字〔2023〕126号),自然资源部《关于深化规划用地"多审合一、多证合一"改革的通知》(自然资发〔2023〕69号)。

3. 制度建设,规范管理

进行制度建设和用制度管理是现代管理的基本理念和科学方法。有思路不行动等于空想,有制度不执行就会流于形式。合规手续的标准化建设,归根到底要落实到相关制度中,用制度来规范管理,提高管理质量,达到管理效果。中国长江三峡集团有限公司在标准化规定和流程建立以后,印发了《关于在建项目和新建项目报送法律手续清单的通知》和《项目用地管理办法》,要求各项目定期报送法律手续清单,汇总分析、提醒督促,尤其在项目投资决策阶段,要求各项目报送法律手续清单和项目用地专项说明,将合规性要件作为投资论证的关键性因素之一。通过标准化建设、制度化要求,相关工作人员的合规性意识得到了普遍提高,项目资产合规性管理取得了显著效果。

4. 与时俱进,升级更新

随着国家行政管理的"放管服"改革,一方面,国家关于开发投资、环境保护、水土保持、土地管理、林地草地管理和建设管理等方面的管理理念和管理措施发生了明显变化;另一方面,原来业务人员和法务人员分别研究建设过程手续和土地手续,不清楚互相之间的衔接关系,办理时出现一些偏差,影响了项目开发进程,中国长江三峡集团有限公司根据最新适用的法律法规和规范性文件系统调整了新能源项目合规手续管理的内容,编制形成《新能源项目开发建设合规手续办理时序指引》。该指引详尽梳理了新能源项目开发建设各环节最新的合规手续和4个功能区不同用地方式应具备的土地用途手续和权利手续,并根据项目开发建设规律和管理实际,引导项目开发主体明确在项目不同阶段办理合规手续的顺序,尤其是土地手续与其他手续之间的衔接关系,尽量避免出现因土地手续滞后影响项目开工或未批先建带来行政处罚风险这一普遍现象。这是根据新情况、新问题进行的一次升级提高。

(二)成果

2016年,为提升新能源项目开发建设合规手续管理能力和水平,提高新能源项目合法合规质量,促进项目开发主体高质量发展,结合项目实践,分析、总结当时法律及政策要求,中国长江三峡集团有限公司开始新能源项目合规手续标准化管理的创建,编写形成并在单位内部印发了《新能源项目开发建设法律指引》《海上风电项目开发建设法律指引》《新能源项目用地法律指引》。2019年,中国长江三峡集团有限公司实施的"新能源企业重要业务法律工作标准化体系建设与实践"成果获得中电联2019年度电力科技创新奖一等奖。2022年,为将新能源项目开发建设法律手续标准化的成果进一步进行理论化提升,与高校合作,编写出版了新能源发电项目开发建设法律事务标准化管理论丛书籍,分别为《海上风力发电项目开发建设法律手续管理原理与实务》《陆上风电、光伏发电项目开发建设法律手续管理原理与实务》《新能源项目用地法律制度理论与实务》,并于2022年上半年公开出版。该论丛是一套跨学科的著作,涉及管理学和法学,有管理理论和法学理论方面的内容,也有最新的新能源项目法律手续管理实务的内容,展示了一些主要的管理工具和具体内容，希望能为行业提供有益借鉴。2024 年，根据新能源项目开发建设最新政策变化情况，为进一步解决合规手续之前的衔接关系问题，尤其是建设过程手续和土地手续之间的关系问题，中国长江三峡集团有限公司编写了《新能源项目开发建设合规手续办理时序指引》，并公开发表在电子媒体上，供行业互鉴。

通过多年的实践、总结和研究，中国长江三峡集团有限公司不断与时俱进，在新能源项目合规手续标准化管理方面形成了上述系列理论和实务成果，构建了系统化的知识体系和丰富实用的方法工具，主要有以下三个方面：

1. 开发建设过程手续方面。理论部分基于现代化管理理论系统地阐述了陆上风电、光伏发电项目和海上风力发电项目开发建设法律手续管理的基本原理，主要涉及项目开发建设合规手续管理的行业背景、管理原理、流程管理、组织管理、工具管理、环境管理等方面。实务部分探讨了陆上风电、光伏发电项目和海上风力发电项目开发建设合规手续管理实务构成与法律风险，根据开发建设的进度特点，分阶段阐述了项目开发建设过程所涉及的各项行政审批与事中事后监管相关合规手续的办理流程、工作内容及其法律依据，具体包括项目前期合规手续依据及内容、建设期合规手续依据及内容、竣工验收期合规手续依据及内容等；还强调在整个项目开发建设过程中，应严格遵守相关法律法规和政策规定，确保项目的合法性和合规性，也指出在办理各项法律手续时可能遇到的法律风险，并提供了相应的防范措施和应对策略。

2. 用地手续方面。对新能源项目用地的基础理论、建设用地报批程序、实务、合规手续与风险防控等方面进行了全面而深入的探讨。基础理论部分主要介绍了以土地物权制度和土地用途管制制度形成的二维结构为核心的土地法律制度的基本内容，简要介绍其他土地法律制度，树立主线思维，阐述针对土地法律问题的分析方法和解决办法。这一理论创新和认识创新是土地法律体系重构和土地法律知识体系的基础，也是土地法律实务问题分析的理论基础和思想渊源。建设用地报批及其程序部分主要介绍了我国最典型、最常见的土地利用法律实务问题，明确建设用地报批的法律性质定性是土地物权变动和土地用途变更的结合，重点以集体农用地转为国有建设用地这一最典型、最重要的建设用地报批程序的具体过程和相关知识为内容，同时，也比较介绍了其他所有权性质和用途的土地转为国有建设用地与其不同之处。实务部分是新能源项目用地的结晶，根据新能源项目用地的特点，将升压站和综合楼、发电场区、场内道路、集电线路和送出线路等不同建筑物的用地方式均进行细化梳理，并按土地所有权和土地用途的排列组合形成图表，既有实务总结，又有理论提示，使用者不论是出于管理目的，还是进行业务操作，按图索骥即可完成相关工作，提升合法性水平。

3. 深化衔接方面。针对新能源项目“未批先建”问题突出、行政处罚数量多、罚款累计金额大、被巡视审计机关指出问题频次高、整改难度大、整改任务艰巨等难题，根据项目开发建设规律和管理实际，进一步优化了项目开发不同阶段的合规手续办理顺序，尤其是土地手续与其他手续之间的衔接关系，尽量避免出现因土地手续滞后影响项目开工或未批先建带来行政处罚风险的普遍问题，以总结源头管控、制度管理的有效经验，发挥其特殊作用。

（三）管理工具

企业管理者在执行计划、组织、控制等职能，实现发展目标的过程中，为适应不同的管理场景和需求，必须借助一定的管理工具。对新能源项目开发建设合规手续进行标准化管理的工具主要有4种，即流程化、表单化、制度化和信息化。具体情况如下：

1. 流程化。以流程为主线和目标，抓住新能源项目开发建设合规手续管理的本质规则，将法律法规、政策的相关规则，以及具体的实施过程和路径通过流程进行固化。中国长江三峡集团有限公司在《新能源项目开发建设法律指引》《新能源项目用地法律指引》《新能源项目开发建设合规手续办理时序指引》等文件中，梳理设计了数十张逻辑结构图（如图3所示）对新能源项目相关法律合法手续办理进行流程化梳理。流程化不仅提升了规范性，降低了管理风险，也避免了重复劳动和时间浪费，提升了工作效率和准确率。同时，将业务开展过程以流程化管理文件为依据进行记录和跟踪，有利于准确发现管理中的问题，及时改进，从而提升管理的透明度、促进管理优化。

2. 表单化。根据当前法律法规及政策文件，将业务或工作流程中的各个环节和步骤以表单的方式呈现，以便对照、记录或追踪执行情况。表单化的方式有利于清晰地了解需要记录的信息的类型和格式，从而提高准确性和可靠性；有助于减少沟通成本和时间，提高工作效率；还有利于管理者轻松地获取所需信息，进行实时监控和审查。同时，表单化的方式可以更清晰地明确相关事项的关键节点和潜在问题，有利于针对性地采取相应措施，进行改进。以陆上风电项目为例，项目核准后，开发企业可以并行开展前期合规手续工作，包括建设项目用地预审和选址意见、环境影响评价、水土保持方案、矿产压覆查询、地质灾害危险性评价、文物保护调查、军事设施保护意见以及电网接入系统设计等，并按照规定履行审批、审查或备案手续，获得各项行政审批文件。建设期、运营期也需要按规定依法办理工程施工、验收等相关合规手续。陆上风电项目开发建设全生命周期法律手续清单见图4。

陆上风电项目法律手续清单

项目名称： 开发主体：
装机规模： 制表时间：

阶段	应办手续		是否适用	是否完成	取得的法律手续	审批部门	结论	备注
前期	主体工程	建设项目用地预审和选址意见	是 () 否 ()	是 () 否 ()				
		项目核准/备案手续	是 () 否 ()	是 () 否 ()				
		林地使用许可	是 () 否 ()	是 () 否 ()				
		草原使用许可	是 () 否 ()	是 () 否 ()				
		环境影响评价	是 () 否 ()	是 () 否 ()				
		水土保持方案	是 () 否 ()	是 () 否 ()				
		防洪影响评价	是 () 否 ()	是 () 否 ()				
		矿产压覆查询	是 () 否 ()	是 () 否 ()				
		地质灾害危险性评估	是 () 否 ()	是 () 否 ()				
		电网接入系统设计	是 () 否 ()	是 () 否 ()				
		文物保护调查	是 () 否 ()	是 () 否 ()				
		军事设施保护意见	是 () 否 ()	是 () 否 ()				
		安全生产条件和设施综合分析报告	是 () 否 ()	是 () 否 ()				
		职业病危害预评价	是 () 否 ()	是 () 否 ()				
		社会稳定风险评估	是 () 否 ()	是 () 否 ()				
	送出工程（如自建）	建设项目用地预审和选址意见	是 () 否 ()	是 () 否 ()				
		送出工程项目核准	是 () 否 ()	是 () 否 ()				
		电磁辐射环境影响评价	是 () 否 ()	是 () 否 ()				
		水土保持方案	是 () 否 ()	是 () 否 ()				
		矿产压覆查询	是 () 否 ()	是 () 否 ()				
		地质灾害危险性评估	是 () 否 ()	是 () 否 ()				
		电网接入系统设计	是 () 否 ()	是 () 否 ()				
		文物保护调查	是 () 否 ()	是 () 否 ()				
		军事设施保护意见	是 () 否 ()	是 () 否 ()				
		安全生产条件和设施综合分析报告	是 () 否 ()	是 () 否 ()				
	其他法律手续，上面没有列明的请自行添加		是 () 否 ()	是 () 否 ()				
建设期	施工准备期	建设工程规划许可	是 () 否 ()	是 () 否 ()				
		建筑工程施工许可	是 () 否 ()	是 () 否 ()				
		消防设计审查或提供消防设计图纸及技术资料	是 () 否 ()	是 () 否 ()				
		防雷设计审核	是 () 否 ()	是 () 否 ()				
		取水用水手续	是 () 否 ()	是 () 否 ()				
	主体工程施工期	质量监督	是 () 否 ()	是 () 否 ()				
		技术监督	是 () 否 ()	是 () 否 ()				
		水保监测	是 () 否 ()	是 () 否 ()				
		职业病危害因素监测	是 () 否 ()	是 () 否 ()				
		粉尘监测	是 () 否 ()	是 () 否 ()				
		污水监测	是 () 否 ()	是 () 否 ()				
		噪声监测	是 () 否 ()	是 () 否 ()				
		垃圾监测	是 () 否 ()	是 () 否 ()				
		光污染监测	是 () 否 ()	是 () 否 ()				
		质量监督机构验收	是 () 否 ()	是 () 否 ()				
	工程启动试运验收	并网调度协议	是 () 否 ()	是 () 否 ()				
		电价文件	是 () 否 ()	是 () 否 ()				
		并网启动验收	是 () 否 ()	是 () 否 ()				
		高压供用电合同	是 () 否 ()	是 () 否 ()				
		购售电合同	是 () 否 ()	是 () 否 ()				
	工程移交生产验收	工程移交生产验收	是 () 否 ()	是 () 否 ()				
	其他法律手续，上面没有列明的请自行添加		是 () 否 ()	是 () 否 ()				
运营期	专项验收	环保验收	是 () 否 ()	是 () 否 ()				
		水保验收	是 () 否 ()	是 () 否 ()				
		安全验收	是 () 否 ()	是 () 否 ()				
		消防验收	是 () 否 ()	是 () 否 ()				
		计量验收	是 () 否 ()	是 () 否 ()				
		档案验收	是 () 否 ()	是 () 否 ()				
	工程移交生产验收	工程竣工验收	是 () 否 ()	是 () 否 ()				
		电力业务许可	是 () 否 ()	是 () 否 ()				
	其他法律手续，上面没有列明的请自行添加		是 () 否 ()	是 () 否 ()				
土地手续	综合楼和升压站	建设用地规划许可	是 () 否 ()	是 () 否 ()				
		建设用地批复	是 () 否 ()	是 () 否 ()				
		土地划拨手续	是 () 否 ()	是 () 否 ()				
		土地出让手续	是 () 否 ()	是 () 否 ()				
		不动产权证书（土地）	是 () 否 ()	是 () 否 ()				
		不动产权证书（房产）	是 () 否 ()	是 () 否 ()				
	风机、箱变基础	建设用地规划许可	是 () 否 ()	是 () 否 ()				
		建设用地批复	是 () 否 ()	是 () 否 ()				
		土地划拨手续	是 () 否 ()	是 () 否 ()				
		土地出让手续	是 () 否 ()	是 () 否 ()				
		不动产权证书	是 () 否 ()	是 () 否 ()				
	道路	建设用地规划许可	是 () 否 ()	是 () 否 ()				
		建设用地批复	是 () 否 ()	是 () 否 ()				
		土地划拨手续	是 () 否 ()	是 () 否 ()				
		土地出让手续	是 () 否 ()	是 () 否 ()				
		不动产权证书	是 () 否 ()	是 () 否 ()				
		道路共建协议/道路改扩建协议	是 () 否 ()	是 () 否 ()				
		道路使用协议	是 () 否 ()	是 () 否 ()				
	送出线路	一次性补偿协议	是 () 否 ()	是 () 否 ()				
		建设用地规划许可	是 () 否 ()	是 () 否 ()				
		建设用地批复	是 () 否 ()	是 () 否 ()				
		土地划拨手续	是 () 否 ()	是 () 否 ()				
		土地出让手续	是 () 否 ()	是 () 否 ()				
		不动产权证书	是 () 否 ()	是 () 否 ()				

图 4　陆上风电项目开发建设全生命周期法律手续清单示例

3. 制度化。在规则和条件成熟后，将新能源项目开发建设合规手续管理要求予以制度化，以提高工作效率、提升管理效能、保障统一贯彻执行、增强企业整体组织力和凝聚力，而且根据最新法律法规和政策变化，不断更新制度，以推动合规手续管理的持续发展和进步。2017 年 4 月，中国长江三峡集团有限公司印发了《关于在建项目和新建项目报送法律手续清单的通知》；2017 年 12 月，印发了《项目用地管理办法》，并根据法律法规政策的修订或变化情况，适时更新；2019 年 9 月，印发了《关于修订项目法律手续清单的通知》。

4. 信息化。信息化和系统化已成为现代企业和组织不可或缺的工具，有利于提高工作效率、确保信息及时和准确、提升风险管理与控制水平、提高决策准确性，同时也能够降低成本、优化内部资源配置。以信息技术手段为支撑，中国长江三峡集团有限公司搭建了一套统一的数据管理平台，将新能源项目开发建设管理项目前期、工程建设、环境保护、市场营销、法律手续、开发企业信息、考核目标等全生命周期信息、全方位数据纳入管理平台，并通过信息化、系统化方式予以采集、跟踪管理、监督落实。

四、新能源项目开发建设合规手续标准化管理的价值和作用

(一)统一标准,提升质量

新能源项目单体规模小,点多面广,例如,中国长江三峡集团有限公司项目遍及30个省、自治区、直辖市400个项目公司,给新能源项目合规手续管理带来巨大挑战。通过标准化建设可以实现统一标准,从源头上防控风险,防范因项目不同或者经办人员差异而出现法律手续遗漏、错误等风险,提升管理质量。

(二)规范管理,提高效率

合规手续标准化建设的另一个优点是流程化,给使用者提供操作路径,使用者按图索骥即可按阶段分次序完成各项法律手续,避免重复工作或者出现反复,从整体上能够极大提高效率。

(三)普及知识,节省人力物力

一般情况下,企业都会面临法务人员数量有限而业务人员欠缺法律知识的矛盾,通过大量增加法务人员或者把业务人员培养成法律专家防堵法律风险都是不现实的做法。通过标准化管理,普遍适用统一的规则,让使用者按照标准化程序操作,既可以普及知识,又能节省人力物力。

第二编 合规应用

“数智融合”赋能:大型建筑企业“合规驾驶舱”创新实践

董俊顺 陈 鹏 向少杰 王景海 谢媛媛

作者简介

董俊顺 中能建建筑集团有限公司董事长、党委书记

陈 鹏 中能建建筑集团有限公司副总经理、总法律顾问、首席合规官

向少杰 中能建建筑集团有限公司技术与数智部部长

王景海 中能建建筑集团有限公司法律事务部部长

谢媛媛 中能建建筑集团有限公司风控处处长

企业简介

中能建建筑集团有限公司成立于1952年(前身为华东电业管理局修建工程局23处),是中国能源建设股份有限公司旗下建筑板块唯一专业化公司,拥有建筑工程施工总承包特级,电力、市政、公路、机电工程施工总承包壹级,建筑和电力行业设计“双甲”级、电源工程类调试甲级等资质89项,是电力行业AAAAA级卓越绩效标杆企业。

内容摘要

建筑集团锚定“合规管理达到央企领先”目标，自主开发设计合规管理一体化平台“合规驾驶舱”，构建“3+1+1”合规管理数智化总体架构，即流程中台、预警中台、项目管理中台“三个中台”，合规文化门户网页以及合规可视化数据中心，通过数智化技术融通数据链条、融汇信息系统、融入业务流程，为合规管理铸魂赋能，推动合规管理贯穿经营管理全流程。

关键词

数智融合　“合规驾驶舱”　“3+1+1”总体架构　合规管理信息化建设

中能建建筑集团有限公司（以下简称建筑集团）隶属于中国能源建设股份有限公司。建筑集团自主开发设计合规管理一体化平台“合规驾驶舱”，构建“3+1+1”合规管理数智化总体架构，即流程中台、预警中台、项目管理中台“三个中台”，合规可视化数据中心以及合规文化宣传网页，实现业务流程在线监测、合规风险及时预警和主动截停、项目全生命周期管理、关键业务可视化分析，营造全员合规氛围，提升合规管理多点联控和中心管控能力，推进合规智能管控，助力企业经营量质齐升。

一、实施背景

2022年1月，国有资产监督管理委员会印发《关于开展中央企业“合规管理强化年”工作的通知》，强调中央企业做好合规管理强化工作，建筑集团开展“合规管理强化年”建设，结合自身实际情况，积极探索创新，在中国能源建设集团有限公司法务与合规部指导下，建筑集团公司领导亲自部署、法律事务部牵头组织、所属至精数字科技公司自主开发设计，建成合规管理一体化平台“合规驾驶舱”。

（一）全层级合规管理体系牵引

建筑集团持续推动合规体系建设“146”工程工作，着力突出建设世界一流合规管理体系“一个重点”，聚焦规范行为、防控风险、创造价值、提升水平“四个核心要素”，围绕组织和职责、制度建设、运行机制、合规文化、信息化建设、监督问责“六个维度”发力，立梁架柱，构建公司合规管理体系的“四梁八柱”。公司主要领导为第一责任人，首席合规官全面负责，法律事务部牵头组织，业务和职能部门合力推进，“三道防线联动”。将合规管理要求嵌入经营管理各领域各环节，贯穿决策、执行、监督全过程，全面落实“管业务必须管合规、管业务必须管内控、管业务必须管风险”“三管三必须”要求，形成全员参与、全过程控制、全方位管控、全级次覆盖的合规管理组织体系。

（二）全覆盖规章制度体系支撑

规范先行是建筑集团合规管理信息化的重要支撑，建筑集团将国家法律法规、监管规定、行业准则和国际条约、规则要求等纳入企业标准化体系，制定管理标准448项、岗位工作标准773项，实现了“凡事有章可循、凡事有据可查、凡事有人负责、凡事有人监督”的管理目标，依法依章科学配置各治理主体权利、义务和责任，建立用制度管权、按制度办事、靠制度管人、依制度问责的长效运行机制，营造依法合规、稳健经营的内部制度环境，形成“按章办事，问计流程”的制度文化。

（三）全链条数字信息基础深厚

建筑集团自1995年启动信息化建设，2002年信息化建设进入全面集成阶段，组建了企业内部自有专业技能过硬、熟悉业务的复合型数字化队伍，经过多年的建设，数字化总体框架布局已基本成型。集成信息平台统一归集企业生产经营全过程要素和环节管理事项，贯穿公司决策、执行、监督各层级、各环节，涵盖合同、财务、采购、市场开发等24个子业务系统、500余个业务模块、在线审批流程110余项、业务流程管控节点1100余个，各业务流程全部线上化，各单位生产经营同谋划、同部署、同要求、同标准、同推进。

同时，打造移动办公手机APP、智能物资、智慧工地等通用数字化产品，在全球范围推广应用“项目管理数字化平台”，从单项目角度归集生产经营数据，包含单项目的设备、进度、技术、安全、质量、物资管理、现场人员等模块。加强本部、子分公司、项目部之间信息交流，提高运转效率，促进战略协同，对内部业务、管理体系、组织体系集中统一管理，上下一张网贯通，实现公司治理全方位贯通。

2022年，建筑集团以提高合规管理质效为目标，将合规管理信息化建设作为“合规管理强化年”重点工作计划，聚焦数智赋能，在企业合规管理、信息化建设良好优势的托举下，编制合规信息化建设方案，集成整合合规管理一体化平台“合规驾驶舱”。“合规驾驶舱”统筹规划“3+1+1”合规管理数智化总体架构，即流程中台、预警中台、项目管理中台“三个中台”，合规可视化数据中心以及合规文化门户网页，通过数智赋能，实现合规管理上下贯通、全面覆盖、一体推进。

二、具体做法

（一）构建流程中台，规范管控提质增效

建筑集团坚持“管理规范化、规范制度化、制度流程化、流程表单化、表单信息化”的理念①，将制度、流程作为信息化的起点，全面梳理448项管理标准、773项岗位工作标准，依据业务逻辑勾勒精准的流程框架，用流程将制度具象化，优化调整各项业务的职责权限分配和审批程序设置，保障制度执行路径清晰，确保不相容职责相分离，经营管理过程相互衔接、相互制衡、相互监督，从源头上规避风险，杜绝权利滥用隐患。

构建流程中台，提供直观的流程设计和监测界面，嵌入过程跟踪、干预功能，实现流程建模、表单审批、过程跟踪、中间干预、历史追溯等全过程在线化。管理人员能够清晰掌握全业务流程框架、各流程的运行状态和执行情况，能够实时监测具体流程的运行状态，包

① 国务院国有资产监督管理委员会：《关于加强中央企业内部控制体系建设与监督工作的实施意见》，国资发监督规〔2019〕101号。

括流程的发起、流转以及每个流程节点的执行时间、处理结果等，对于异常流程能够后台中止或终止，确保各项业务、流程发起、流转、审批、执行全过程留痕和实时跟进，各项经营管理决策和执行活动可控制、可追溯。

（二）构建预警中台，即时预警主动截停

《中央企业合规管理办法》提出中央企业应当加强合规管理信息系统与其他信息系统的互联互通，实现数据共用共享，应当利用大数据等技术，加强对重点领域、关键节点的实时动态监测，实现合规风险即时预警、快速处置。① 建筑集团贯彻落实《中央企业合规管理办法》精神，构建预警中台，结合《重要业务领域合规风险识别清单》《重点岗位合规职责清单》《关键业务流程管控清单》合规管理"三张清单"，开展合规风险识别，梳理制度中红线、底线及"三张清单"中关键环节控制点，设置监测与预警指标，创建16项业务预警模型（见表1）和12项截停场景（见表2），后台实时对24个子业务系统进行数据扫描和跨系统对比分析。

表1　业务预警模型

序号	系统模块	截停模型	截停规则
1	授权委托	委托超期预警	授权有效到期前1个月
2	资金管理	资金超付预警	资金支付超合同额
3	资金管理	备用金超期预警	两个半月未还款
4	资金管理	投标保证金超期预警	审结之后超半年未收回
5	资金管理	项目资金收取预警	项目部上月资金收取与预算存在偏差
6	税务管理	开票超额预警	开票总额超合同额或业主确认产值
7	税务管理	进项税超额预警	项目进项税超销项税提醒
8	资金管理	公司年度资金收取预警	未完成时序计划
9	承包管理	承包合同产值预警	产值达到合同价的90%，应办理承包结算，邮件通知具体经办人
10	承包管理	承包合同竣工结算资料预警	业主确认产值达合同额90%且3个月未编制竣工结算资料，邮件通知具体经办人及承包合同签订单位负责人
11	分包管理	分包产值超额预警	累计申报产值超合同额90%，短信提醒分包商现场负责人及时办理完工结算
12	进度管理	里程碑计划执行预警	里程碑节点完成情况与计划存在偏差
13	技术管理	施工方案编制超期预警	施工方案未按计划编制
14	预算管理	施工图材料预算未编制预警	图纸登记1个月后未编制施工图材料预算

① 国务院国有资产监督管理委员会：《中央企业合规管理办法》，《中华人民共和国国务院公报》2022年第30号。

续表

序号	系统模块	截停模型	截停规则
15	采购管理	采购招标预警	采购申请提交 30 天后未实施招标
16	采购管理	采购计划超量预警	采购计划量超出施工图材料预算量

表 2　业务预警截停场景

序号	系统模块	预警截停场景	预警规则
1	授权委托	授权委托截停	单项授权委托期限不超过 1 年,长期授权委托期限不超过 2 年
2	资金管理	资金申请截停	项目资金收支逆差(拨付资金大于项目收取资金)
3	费用管理	费用报销截停	费用报销超预算
4	承包管理	承包合同截停	签署承包合同国内金额超 4.5 亿元、国际金额超 4 亿元未进行“三重一大”
5	分包产值	分包产值截停	分包产值申报超合同金额(含已封闭的分包签证、补充协议)
6	分包签证	分包签证截停	单份分包合同累计调整金额 >50 万元,未将项目“三重一大”情况报合同部综合评审
7	分包签证	分包签证截停	单项合同外零星委托金额超 30 万元,不允许办理分包签证
8	分包补充协议	分包补充协议截停	分包合同补充协议累计金额超原合同价 20%,不允许办理
9	分包合同变更	分包合同变更截停	分包合同金额变更超 300 万元,未进行“三重一大”
10	物资验收入库	物资验收入库截停	入库总数超出材料预算量且未填写超采说明
11	物资发票挂账	物资发票挂账截停	发票累计金额超合同金额
12	授权委托	授权委托截停	被授权人非公司正式员工

业务预警模型设置预警阈值,当业务数据超预警阈值时自动生成预警提醒记录,通过邮件等方式向指定人员即时推送预警信息,业务人员进行查看、处理反馈,直至风险消除。同时,对预警模型进行分级分类,并结合预警信息处理反馈时限,设置预警信息不同推送范围,一般预警事项推送邮件至业务经办人员、中高等预警事项或长期未处理反馈预警事项推送至业务归口管理职能部门、分管领导。

截停场景设置逻辑限值,当业务操作超过限值或不同业务系统之间的数据不一致时,立即截停、中止后续操作,并对截停信息进行后台记录。比如在合同签署环节,自动关联对比合同管理系统以及“三重一大”决策流程等相关数据,一旦发现签署承包合同国内金额超 4.5 亿元却未按照规定走完“三重一大”流程异常情况立即截停。

通过信息化,将合规管理要求和管控措施嵌入关键节点,自动识别合规风险、主动截停超越权限、逾越程序等违规行为,实现合规风险精准计算、即时预警、超前预控、快速响应和及时纠偏。自 2022 年建设完成后，预警中台共发送预警信息 4000 余条，截停 8000 余项不当操作，实现由“人防人控”到“技防技控”（见图 1）。

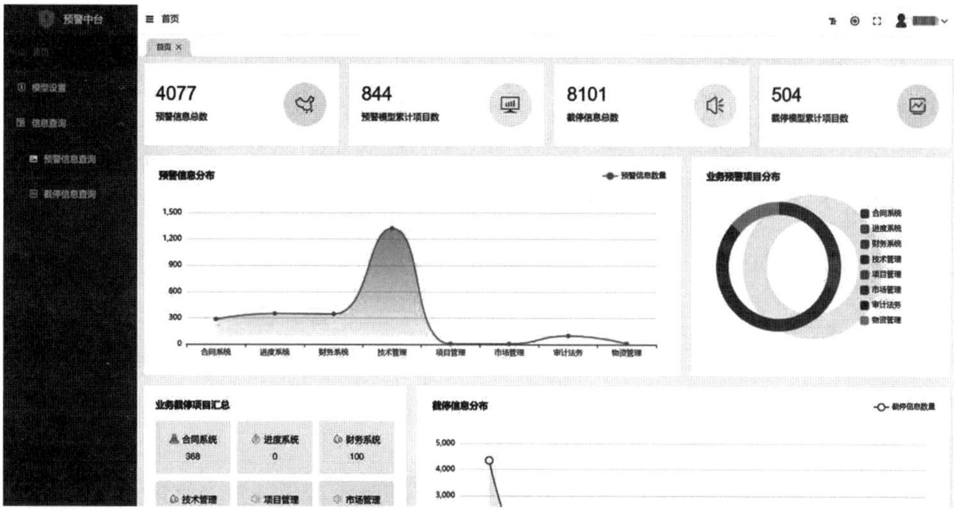

图 1　预警中台

（三）构建项目管理中台，穿透落实合规管理

建筑集团前身成立于 1952 年，逐步建成电力核心竞争力巩固、“大建安”业务优势突出、地域布局广、发展质量高、品牌实力强的“具有国际竞争力的工程服务商”，年均承揽项目 200 余个，项目部“点多面广”、合规管理管控难度大，且在“双随机、一公开”和“失信联合惩戒”等新型监管机制下，监管手段常态化、规范化和联动化，企业面临“一处违法、处处受限”的情况。① 项目部是直面风险的第一线，也是合规风险防控的“第一道防线”，基层项目合规管理效能的高低直接关系着整个企业合规管理及风险防控工作。

为进一步推进合规管理渗透到各项目的“神经末梢”，建筑集团基于已有的项目管理数字化平台与智慧工地等应用基础，进行功能模块整合与优化，构建项目管理中台，搭建项目管理数字化平台（见图 2）、单项目数字化平台（见图 3）和项目视频监控三层架构体系。项目管理数字化平台以全业务视角为核心，依托大数据、人工智能等技术，对各业务系统中数据进行提取、分析，实时展示总部及项目两级生产、经营数据分析结果。总部指挥中心实时分析展示公司在建项目全球分布情况、利润总额、产值完成情况、资金收取、现金流、人力资源分布、机械资源分布等总体情况，同时各项指标可穿透查看相应业务中各项目的贡献度、完成度。项目级指挥中心项目以单项目视角对生产、经营数据进行归集，单项目管理平台包含项目现场实名制门禁系统实时采集的作业人员分布情况、现场进度、安全、质量、物资等模块。

① 中国建筑工业协会：《建筑行业合规管理与监管趋势研究报告》，中国建筑工业协会 2023 年版。

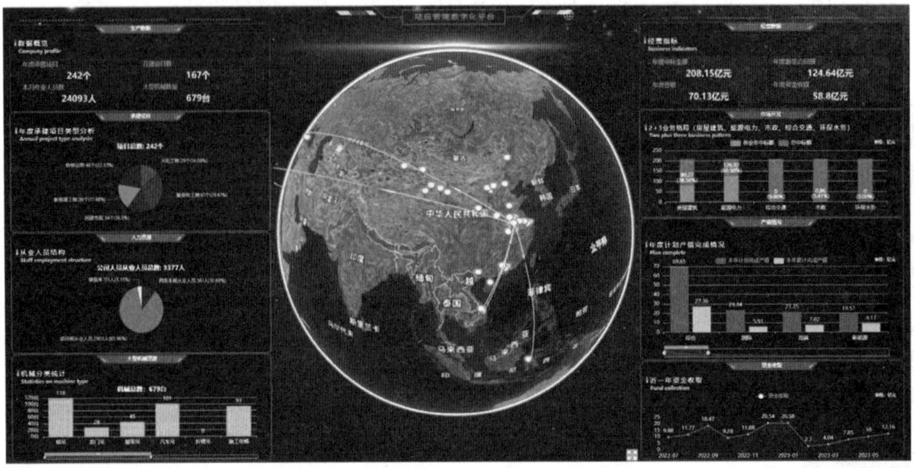

图 2　项目管理数字化平台

图 3　单项目数字化平台

项目管理中台中的视频监控接入公司智慧工地系统，根据管控需要制订各项目部的智慧工地建设方案，一般在现场高点、塔吊、主要作业面、班组集中区等部位布置高清球形、枪形摄像头，配置移动单兵与定点视频监控互补。本部安排专人后台进行对现场安全文明施工情况和违章进行远程监管，发现违章及时抓拍上传信息系统发起整改流程并实施跟踪和闭环管控。此外，结合重点项目、重点工序进展情况，可由项目现场使用移动单兵对作业面细节进行远程实时拍摄。建筑集团项目管理中台全面支撑了总部全职能和项目全生命周期管理，远程实时掌握现场施工进度、项目履约情况、工程结算等关键信息，实现了项目可视化实时管理，进一步推进依法合规管理穿透到各项目的“神经末梢”，解决管理链条末端风险易发多发的问题，强化风险源头管控。

（四）构建合规看板，重点领域动态监测

建筑集团构建合规“可视化”数据中心，打造合规看板，以业务数据分析、合规风险自动识别、赋能管理决策为主线，进一步挖掘各子业务系统数据中潜在的价值，建立不同模块数据之间的映射关系，通过人工智能技术自动进行跨周期的趋势分析、跨系统的数据关联对比，实时生成动态图表、图形，直观呈现经营趋势、关键指标波动情况。从宏观的经营数据视图可逐级钻取到具体业务底层数据，分析各项监测指标下各单位的影响程度、完成度等，便于及时对异常情况快速反应，提高管理效率。梳理制定重点领域、关键业务监测指标，实时展示风险、法务、合同、市场、财务、采购、物资、办公、人力资源、安全、技术、项目管理等12个业务模块核心指标监测情况。

在法务管理模块，制定全年案件、新发案件、案件金额占利润总额及营业收入比率，新发案件金额与净利润、利润总额、营业收入增减率差，结案率，避挽损失率“两案四率”案件管理指标，通过法务管理与财务资金模块数据对比分析，实时展示“两案四率”变化情况，对一段时间内案件数量增长较多或新发案件金额增速超过净利润、营业收入增速变动的单位及时预警、溯源排查，防止纠纷案件引发的经济损失隐蔽地蚕食企业利润空间。

风险管理模块，每季度各单位根据风险分析标准（见表3），依据风险发生概率和影响程度两个维度定量定性相结合的方式进行分析。风险发生概率、影响程度按从低到高分为5级（1～5分），风险等级分值=风险发生的概率分值×影响程度分值，系统自动计算、识别中高风险。

表3　风险分析标准

单位：分

发生概率及分值		影响程度（或危害程度）及分值	
发生概率	分值	影响程度（或危害程度）	分值
极低：非常不可能发生（项目建设期内不可能发生）	1	极小： 1. 损失金额占项目预期利润总额的5%以内。 2. 项目部日常运行不受影响。 3. 负面消息在项目部、企业内部流传，项目部及企业声誉没有受损	1
较低：不可能发生（项目建设期内可能发生1次）	2	较小： 1. 损失金额占项目预期利润总额的5%～10%。 2. 项目部日常运行受轻度影响，情况会立刻受到控制。 3. 负面消息在项目层面流传，对企业声誉造成轻微损害。如项目部因进度滞后或资源不足被业主投诉至企业总部等	2

续表

发生概率及分值		影响程度(或危害程度)及分值	
发生概率	分值	影响程度(或危害程度)	分值
中等:可能发生(项目建设期内可能发生1~2次)	3	中等: 1.损失金额占项目预期利润总额的10%~15%。 2.项目部日常运行受较小影响,情况受控。 3.负面消息在项目所在地流传,对企业声誉造成较小损害。如项目部或企业被相关监管机构约谈等	3
较高:可能发生(项目建设期内可能发生2~5次)	4	较大: 1.损失金额占项目预期利润总额的15%~20%。 2.项目部日常运行受较大影响,造成人身伤害和一般财产损失(500万元以内),情况受控。如项目受到有关监管机构的经济处罚,在一定范围、一定时段内被记录不良记录,对企业造成较大负面影响。 3.负面消息在某区域流传,对企业声誉造成较大损害	4
极高:极可能发生(项目建设期内可能发生5次以上)	5	极大: 1.损失金额占项目预期利润总额的20%以上。 2.项目部日常运行受到重大影响,造成重大人身伤亡和较大财产损失(500万元及以上)。如发生符合国家规定标准及以上的重大质量环保或安全生产事故,给企业造成重大影响;项目受到有关监管机构的严重处罚,对企业造成重大负面影响。 3.负面消息流传全国各地流传,政府或监管机构进行调查,引起公众关注,对企业声誉造成重大损害	5

(五)构建宣传网页,营造全员合规氛围

建筑集团构建合规文化内部宣传网页(见图4),秉持“利用现有优势,不另起炉灶”的原则,深度挖掘企业内部现有资源,对现有模块进行整合、优化与拓展,以最小成本、最高效率搭建宣传网页,确保无缝融入企业运营生态。2022年8月《中央企业合规管理办法》发布,明确“中央企业应当加强合规管理信息化建设,结合实际将合规制度、典型案例、合规培训、违规行为记录等纳入信息系统”。

建筑集团对448项管理标准、773项岗位工作标准进行重新梳理,建立健全“1+10+N”合规管理制度体系,即《合规管理规定》1项基本制度、《国际业务合规管理办法》等10项合规专项制度和市场开发、招投标、物资采购、财务资产、劳动用工等N项具体制度。深挖生产经营重点领域、关键环节的合规管理价值总结典型做法。建立违规行为记录,对违规行为、责任人员、发生单位等进行记录。在信息系统中对应新增合规制度、典型案例、违规行为记录模块,实时更新发布。

图 4　合规文化平台网页

通过链接内部信息系统，建筑集团合规文化内部宣传网页滚动展示合规制度、合规培训、典型案例、违规行为记录以及外部法规变化动态、行业前沿资讯等，全面增强全员依法合规意识和素养，确保依法合规理念、依法合规政策、依法合规要求宣贯落实到每个人，充分凝聚共识，增强员工思想价值认同，培育和践行“依规运行，风险可控”的核心理念，推广“融入业务、数字赋能、文化引领、以全方位的合规保障企业高质量发展”的合规管理特色做法。

三、实施成效

建筑集团贯彻落实《中央企业合规管理办法》，深化合规管理信息化建设，自主开发设计集成合规管理一体化平台“合规驾驶舱”，统筹规划“3＋1＋1”合规管理数智化总体架构，运行情况良好，产生了良好的管理效益和经济效益。

（一）强化明责履责尽责问责全程管控

建筑集团将国家法律法规、监管规定、行业准则内化至企业标准化体系，通过信息化清晰勾勒制度执行路径，建成在线审批流程 110 余项，嵌入 1100 余项管控节点，每日在线审批各类业务超千笔，由于流程的标准化与规范化，错误率显著降低，返工次数大幅减少，人力资源得到更合理配置,直接大幅提升了企业的运营效率,有效控制了成本,真正实现了提质增效的目标。

流程中台配合预警中台预警和截停场景,能够对异常数据、频繁变更、违规操作等潜在合规风险点进行核查,快速定位各业务流程审批环节、审批意见等关键信息,清晰还原业务场景,准确判断业务是否依规执行,大大提高合规管理的准确性与权威性。流程中台为合规管理提供了长期、动态的监督视角,能够随时抽查任意时段的工作记录,保障合规性监督常态化,促使员工时刻保持依法合规经营意识。一旦发现问题,通过信息化能精准定位到各环节的责任人,明确流程发起者、审批人、具体操作人员等各方责任归属,使问责机制得以有效落实,增强制度的威慑力,通过流程中台强化明责、履责、尽责、问责全程管控链条。

(二)聚力合规风险"技防技控"多点联控

预警中台所搭载的预警、截停模型极大提升了建筑集团风险防控质效。在数据处理层面,跨系统关联数据对比分析,深度打通了合同管理、财务管理、"三重一大"等多个关键业务系统之间的壁垒,实现了业务系统的互联互通以及数据的共用共享,当各类数据在不同业务系统间流转时,预警、截停模型迅速启动,实时抓取并比对关联数据,合规风险能够在多个关键节点被同时监测,形成了多点联防联控的严密格局。

业务操作超过预警阈值时,预警中台立即发出预警信息,且分级分类差异化设置预警信息推送范围,确保重要风险信息能够及时送达给相关人员,避免信息不对称导致的管理真空,相关管理人员能够对合规风险快速响应、及时纠偏。对于触及违规红线、底线的操作,预警中台依据预设的逻辑限值果断截停,即时中止后续可能带来更大风险的业务行为,并将截停信息详实记录于后台,以备后续追溯查询。

得益于预警中台高效的预警、截停体系,建筑集团实现了合规风险精准计算、超前预控,大大提升了风险管理的科学性、准确性和前瞻性。自 2022 年建设完成后,预警中台如同敏锐的"风险探测器",短短 2 年时间内共向各层级精准发送预警信息 4000 余条,全天候、全方位地对各类业务进行严密监测,及时提醒相关人员关注并处理潜在风险。同时,成功截停 8000 余项不当操作,切实将风险扼杀在萌芽状态。其彻底扭转了单纯依靠人工经验判断"人防人控"的被动局面,大步迈向数智赋能"技防技控"的新高度,为企业依法合规行稳致远筑牢了坚实根基。

(三)穿透落实合规管理筑牢风险底线

项目管理中台总部指挥中心如同"智慧大脑",实时展示公司在建项目全球分布、利润总额、产值完成情况等宏观经营情况,还可一键穿透查看各项目详细贡献度,为战略决策提供坚实依据;项目级指挥中心聚焦单项目生产经营精细化管理;视频监控与智慧工地系统完美融合,高清摄像头与移动单兵协同作业如同"千里眼",实现对现场作业面无死角监控,本部专人远程监管,实时抓拍违章作业、安全隐患等,快速发起整改流程,并全程跟踪直至闭环管控，有力保障现场安全文明施工。

项目管理中台全面赋能总部职能与项目全生命周期运营，让管理者远程实时、可视化掌握施工进度、履约、结算等关键信息，相较于以往依靠人工汇报、阶段性检查的模式，大幅提升项目管理透明度，优化资源调配，提前预警潜在风险，确保项目从启动到交付全程依法合规、平稳推进，有效解决管理末端风险高发问题，破解了大多数企业合规管理执行力层层衰减、“上热中温下冷”的困境。

（四）重点领域动态监测赋能经营创效

以创新“可视化”数据中心为依托，运用人工智能实现跨周期趋势自动对比分析，实时生成动态图表，精准直观地呈现经营走势与关键指标波动情况，深度挖掘隐匿在海量信息中的数据价值。从宏观经营概览到微观业务详情，无论是剖析整体经营态势，还是聚焦各单位具体业务环节的影响与完成情况，均可一键洞察，能迅速锁定溯源异常数据根源，及时响应，大大提升决策的精准性与时效性。12 个核心业务模块关键监测指标一体化展示，打破业务壁垒，碰撞出新的管理思路，推动跨部门资源调配，推动企业整体经营策略持续升级。

（五）培育践行“依规运行，风险可控”理念

建筑集团聚焦于现有资源的整合、优化与拓展，力求以最小的成本投入、最高的执行效率，打造合规管理相关资讯一站式获取平台。在 448 项管理标准、773 项岗位工作标准基础上重新梳理完善“1 + 10 + N”合规管理制度体系，合规培训资料一应俱全，为员工提供持续学习提升的便捷通道。典型案例板块通过剖析公司内部以及行业内具有警示意义的违规实例与合规文化建设典型案例，从正反两面强烈对比合规与违规带来的迥异差距，让员工生动地感受到合规的价值创造。此外，违规行为记录的公开透明化，起到强有力的震慑作用。

建筑集团合规文化宣传网页将分散的合规管理相关资料进行统一，以清晰明了的板块在网页上滚动展示，让员工随时随地精准查阅，以合规文化为引领，让依法合规理念、政策与要求深深扎根，切实增强员工思想价值认同，使“依规运行，风险可控”的核心理念成为员工经营管理行为的根本遵循，从“要我合规”向“我要合规”转变，提升合规意识和能力，并转化为全员行动自觉。

四、结语

建筑集团通过“合规驾驶舱”为合规管理铸魂赋能、将合规管理贯穿经营管理全流程生动实践。建筑集团将持续推动合规管理走深走实，全力做好规范管理、风险防控、价值创造。

第三编　涉 外 合 规

第三编　涉外合规

境外合规管理重点问题及管理实践

高　琦　苏　洁　郭淑君　卞滨兵

作者简介

高　琦　国家能源集团国际发展有限公司副总经理、总法律顾问

苏　洁　国家能源集团国际发展有限公司企业管理与法律事务部副主任

郭淑君　国家能源集团国际发展有限公司企业管理与法律事务部职员

卞滨兵　国家能源集团国际发展有限公司企业管理与法律事务部职员

企业简介

国家能源集团国际发展有限公司于2020年10月12日在香港注册成立。国家能源集团国际发展有限公司是国家能源投资集团有限责任公司直接管理的国际化投资平台，负责开展境外项目开发、股权收购，以及煤炭、天然气等国际能源贸易等业务。成立以来，国家能源集团国际发展有限公司全面贯彻落实“四个革命、一个合作”能源安全新战略和“一带一路”倡议，积极开拓国际市场，境外投资和贸易逐步覆盖亚洲、北美、欧洲、澳洲等区域。面对复杂多变的国际形势，国家能源集团国际发展有限公司秉持“制度为纲　契约立信　合规立身”的企业合规价值观，致力于打造“知圆行方　法治国能”合规文化，建设“全面覆盖　重点突出　治理高效　国际认证”的合规管理体系，以合规风控不断夯实企业国际化高质量发展根基，助力国家能源集团国际发展有限公司建设成为具有全球竞争力的世界一流清洁低碳能源科技领军企业和一流国有资本投资公司。

引　言

面对复杂国际形势和VUCA时代(Volatile易变性,Uncertain不确定性,Complex复杂性,Ambiguous模糊性),国家能源集团国际发展有限公司以历史和发展视角积极探寻境外合规管理的底层逻辑,提炼了覆盖样本企业全业务领域的35类合规风险,立足合规管理体系设计有效、实施有效、结果有效三个维度,结合案例总结分析了12项重要影响成效问题,最后基于“以人为本”的核心价值理念,以“战略　人才　文化”三轮驱动,建构了系统、开放、包容内外部环境变化和兼顾企业特点的RISE365境外合规管理模型,并以之为指导建设国家能源集团国际发展有限公司境内外一体化合规管理体系。希冀国家能源集团国际发展有限公司的研究和实践能为国有企业境外合规管理提供些许借鉴和参考。

关键词

境外　合规管理　以人为本　体系　有效性

一、境外合规发展新趋势与新挑战

(一)合规发展新趋势

一是合规发展全面化。合规监管领域从传统的反腐败、反垄断、反洗钱等专项合规领域,逐步拓展至全业务环节合规,同时围绕产业链、价值链,呈现合规竞合特征。境外合规要求日趋呈现从专项合规到全面合规、从单项合规到合规竞合、从形式合规到实质合规新阶段,即全面、竞合和价值链企业连带的特点。二是合规规则复杂化。合规从源起鼓励正向意义上的规范市场竞争、商业伦理,逐步加入更多国家安全、外交政策、非传统经贸壁垒考量等多元因素,合规执法出现针对性、精准打击和全球盟约重建、机构联合执法新趋势。三是合规冲突处理法治化。各国合规发展体现出既合作又斗争的特点。欧盟、加拿大、墨西哥、阿根廷、俄罗斯等国家和地区先后制定了阻断立法。中国《阻断外国法律与措施不当域外适用办法》《反外国制裁法》《不可靠实体清单规定》《外国国家豁免法》等法律法规的发布实施标志着中国境外合规法律体系的完善和进步,国有企业对境外合规从被动遵守到主动管理、诚信经营,展示了负责任大国企业形象。同时,在全面遵循方面,增加了依据母国法律处理合规冲突和开展权益保护的法律依据。

(二)合规管理新挑战

通过中国企业境外合规案例分析、问卷调查和实地调研走访,国家能源集团国际发展有限公司总结了中国企业境外合规风险的发生主要原因:一是主观上漠视,缺乏法律意识和规则意识,追求发展中忽略合规论证或对合规风险选择了更高偏好;二是客观上“无能”,即虽然重视合规,但内部管理人员能力欠缺,管理失误、失控,对外部监管规则不了解、不熟悉、以国内思维解决域外问题、发生变化反应不能及时有效应对、境外投资前期尽职调查不充分、选聘中介经验不足等,导致风险事件发生;三是即便无明显违规行为,但外部监管挑剔性、针对性执法或竞争对手等故意利用规则拖延、打压。中国企业尤其是国有企业面临着更加严峻的境外发展环境,需要清醒认识和面对合规发展的新挑战。一是思维认识新挑战。面对复杂严峻的国内外形势，国际竞争越来越体现为法律之争、规则之争、标准之争，所以要提高战略意识。境外合规和业务发展必须同谋划同部署，积极关注外部环境变化并敏捷应对，重视风险、坚持预判和主动作为，以应对来自外部的刻意针对和挑战。二是管理升级新挑战。面临多维境外监管体系和国际形势，企业必须以全流程、全领域、全员、全产业链、价值链视角构建企业境外合规管理体系，从外部驱动走向内在需求，从满足形式要求走向追求体系设计有效、落地有效和结果有效。

二、境外合规管理重点领域

(一)境外合规全领域解构

基于全面风险管理理念，每一个领域的合规义务排查疏漏和管理不当均可能给企业带来风险。经实地访谈多家央企、知名律所以及问卷调查，国家能源集团国际发展有限公司尝试从三个维度分析企业境外合规管理的“全领域”。需要注意的是，“全领域”是一个动态的概念，企业应根据所处环境和自身业务特点，结合法律法规、行业标准以及利益相关方的期望不断更新识别，确保在全领域范围内满足合规义务要求。

1. 地域维度

按照企业需要遵循和自愿遵循的来自国别、国际组织等的合规义务来源及其性质区分，境外合规可分为，母国合规、东道国合规、“长臂管辖”国合规以及国际组织合规等。

2. 结果维度

从规则发布和监管机构执法层面区分，境外合规可分为刑事合规、民事合规、行政合规、道德伦理合规和内部合规 5 个类别。其中道德伦理合规是在境外合规管理中最容易被忽视，但可能会是引发不利后果的风险源。内部合规对国有企业而言，包括党内法规、集团级企业的上位规章制度以及企业内部的各级规章制度、各类自愿承诺性义务等。

3. 业务维度

从业务维度分析，合规义务包括但不限于企业在境外开展的投资、货物贸易、技术贸易、工程建设等各类活动中应该遵循和自愿承诺遵循的义务，可能的合规管理重点领域分析具体见表 1。

表 1　业务维度——企业境外合规管理重点领域

公司治理	市场准入	市场交易	招投投标	财务税收	安全生产	生态环保	职业健康	质量管理	劳动用工
反不正当竞争	反商业贿赂/反腐败	反舞弊	反垄断	信息披露	数据安全	个人信息保护	知识产权	网络安全	商业伙伴合规
国家安全审查	单边制裁	双/多边制裁	出口管制	贸易合规	反洗钱	反倾销	反补贴	环境、社会和公司治理(ESG)合规	供应链合规
反恐怖融资	外汇管理	关务合规	行业监管	保障措施调查	国有资产监管	资质资格	商业秘密保护	合同管理	其他合规

三、境外合规重点领域分析

基于资源的有限性和帕累托最优原则，国家能源集团国际发展有限公司认为合规工作应以区分风险级别为基础，分层分级管控，按重要性和风险发生概率、后果严重性等优化资源配置，在兼顾全面基础上侧重重点领域合规。本文所定义的境外合规重点领域，着重以违规后果和境外业务类别两个维度作为重点识别标志。

（一）以违规后果作为关键考量因素的重点领域

1. 对社会公共利益造成巨大或不可挽回的损害，如人身伤害、环境破坏。

2. 企业面临巨额罚款或索赔、停工停产、资产扣押查封等。

3. 高级管理人员或员工面临刑事指控及人身自由限制。

4. 涉及“长臂管辖”、引渡和跨境多国执法。

5. 其他对企业形象、国家形象产生严重负面舆情影响的事项。

（二）以境外业务类别细分的重点领域

依据《企业境外经营合规管理指引》第二章的规定，国有企业境外投资经营活动主要分为：境外投资业务、对外承包工程业务、跨境贸易业务、境外日常经营等四类。基于对上述境外业务分类，按全生命周期分段识别每一重要阶段的合规重点领域如下（囿于篇幅，本文仅以境外投资业务为例展示，具体见表2）。

表2　境外投资（以某运营项目并购交易为例）——重要阶段的合规重点领域

序号	阶段	重点环节	合规重点领域
1	项目前期	项目遴选/机会研究	经济制裁、反商业贿赂/反腐败、招标投标、商业秘密保护、数据合规、行业监管、反垄断、国家安全
2		中介选聘	反商业贿赂/反腐败、商业伙伴合规、招标投标、商业秘密保护、利益冲突、数据合规
3		项目立项/可行性研究与前期法律文件签署	市场准入、经济制裁、出口管制、财税合规、商业秘密保护、反垄断、反腐败、国有资产监管、外汇管理、利益冲突、数据合规
4		尽职调查	商业秘密保护、经济制裁、反垄断、出口管制、财务税收、ESG合规、劳动用工、数据安全、商业伙伴合规、知识产权、公司治理、资质资格
5		交易文件谈判与签署	国资监管、公司治理、商业秘密保护、反垄断、反商业贿赂/反腐败、经济制裁、出口管制、国家安全审查、行业监管、财税合规、数据合规
6		交易许可及交割	国家安全审查、反垄断、资质资格、行业监管、国有资产监管、信息披露、商业秘密保护、数据合规、外汇监管、政府监管、反洗钱
7	项目建设阶段	略	略

续表

序号	阶段	重点环节	合规重点领域
15	项目运营阶段	详见境外日常运营部分	
16	清理退出阶段	项目退出方案设计	国有资产监管、国家安全审查、经济制裁、反商业贿赂/反腐败、招标投标、反垄断、财务税收、劳动用工、利益冲突、商业秘密保护
17		交易文件的谈判与签署(转让退出)	国有资产监管、行业监管、财务税收、劳动用工、国家安全审查、商业秘密保护、数据合规、反垄断、反商业贿赂、反舞弊、经济制裁、个人信息保护
18		交割与交接(转让退出)	国有资产监管、国家安全审查、经济制裁、反商业贿赂/反腐败、反垄断、反洗钱、财务税收、劳动用工、信息披露、知识产权、数据合规、商业秘密保护
19		资产处置(注销退出)	国有资产监管、财务税收、反舞弊、反商业贿赂/、经济制裁、出口管制、反洗钱、信息披露、知识产权、数据合规、商业秘密保护
20		人员安置(注销退出)	国有资产监管、劳动用工、信息披露、知识产权、数据合规、商业秘密保护
21		项目公司清算注销(注销退出)	国有资产监管、东道国监管、财务税收、ESG合规、商业秘密保护、数据合规、信息披露

四、境外合规管理重点问题及应对

以调研样本企业及其反馈问题为基础进行总结,国家能源集团国际发展有限公司试从外部环境和内部管理问题两个维度分析甄别影响境外合规管理有效性的突出矛盾和问题,并就解决路径进行了实践性探索。

(一)外部问题应对

1. 精益评估,辩证开展外规内化工作

一是外规的不可穷尽,内化重点把握三项原则。

(1)外规内化首先在于规则意识内化。外规的范围广、地域广,内容变动不确定性强,外规内化要求各级员工有高度敏感的规则意识,"做事先找规,决策先问规"。

(2)外规内化制度、流程形式多样,不追求逐项、逐条内化。企业追求穷尽识别投入产出比不符合精益原则。

(3)外规内化重要在于制度执行和内化于行动。外部合规要求在遵守时效性、效益性等原则下完成内部应用型落地转化。

二是谨慎对待外规内规冲突与适用问题。

(1)基本原则,强制性规范应当遵守。

(2)对外规时效性和中国政府声明保留、特别立法的条款要予以重视。

三是外规“动态”管理与应对问题。

(1)合理利用规则,做好政府沟通。

(2)维持友好关系,推动立法进步。

(3)主动维护权益,运用法律规则解决问题。

2.重视企业文化建设,加强跨文化沟通管理

一是超前开展跨文化研究。加强与当地工会的沟通,注重本地化员工或有文化的代表性人士的参与,系统总结提炼管理多元合规文化的方法论,包括制定明确的指导原则和《跨文化管理手册》。

二是加强跨文化沟通,促进合规文化落地。对外派人员跨文化沟通与管理能力进行岗前和过程持续性培训。为境外量身定做国别或区域合规文化落地方案。提高员工本地化比例,“让当事人理当地事”。

3.换位思考,加强利益相关方管理

一是全面365度原则。利益相关方识别应覆盖全员、全领域、全过程。

二是分级分类管理原则。对利益相关方期望与诉求分类制定对应管理策略。

三是全生命周期管理。实施动态管理,防止矛盾小转大、内转外、少转多、好转坏。

(二)内部问题优化

1.坚持党建引领,实施境内外一体合规管理战略

一是将合规提升到战略高度。将境外合规管理纳入企业总体合规战略、发展战略,境内外协同规划。二是将合规融入发展决策。明确合规容忍度、风险偏好等,以风险等级给出进退取舍量化指标,避免业务发展决策合规审查或因过度合规影响效率,或因让位业务带来风险。三是合规管理全球化与本地化。以派出高级管理人员和本地员工代表为共同连接点,做好国有企业合规管理模式和体系本地化工作。

2.坚持以人为本,全面加强境外合规人才建设

一是优化境外合规人才管理机制。将合规要求纳入选用育留轮,作为任意岗位必备要求;对专兼职合规管理员建立全生命周期管理跟踪与评价机制;完善合规奖惩机制。

二是构建境外合规人才培养模型。国家能源集团国际发展有限公司建立一个公式(理念+共识+能力+绩效+资源+执行计划=正当履职)来解构境外合规管理团队正当履职的前提和基础,理念、共识、能力、绩效、资源、执行计划涵盖了下述六个方面:

(1)对境外合规管理人员的价值观、理念、认识、心理素质等思想意识方面的培养;

(2)强调境外合规管理团队认识层面的统一,“上下同欲者胜”;

(3)能力将包括两个维度:一是业务技能,如管理能力、协调能力、执行能力、达成能力;二是综合素质,如领导力、创新力、学习能力和坚韧性、跨文化适应能力等;

(4)科学合理的绩效激励或奖惩;

(5)开展工作必要资源支持和组织环境;

(6)有效可执行的实施计划和对实施计划的执行。

三是数质双升,建立全级次合规管理人才梯队培养计划。对于合格或优秀合规人员的培养需要建立系统培训目标和分层分级建立梯队培养计划,逐步形成系统合规人才共享池和智库。

3. 培育合规文化,筑牢世界一流卓越企业基石

一是重构对合规文化的理解。合规文化≠合规宣传≠合规手册;合规文化 = 合规意识内化 + 管理层示范 + 全员执行。

二是合规文化一体化和本地化。在系统内建立统一的合规价值观、政策方针之下,因地制宜做好东道国合规文化的语言、规范要求转化和解释、宣贯,以本地化促进全球合规文化落地。

三是制定定性 + 量化境外合规文化建设效果评价指标,为境外合规文化建设者提供工作基本标尺和改进指引。

4. 厘清边界,防止境外合规管理风险外溢

一是"境外"与"涉外"管理界面。境外合规以中国"关境"为界;涉外合规以"涉外"因素为界。

二是《中央企业合规管理办法》"合规"与国际标准化组织(ISO)"合规"。在国务院国有资产监督管理委员会《中央企业合规管理办法》定义基础上叠加《合规管理体系　要求及使用指南》(ISO 37301:2021)定义范围进行交叉复核。

三是全面合规与重点合规。在全覆盖基础上应突出重点,抓好重点领域合规管理特别要明确好重点国别与重要组织、重点企业、重点环节、重点人员、重要岗位。

四是合规漠视与过度合规。合规漠视将大概率导致风险发生,但过度合规则可能限制业务发展。

五是母国合规与他国合规。以遵循中国监管规则为基础,在遇到与他国合规冲突时,应积极寻求监管机构的政策解读和适用澄清。

六是自体合规与供应链合规。提前做好供应链合规义务论证,通过合作条款设计、商业模式调整等措施对冲供应链连带、延伸、外溢风险。

七是治理合规与穿透管理。以公司章程为企业宪法,在适用多维境外监管体系下,规范上下级次公司管控关系。

八是组织合规与个人合规。界定员工个人行为、组织行为,规范员工履职行为和个人行为区分指引,引导员工全面建立合规意识和依法合规处理公司事务和个人事务。构筑企业与员工责任防火墙。

5. 强化顶层设计,夯实境外合规管理组织基础

一是一套顶层设计。自总部以下,各级次单位,在决策治理体系、业务治理体系、财务管理体系基础上,增加以首席合规官为首的合规管理体系,以合规预防型实现公司治理模

式与流程再造。

二是一张合规管理组织图谱。绘制境内外合规管理一体化组织架构图,从本部层面研究境内外业务合规管理组织体系搭建。

(1)传统模式:公司 + 二级单位 + 境外公司 + 基层项目公司/办事处。

(2)发展模式:首席合规官 + 区域合规官 + 专业合规官 + 国别合规官 + 基层项目合规官。

三是一个全球合规管控中心。具备以下四项功能。

(1)管理功能。

(2)咨询功能。

(3)研究功能。

(4)培训功能。

四是构建两条信息交互线。

(1)“合规培训线”,以入职时点、季度或半年等为周期开展定期培训/沟通,加强合规交流频次,强化合规意识,明确合规要求。

(2)“合规沟通线”。建立合规条线和业务条线“双线”汇报沟通、咨询机制。在境外合规重点领域、重点环节流程中嵌入控制点,建立合规强制咨询专线。

五是一套合规职责模板。组织编制“合规职责模板”,对相同或类似业务部门、岗位的合规职责进行梳理、界定,促进部门工作界面和管理体系协同,实现组织协调运转,夯实组织体系工作标准化基础。

6. 坚持质量优先,建优境外合规管理制度体系

一是定期开展合规管理现状评估。可以参考的评价指标建议在国务院国有资产监督管理委员会有效性评价指标体系基础上引入《合规管理体系　要求及使用指南》(ISO 37301:2021)以及重点或严监管国家合规评估指标,以高标准进行现状评估。

二是一套制度建设方案。境外合规管理体系建设可能包括基于对管理现状的确认、改进,也可能包括管理思想和流程的再造。

三是一套制度体系架构。公司本部先行,出台一体化全球合规管理制度体系建设规划。二级单位接续,组织制定适用于本板块/区域的境外合规管理制度体系。三级单位和四级单位及以下,为避免造成管理浪费,建议以可操作性、行为指导性强的细则、指引、指南等为主。最后自上而下形成逐级完善、全面覆盖的多层次制度建设模式。

四是一套制度编审人员。制度建设应高标准高质量,充分考虑当地文化、商业习俗差异,考虑公司治理规范边界,做好国内制度境外转化,避免水土不服。

(1)制度规划人员应是业务全面和合规管理经验丰富的人员,对具体制度制定的必要性和具体管理要求有深刻的理解和策划管理能力。

(2)制度编制人员应是岗位业务能力强和资质经验丰富的人员,有优秀的调研信息收

集、加工和处理能力。

(3)制度审核人员应是更高级别业务专家,确保对审核通过的制度进行质量把关和提升。

(4)解决制度彼此割裂,以及存在的交叉、矛盾、空白等制度协同问题。针对可以预见的问题,明确职责界面;针对不可预见的问题,制定处理流程。

(5)制度审批应提交至公司管理层审议批准,重大制度应提交至董事会。

五是一套制度宣贯培训机制。改善制度宣贯滞后性、宣贯走过场,健全完善制度宣贯培训机制。

(1)制度发布即日发送培训视频、音频或书面材料。

(2)以月、季等为周期加强培训,强制嵌入不合规事项通报。

(3)建立培训结业测试、岗前、调岗测试等机制。

(4)建立员工制度培训档案。

(5)以数字化、新媒体等更为灵活的制度培训、宣贯方法,使宣贯培训具备无时差在线学习、测试、统计、报告等功能。

六是一套制度有效性评价指标。改善制度建设质量问题,在建设、运行、效果等维度建立有效性评价指标。评价指标设计建议参考对标国务院国有资产监督管理委员会评价指标、国际标准和境外司法监管机构评估指标。

(1)突出问题导向、以风险防控为基础,制度立、改、废均应通过制度评价完成。

(2)以过去、现在、未来公司的发展和与公司发展相关生态圈发生的共性、个性问题作为参考。

(3)制度评价组与制度制定组人员互斥以保持其中立性,能力应相当于制度评审组人员。

(4)引入外部智库、合规律师等组成外部专家组开展年度评审。

(5)通过加强信息化系统应用、大数据分析,进行制度运行真实性评价,并对整改情况进行下一轮重点监测评价。

7. 坚持问题导向,突出事前预防

一是以合规管理人员能力提升赋能。实施入职评测合格上岗,阶段性、专项培训,专项评估启动前统一宣贯和培训。

二是合规风控基础建设。选聘合格境外咨询机构,境外境内结合准确界定评估范围。

三是境外合规风险评估定级,引入境外监管机构进行国别重点监管要素风险评估定级,依据本企业实际定位境外合规风险偏好和合规策略。

四是在评估定级基础上,按照事前、事中、事后三个维度,逐项对应制定风险管理措施,并升级制度和再造流程。

五是基础建设要完成中外文版五库四单 N 指引建设(考虑境外员工国别语言背

景)。即:

(1)五库。具体是1个中国+N(国际/国别)法律法规库;1个国际制裁清单库;1+N合规义务库(1是通用类合规义务,N是基于国别、业务的专项类合规义务);1个合规风险案例库;1个合规知识共享库。

(2)四张清单。即岗位合规义务识别清单、岗位合规风险识别清单、岗位合规职责清单、业务流程管控清单。

(3)N项指引。具体指涵盖事前防范、事中检查、事后应对的一系列工作指引和手册。

8.突出有效性,做强事中监督

一是严格执行和健全完善动态风险识别与评估机制。

二是在全面梳理义务、风险基础上,明确重点领域、关键环节、重点岗位、重点人员为风险监测重点,加强专项合规领域管控,有效防控重大合规风险发生。

三是重视自我修复主动合规。构建境外合规自查(特别是案例复盘核查)、合规调查、合规评审、合规审查、合规审计组合管理工具。

四是“三通”畅通沟通渠道,境外实体多、业务量大、员工多的企业尝试建立全球咨询服务中心;做好当地企业内部沟通,鼓励外派高级管理层和员工建立良性沟通机制;建立外派员工派前合规谈话、回国合规述职等机制,以及外派员工和国内合规条线组织内部无障碍沟通机制等。

9.突出前瞻性,加强合规事件危机管理

一是保持危机意识。对境外同行案例持续性跟踪研究,制定完善突发事件应急预案、舆情监测与突发事件应急预案。

二是加强危机应对演练。针对每一个业务场景,强化危机应对的硬件配置、证据管理和人员系统专业化训练,对危机演练过程中发现的问题及时进行整改优化。

三是健全危机应对合作机制。与当地合规律师、政府关系顾问、媒体、监管机构等应提前做好经常性联络,构建信任与合作机制;及时向相关利益相关方和当地政府机构披露突发事件的相关情况,保持透明度,并遵守当地法律法规的信息披露要求。

四是危机解决与价值。在突发事件发生后,企业应及时进行事故调查和事后处理,妥善处理与突发事件相关的责任问题,并进行经验总结和改进,以避免类似事件再次发生。危机事件不利后果形成知识资产为后人借鉴是价值创造,也是培育合规文化的必要组成部分。

10.有效激励和合规问责机制

风险控制和应对需要全员参与,对于正当履职为企业防控风险以及创造效益的,应予以正向激励,对于因过失或故意给企业带来合规风险的,也应依规追责。奖惩是合规管理有效性保障的一体两面,缺一不可。共同特点包括:

一是指标明确,在考量奖惩时可量化可比较;

二是适用公平，对所有员工标准一致；

三是建立风控、合规、审计、法律、业务部门合作立体监督长效机制，和合规文化融合一体建设。

11. 信息化要兼顾合规、效率与安全

一是境外信息化合规论证。从境外调取外国企业、个人信息，可能涉及数据跨境、个人信息保护等应事先做好合规论证。

二是境外信息化效率论证。对境外企业信息化建设的必要性、资源投入优先级和重点，结合国内国务院国有资产监督管理委员会、集团公司自身管控要求进行事先研究。

三是信息系统应用重在多系统协同，利用智能化工具为工作开展和管理层决策提供高效支持。

四是境外信息化安全论证。高度重视信息化底层安全建设，确保境外合规管理信息的机密性、完整性和可用性，防止信息泄露、非法访问或因丢失数据被敲诈勒索。

12. 境外合规管理协同问题

遵循系统思维，在法务、风险、审计、内控、合规、纪检监察、业务多体系管理方面统筹考虑和设计，目标是防范风险促进发展。

一是解决嵌入问题，流程实现融合。

二是解决效率问题，防范是为促进发展。

三是解决冲突问题，重大根本风险是不可逾越的底线、红线。在实践操作中，要充分考量境外地域差别，对于境外新设实体、既有实体，注意引入当地合规顾问意见，做好合规论证，包括修订合资协议、章程、劳动合同等。

五、RISE365 境外合规管理模型

国家能源集团国际发展有限公司将合规风控基因全面融入企业发展，在此基础上探索打造 RISE365 境外合规管理模型，致力于在诚信合规领域不断精进，体现央企社会责任，在寻求国际化发展中同步展现与国内外利益相关者和谐共赢、文明发展的合规承诺与意愿。

（一）合规问题发现方法论（见图 1）

“3”是问题分析的时空维度，从过去即发案例、现在国有企业国际化经营环境分析、未来趋势挑战中研判提炼国有企业在国际化发展过程中已经遇到、正在遇到和可能遇到的问题及其各自的时代背景和环境。

“6”是问题分析的体系维度，从国务院国有资产监督管理委员会《中央企业合规管理办法》合规管理体系即组织职责、制度建设、运行机制、监督问责、合规文化、信息系统等 6 要素出发，引入《合规管理体系　要求及使用指南》（ISO 37301：2021）、《合规管理体系　要求及使用指南》（GB/T 35770—2022）体系 PDCA（Plan，Do，Check，Act）理念开展建设和

运行质量评估，寻找问题，特别重视“人”在体系建设和运行中起到的关键作用。

“5”是问题分析的系统维度，跳出合规，在企业管理、法律、风险、内控、纪检多体系协同整合管理上寻找系统解决答案。

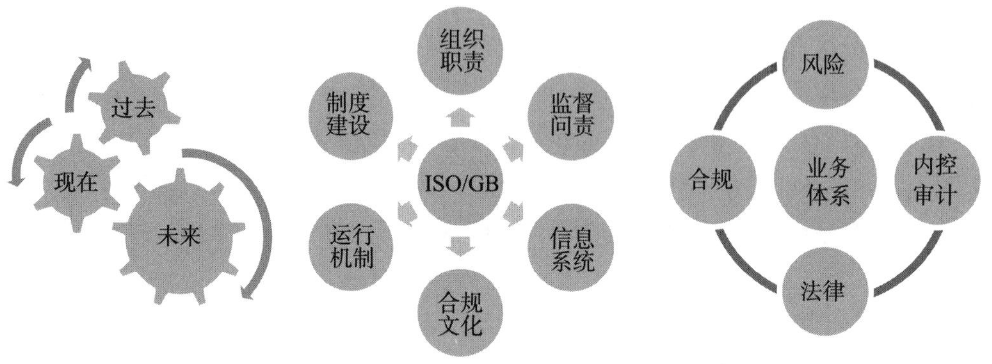

图1 合规问题发现方法论

（二）对策建议及落地方法论（见图2）

“3”针对影响境外合规管理有效的本源问题，提出战略、人才、文化对问题解决的重要性和对策。

“6”从国务院国有资产监督管理委员会《中央企业合规管理办法》合规管理体系6要素出发，结合国际合规最佳实践《合规管理体系 要求及使用指南》（ISO 37301：2021），从境外合规管理体系完整性、联动性、有效性角度构建以“事前预防—事中控制—事后补救”三段式制度管控体系。

“5”是落地的结果评价，即围绕风险与效率，建立刑事合规、民事合规、行政合规、道德合规、内部合规5个境外合规管控效果评价维度。

图2 对策建议及落地方法论

（三）境外合规人才培养模型（见图3）

“3”从三个层级解构境外合规管理可能涉及的组织和人员级次及其角色：

从集团系统看,至少分为:集团公司、国际公司、项目公司三级架构;

从公司内部看,至少包括:公司管理层、业务负责人、一线员工三类人员;

从合规业务看,主要分为:业务/职能部门、合规部门、审计/纪检监察部门三道防线。

“6”指保障境外合规管理体系有效性6要素。人才是关键,合格的专兼职合规人才应具备以下六个方面:

信念 + 共识 + 能力 + 绩效 + 资源 + 执行 = 正当履职

“5”指以人才选用育留轮划分五个阶段,建立全生命周期培育模式。

选:新员工入职岗位合规意识测试。

用:合规人员上岗前,合规能力测试。

育:为专兼职合规人员提供持续性合规知识培训及更新支持。

留:设计对境外合规人员绩效考核奖惩指标。

轮:合规人员必须熟悉业务,考虑从业务岗优秀人员中优先选拔,以及定期把合规人员调岗轮岗到业务部门进行双向交叉任职锻炼,培养全员合规能力和合规人才梯队。

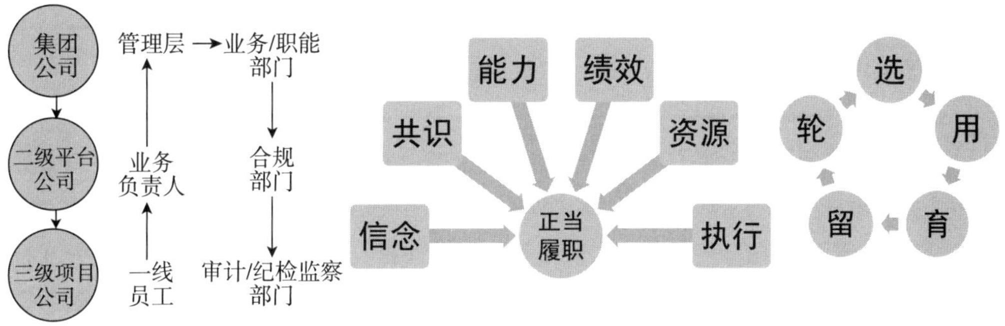

图3　境外合规人才培养模型

(四)RISE365 模型的应用价值

“龙生九子各有不同。”每个企业因其特点和所处生态环境的差异性,以及风险管理的不可完全预见性,必须建立适应自身特点的合规管理体系,对于合规管理先进企业、ISO国际合规标准以及国资委管理规定等进行机械对标都可能造成“东施效颦”风险溢出。

RISE365 境外合规管理模型,旨在为企业提供一个“以人为本”、全面、系统和持续改进的境外合规管理“乾坤袋”,以 RISE365 提倡精进、敏捷、系统思想,以 PDCA 理念强调“人”在其中的主观能动作用,引导企业在境外合规管理方面关注、重视、加强内外部组织环境、生态系统变化管理,以合规文化、合规人才、合规战略夯实风控底座,在遵循“大本大源”和“以变应变”中实现企业合规管理的有效落地,真正为国有企业国际化高质量发展、高水平安全保驾护航。

第三编 涉外合规

境外电力企业 TOP10 风险动态排序与响应机制

中国大唐集团海外投资有限公司法务风控部

作者简介

中国大唐集团海外投资有限公司法务风控部

企业简介

中国大唐集团海外投资有限公司于 2007 年 8 月注册成立，是中国大唐集团公司境外投资业务的唯一平台和主体，主要从事境外电力项目的开发、投资、建设和运营，开展境外电力投资、运维服务、国际贸易与资本运作等四大主营业务。截至 2025 年 6 月，境外在役装机 150.2 万千瓦，在建装机 26.3 万千瓦，业务范围现涉及全球 10 多个国家和地区，为印尼、缅甸、柬埔寨、圣普等多个国家提供电力供应、运维服务和技术支持，持续助力当地产业与民生。成立以来，公司积极践行企业社会责任，先后获评“国家优质投资项目金鹰奖”、“中国走进东盟十大成功企业奖”、国务院国有资产监督管理委员会“海外履责奖”及“能源国际合作最佳实践案例奖”、印尼“社会责任五星奖”、“环保蓝色等级证书”、柬埔寨“责任奉献奖”、印尼最佳 GRC(优秀公司治理，风险管理及合规经营)企业、第三届“一带一路”能源部长会议民生改善类“小而美”能源国际合作最佳实践案例奖等境内外多项荣誉。

内容摘要

本文通过分析境外电力企业 TOP10 风险管理模式，提出了企业风险“动态排序管理”的理念和机制。旨在通过对关键风险因素的系统识别和评估，明确影响企业风险状态的要素并进行动态排序，为境外电力企业提供一种新的风险管理思路，为管理层资源配置和管理策略制定提供支持。

关键词

境外　风险管理　动态排序　风险响应

一、引言

随着“一带一路”倡议的全面深入推进，境外电力项目投资持续增加的同时，面临的风险也日益多元化、复杂化。一方面政治风险、市场风险、投资风险、合规风险相互交织，另一方面技术和环境风险也逐渐凸显，亟须建立一套更加动态和全面的风险管理机制。然而，当前境外项目风险管理主要关注静态风险评估，忽略了风险在项目生命周期的动态性变化特征。这种静态视角缺乏对项目不同阶段风险动态变化的考量，导致阶段性风险评估不准确和响应措施滞后，影响风险管理效果。为此，本文从境外电力项目风险识别与分析出发，提出建立一种风险“动态排序管理”机制。首先，该机制综合运用风险评估模型和动态监测技术，实时监测、预测和评估项目潜在风险。其次，建立动态风险数据库，实现风险信息的即时更新和共享，加强项目管理的透明度和协同性。最后，结合决策支持系统，将风险排序结果直接融入企业的战略规划和日常运营决策，从而为境外电力企业在投资、建设、运营过程中提供更具系统性、程序化的风险响应决策方法。通过这种方式，企业能够更好地应对各种风险，确保项目的顺利进行，提高投资回报率，同时也有助于提升企业的整体竞争力和可持续发展能力。

二、企业风险概述

（一）风险的含义

企业风险，本质上是指企业在运营过程中，由于一系列复杂多变的影响因素所引发的种种不确定性。在当今这个高度开放且瞬息万变的市场环境中，企业无时无刻不处于各类风险的包围之中。若未能对这些风险实施有效的管控措施，企业将面临严重的经济损失，甚至可能危及生存；相反，若能精准识别并妥善应对这些风险，企业则能把握机遇，实现稳健发展，赢得可观的运营收益。这正是现代企业普遍将风险管理置于战略高度，给予高度重视的核心缘由。

企业所面临的风险纷繁复杂，依据风险产生的根源，我们可将其大致划分为外部风险与内部风险两大类。外部风险主要源于企业所处的宏观环境及行业态势中的不确定因素，如政策变动、市场波动等；而内部风险则根植于企业内部管理体系及运营流程中的不确定性，涵盖财务风险、运营风险、管理风险等多个维度，如资金链断裂、生产效率低下等具体问题。按照风险的状态划分,企业风险包括静态风险和动态风险。静态风险主要考虑在社会政治环境正常情况下,自然力量的非正常变动导致损失发生的风险,可以通过转移方式控制。动态风险主要考虑与社会变动有关的风险,或者是项目运营过程中发现的风险,这些风险及早发现是可以规避的。

(二)全面风险管理的含义

美国反虚假财务报告委员会下属发起人委员会(COSO)框架下的全面风险管理被视为一个高度集成的系统性工程,它要求企业从上至下的各个管理层级及一线操作人员均需积极参与,形成全员共治的良好氛围。同时,企业的每一项运营活动、每一个工作岗位都被纳入全面风险管理的范畴之内,确保风险管理的无死角覆盖。全面风险管理不仅是企业基于长远发展战略所构建的一项基础性工作,更是一种动态调整、持续优化的管理机制,它旨在通过科学的方法和流程,对运营全过程中可能滋生风险的各个环节和岗位实施严密的监控与管理,从而有效预防风险和降低风险事件的发生概率,保障企业持续健康地发展。这一过程不仅体现了企业对风险管理的深刻认识,更是其提升核心竞争力的关键所在。

作为企业战略层面的全面风险管理,是基于总体战略目标设置风险管理导向的,它强调通过定量与定性相结合的方法对重大决策、重大风险、重大事件进行管理,从而展现出整体性、宏观性和系统性的特征,能够确保企业在追求战略目标的过程中,能够有效地识别、评估和应对各种潜在的风险。

三、TOP10风险动态排序管理机制

(一)从全面走向具体:TOP10风险"动态排序管理"的逻辑出场

随着企业运营环境的不断变化和外部挑战的增加,传统的静态风险管理方法已经不能满足企业的需求,静态风险管理的不足主要体现在风险识别的片面性、风险管理的层次较低、风险监控的不足以及缺乏动态的风险管理等方面。传统的风险管理是静态的、滞后的,动态风险管理更注重时效性、关联性和前瞻性。尤其是TOP10风险的持续演变,迫切需要一种能够实时响应这些变化的管理机制,而"动态排序管理"的提出刚好契合了这一需求。动态排序管理通过强化关联性、时效性和前瞻性,将重大风险进行分解和细化。它引入了时间参数和紧迫程度要素,使得风险管理不仅仅局限于静态的评估,而是能够根据实际情况的变化进行动态调整。这种管理方式能够将重大风险细化到各个业务线、时间线乃至每个员工的责任范围内,从而实现更加精确和个性化的风险管理。

通过动态排序管理,企业能够更好地识别和应对那些在不同时间段内可能对企业产生重大影响的风险。它不仅提高了风险管理的效率,还增强了企业对突发事件的应对能力。此外,动态排序管理还能够帮助企业更好地分配资源,确保企业在关键时刻能够集中力量应对最关键的风险点,从而保障企业的稳健运营和战略目标的实现。

（二）从全要素走向关键变量：TOP10 风险“动态排序管理”的影响因素

风险管理的全要素包括内部环境、目标设定、事件识别、风险评估、风险对策、控制活动、信息和交流、监控等。这些要素相互关联，共同形成一个动态的管理过程。风险管理中的关键变量可能因不同领域和情境而异，但通常包括风险发生的可能性、风险影响的紧迫性、风险评估的准确性、风险应对的有效性、风险监控的持续性、风险沟通的透明性等。这些变量是评估风险管理效果和效率的重要因素。全要素构成了风险管理的整体框架，而关键变量则是衡量这一框架有效性的重要指标。

TOP10 风险“动态排序管理”着重关注识别和管理实施过程中的核心要素和关键变量。针对境外电力企业风险，需重点关注的关键变量具体有：

一是可能性与影响程度——评估风险发生的可能性及其对企业可能造成的影响；

二是紧急性与可控性——确定风险的紧迫性及企业对其的控制能力；

三是环境变化适应性——持续监控内外部环境变化，以快速适应并调整风险管理策略。

通过这些关键变量的综合评估，企业能够实现更加灵活和精准的风险排序管理，对于等级较高的风险，投入更多的资源和精力进行管理和应对，以确保风险得到有效控制。

（三）从风险管理走向动态排序管理：TOP10 风险“动态排序管理”的主要机理

境外电力企业风险管理涵盖从风险识别、分析到响应的全过程。以某国有企业海外投资公司 TOP10 风险管理为例（如图 1 所示），该公司通过该流程实现了对 TOP10 风险的持续监控、评估和快速反应，将风险管理与战略决策紧密结合，提高了风险评估的及时性和决策的有效性。

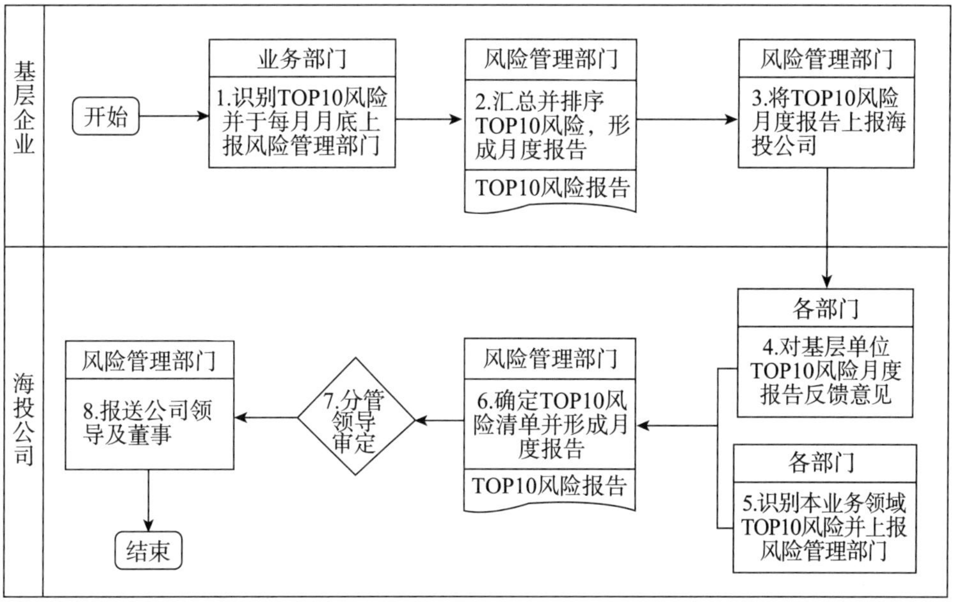

图 1　某国有企业海外投资公司 TOP10 风险管理流程

首先,在风险识别阶段,通过各种方法和工具,如数据分析或现场识别等,该公司基层业务部门全面识别出项目中可能面临的主要风险。这些风险包括但不限于政治风险、市场风险、技术风险、财务风险等。其次,风险管理部门进行风险分析,运用定量和定性相结合的方法,对识别出的风险进行深入分析,通过建立风险评估模型,评估各个风险发生的概率和可能带来的影响。这一步骤不仅帮助公司了解各个风险的严重程度,还为后续制定风险应对策略提供了依据。再次,在风险响应阶段,根据风险评估的结果,制定相应的应对措施。这些措施包括风险规避、风险转移、风险缓解和风险接受等。公司会根据风险的性质和影响程度,选择最合适的应对策略,以最大限度地减少风险带来的负面影响。最后,进行风险汇总排序,形成 TOP10 风险月度报告并上报上级公司。通过这一阶段的工作,各级公司能够对潜在的风险有一个全面的了解。

此外,该公司还建立了持续的风险监控机制,确保风险管理的动态性和及时性。通过定期的风险评估和更新,公司能够及时发现新的风险,并对现有风险的变化做出快速反应。这一机制确保了风险管理与战略决策的紧密结合,提高了风险评估的及时性和决策的有效性。

总的来说,通过这一系列的风险管理流程,该公司不仅能够有效地识别、分析和应对境外电力项目中的主要风险,还能够将风险管理与战略决策紧密结合,从而在激烈的市场竞争中保持竞争优势,实现可持续发展。

然而,在实时监控和风险响应过程中,如何对突发事件进行分类和优先级排序?特别是在识别到潜在的高风险事件时,如何具体把握动态风险的发展趋势?如何根据实时数据进行响应?仍然需要进一步精细化的管理机制进行配套,使其更好地适应企业战略和运营需求,确保风险管理的持续性和长期有效性。基于此,TOP10 风险“动态排序管理”在这一体系的基础上不断创新,构建了基于“系统化评估—评价分类—持续监控—快速反应”的“动态风险排序与响应机制”(见图 2),确保风险“识别—评估—预警—响应”的稳定高效。

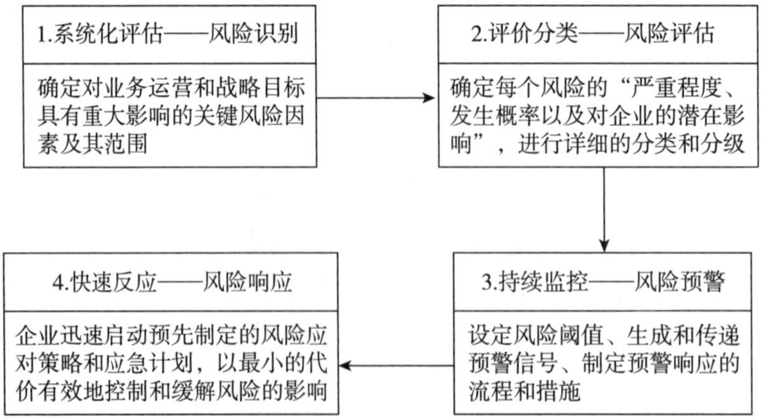

图 2　TOP10 风险“动态排序管理”的主要机理

1. 系统化评估——风险识别:系统化评估是指采用标准化和结构化的方法,对企业面临的各种潜在风险进行全面识别和分析。这一过程涉及对企业内外部环境的深入了解,包括市场趋势、政治法律环境、技术发展、供应链稳定性等方面。通过评估,确定对业务运营和战略目标具有重大影响的关键风险因素及其范围,为后续风险评估分类和管理提供基础。

2. 评价分类——风险评估:评价分类是通过采用定量和定性相结合的方法,根据风险的性质、来源、影响程度等因素,将识别出的风险进行详细的分类和分级,对关键风险进行深度分析和系统化评估的过程。该过程旨在确定每个风险的严重程度、发生概率以及对企业的潜在影响。通过对各个风险因素进行综合评估,可将风险划分为不同的等级或类别。如高、中、低三个等级,或者根据风险的性质将其分类为政治风险、市场风险、技术风险等。从而更清晰地识别和理解各种风险,为制定针对性的风险应对策略提供依据。同时,可通过定期重新评估和更新风险分类,确保风险管理的持续适应性和有效性。

3. 持续监控——风险预警:持续监控是指通过建立实时的风险监测机制,对关键风险指标进行持续跟踪和分析,以便及时发现风险的异常变化并发出预警信号。这一过程涉及风险数据的实时收集、分析和报告,以及预警机制的设定和执行。风险预警系统通常包括风险阈值的设定、预警信号的生成和传递以及预警响应的流程和措施。当风险指标超过设定的预警阈值时,企业应迅速启动应对措施,以降低风险对企业的潜在影响。

4. 快速反应——风险响应:快速反应是指在风险预警信号发出后,企业能够迅速启动预先制定的风险应对策略和应急计划,以最小的代价有效地控制和缓解风险的影响。该过程要求企业具备高效的决策机制和灵活的执行能力,以确保在面对突发风险事件时,迅速做出反应,如调整运营策略、启动应急预案、沟通协调相关方等。快速反应的关键在于事先的准备和计划,包括"对潜在风险的预测分析、风险应对策略的制定、资源和人员的配置以及应急流程和通讯渠道的建立"。

四、TOP10 风险"动态排序管理"的具体实践与响应机制

在"全球经济一体化"和"地缘政治不稳定性"加剧的背景下,传统的静态风险管理方法已难以适应当前快速变化的市场和政治环境,利用动态排序管理机制对 TOP10 风险进行实时监控和有效响应成为了企业风险管理的重要策略。本部分将详细介绍 TOP10 风险"动态排序管理"的具体实践和响应机制,从而为境外电力企业提供一种更加灵活、有效的风险管理解决方案。

(一)风险动态排序实践:适用三种要素识别度量风险,监控和把握风险动态

在风险动态排序实践中,TOP10 风险"动态排序管理"着重识别关键风险指标,并采用三种主要要素来度量风险:发生概率、影响程度和紧急程度。这些要素的识别和分析直接影响企业对风险响应的优先顺序和策略制定。首先,"发生概率"涉及对风险发生的可能

性进行评估，考虑了历史数据和潜在的未来趋势。其次，"影响程度"测量一个风险事件对企业运营可能产生的负面影响大小。最后，"紧急程度"评估了风险应对的时间敏感性，即企业需要多快采取行动来减轻或避免该风险对企业的潜在影响。

在具体实践中，企业应以月度为风险跟踪周期，每月发布TOP10风险管控报告并发送至公司经理层和董事会。这些报告会对上期排序变化较大的风险进行跟踪分析，并对本期风险进行逐项破解、滚动更新以力求降级。定期发布的风险管控报告和持续的风险跟踪分析有助于及时化解和降级风险。同时，企业需要设置不同的风险承受区间，以反映随时间变化的风险规划和战略部署。

以某国有企业在东南亚的电力项目为例，该企业通过每周更新风险列表和督办会议来动态管控风险，有效应对了由疫情造成的工程超期和成本超支风险。值得注意的是，实施TOP10风险"动态排序管理"应要求企业深入识别项目中的动态风险，明确风险发生的阶段、自发概率以及可能导致的损失。这种方法不仅涉及风险的定量分析，还考虑了企业的风险管理特性和各部门的承受能力，以量化风险价值，从而实现整个项目和不同业务条线间风险管理的最优化，保证了风险与收益的平衡。

（二）风险响应策略的制定与执行：突出动态排序时间参数，完善循环动态风险管理体系

在风险管理的领域内，风险响应策略的制定与执行是确保企业能够有效应对风险事件的关键环节。特别是对于采用"动态排序管理"机制的企业，突出动态排序时间参数并完善循环动态风险管理体系是实现这一目标的核心组成部分，即运用"大循环和小循环"嵌套管理的模式管控风险。由于境外电力项目划分为多个阶段，即立项、设计、施工、竣工等，这些工作前后紧密相连，随着项目实施，风险性质、危害程度、紧迫程度等各个方面会发生变化；并且，由于电力项目风险的类型多样，有各自独特的表现形式和运动规律，这些风险相互之间存在着错综复杂的联系，尤其是在建工程项目风险在内部因素与外部因素的相互作用下表现出结构性和多层次性的特征。因此，风险响应策略的制定与执行需考虑以下几个方面。

首先，风险响应策略制定时，企业必须考虑每个风险事件的时间敏感性。这意味着企业需要评估在风险发生后应在多长时间内做出反应，以及不同反应时间对企业运营可能产生的影响。比如，市场需求突然下降，可能需要即时响应；而其他风险，如潜在的法规变化，可能允许有更长的响应时间。其次，构建动态循环的风险管理体系。它要求企业不断地重新评估风险环境，更新风险清单，并调整风险响应策略。为此，企业可以建立例行的风险评估流程，例如每月或每季度对TOP10风险进行重新排序和评估，并基于最新的业务环境和外部情况调整响应策略。再次，执行风险响应策略时，企业应确保所有相关人员明白他们的角色和责任，在必要时能够迅速采取行动。其中涉及事前的培训和演练，以确保在风险实际发生时，能够迅速而有效地执行响应措施。最后，风险响应策略的有效执行还依赖于企业信息系统的支持。包括建立风险数据库、实时监控系统以及决策支持系统，这

些都是实现动态风险管理和快速响应的关键工具。

（三）风险管理的持续优化：加强风险模型压力情景测试及演练，制定应急预案

在风险管理的持续优化中，加强风险模型的压力测试和情景演练至关重要。这种压力测试旨在模拟极端风险事件或不利市场环境，如汇率大幅波动、能源价格飙升、政治动荡等，来评估项目风险模型在应对极端市场波动、政治风险或自然灾害等情况下的表现，确保模型具有稳健性和有效应对能力。这需要基于历史数据和专家判断，确定压力测试的目标和范围，并设计符合实际情况且能检验模型边界条件和假设的测试情景。

在运行压力测试时，不仅要记录模型在不同情景下的反应，包括关键风险指标的变化和模型的稳定性，还要识别模型可能的不足，如参数设置的合理性、模型假设的适用性等。压力测试并非一次性的活动，而是应随项目进展和外部环境变化进行定期更新和调整，确保测试结果的可靠性和实用性。

与此同时，为了确保企业在面对未知和不确定的未来时能够保持韧性和预见性，企业应根据风险管理实践的经验和教训，不断完善风险识别、评估、监控和响应等各个环节，并积极探索和应用如大数据分析、人工智能等新的技术和方法，以及在企业内部培育风险意识和风险管理文化，形成主动识别和积极应对风险的良好氛围，从而健全风险管理体系。

（四）风险内容的降级与关闭：有效降低并化解风险，谨防根本性的冲击或阻碍

对于任何企业而言，其所能承受的风险水平是存在一定界限的。因此，企业风险控制的策略核心在于有效降低并化解风险，直至将其控制在企业可接受的范围内，从而确保即便风险事件发生，也不会对企业的日常生产经营活动构成根本性的冲击或阻碍。企业风险控制作为风险管理体系中至关重要的过程和手段，其根本宗旨在于最大限度地削减风险可能带来的损失，并极力避免风险事态进一步恶化、最终演变为影响深远的危机。通过这一系列精细的风险管理举措，企业能够稳固其运营基础，保障持续发展。

风险降级与关闭的具体标准通常依据风险的性质、影响程度以及企业的风险管理策略和目标来制定。可参照以下风险降级与关闭标准。

1. 风险降级标准

风险概率降低：通过实施风险降级措施，风险发生的概率显著降低，达到企业可接受的水平。降级后的风险概率应低于企业设定的风险容忍度。

风险影响减轻：风险降级措施能有效减轻风险对企业运营、财务状况或声誉的潜在影响。降级后的风险影响程度应低于企业设定的风险影响阈值。

措施有效性验证：经过一段时间对降级措施的实施和监控，证明其能够有效降低风险概率和影响。监控数据显示风险降级措施的效果稳定且可持续。

持续改进与反馈：企业建立风险降级效果的持续监测机制，以便及时调整策略。鼓励员工参与风险管理，收集反馈并优化风险管理流程。

风险级别调整或目标调整完成后，结合 TOP10 风险管理办法，将准则确定下来，并进

行重新分析与调序评估，依据 TOP10 风险管理办法相应制定发布流程进行各项审批，并记录调整情况。

2. 风险关闭标准

风险消除或极低概率：风险已经被完全消除，或者其发生的概率极低，几乎不可能对企业造成实质性影响。风险关闭需经过正式的程序确认，包括风险关闭报告和文档归档。

影响完全消除：风险对企业运营、财务状况或声誉的潜在影响已经完全消除。关闭后，企业仍需保持对风险的持续关注，确保风险监控机制有效运行。

措施长期有效：风险降级措施已经稳定运行一段时间，历经长时间检验与市场波动考验，依然能有效化解风险，证明其长期有效，无须进一步的风险降级措施或监控。

文档完整与归档：风险关闭过程应有完整的文档记录，包括风险识别、评估、降级措施、效果评估及关闭理由。及时完成文档归档，以便未来查阅和参考。

风险管理策略一致：风险关闭应符合企业的风险管理策略和目标。关闭后，企业应继续优化风险管理流程，提高风险管理水平。

（五）风险动态管理的实施效果：由点及面一体化推进，共同织就风险防控网络

1. 提高业务部门员工的风险意识和参与度

各层级业务部门员工对动态风险管控流程的深切认同，构成了风险管理不可或缺的基石。TOP10 风险"动态排序管理"不仅赋予员工更高层次的个人安全保障感，还极大地激发了他们的参与热情。通过实时更新工作场所的风险状态信息，一线员工能够即时洞悉周遭环境的潜在变动，这显著增强了他们的危机预知能力和主动干预的自觉性。此外，员工被直接纳入风险管理流程之中，诸如主动报告现场观察到的异常状况，这一举措确保了风险管理体系能够迅速响应并实时更新，形成良性互动。

2. 增强风险管理部门的响应能力，提高其风险可视化水平

构建卓越的风险管理体系，离不开全体员工的持续支持与参与。对于风险管理部门而言，TOP10 风险"动态排序管理"不仅是提升工作效率的关键工具，更是将风险管理转变为一个持续、动态的监控过程的技术支撑。相较于传统的静态风险分析报告，动态风险管理凭借实时数据的更新与技术的迭代，使风险管理部门能够迅速识别并应对风险，及时采取纠正措施。同时，它促进了内部风险信息的透明流通，极大地便利了跨部门间的协作与资源调配，使各部门共同织就一张紧密的风险防控网。

3. 保障企业运营安全

从管理层的战略高度审视，TOP10 风险"动态排序管理"的推行构筑了一种前瞻性强且灵活应变的风险控制文化氛围。借助实时数据的持续采集与深度分析，管理层能够敏锐捕捉运营流程中的潜在风险点，从而制定出更为精准有效的预防措施和应急响应策略。这一模式不仅巩固了日常运营的安全防线，还显著增强了企业对突发事件的应对与恢复

能力。

五、电力企业海外投资风险管理建议

（一）提升企业自身经营水平

企业在跨境投资中，首先要建立一支高水平的人才队伍，同时要建立高效的沟通体制机制。在境外投资中，企业将面临融资、财务、法律以及文化等各方面的现实差异，拥有一支复合型的国际化管理人才队伍是解决这些问题的关键。

（二）制定防范和化解重大危机的预案

企业应重视境外投资安全，对可能出现的潜在风险点进行全面评估，制定防范和化解重大危机的预案。

2018年，中国某基建企业在肯尼亚承建公路项目时遭遇当地部落武装冲突，该企业及时启动了事先制定的应急预案，撤出施工人员，暂时停工，并与当地政府进行积极沟通。最终在政府的协调下，局势得到稳定，公司恢复了施工，较好地化解了政治风险，有效控制了经济损失。这充分说明，境外投资需要有针对性地加强风险防范和管理机制建设，制定防范和化解重大危机的预案，提高应对重大危机事件的能力。

（三）企业应当谨慎选择境外投资地区

境外投资地区的政治、经济、社会环境等因素都会影响投资项目的实现。因此，企业在选择境外投资地区时，可采用相关的评估框架或者考量相关国际机构公布的各国政治风险情况来谨慎选择。

（四）统筹利用当地支持服务能力，签订相关支持性协议

技术因素包括基础设施水平和技术支撑能力、信息安全保护等，基础设施、技术支持和信息安全会直接影响投资项目的实际运行和目标实现。首先，对于一些经济落后的国家或地区，当地基础设施落后，供电、通信等配套设施不完善，会给投资企业带来很大挑战。其次，当地缺乏熟练的技术人才，投资企业不得不组织大量本国工人前往支援，成本会大幅增加。最后，境外还存在信息安全事故处置能力不足以及信息安全保护不力等问题，境外网络安全风险的管控问题导致我国企业开展境外经营活动所面临的安全风险越来越大。

（五）为境外项目投资投保

我国企业在境外投资，可以采取购买保险的方式防范各类风险。2019年，某工程公司在中亚地区承建铁路项目，提前为项目投保了政治风险、工程险等。在项目建设过程中，当地发生了政变，导致工程一度停顿。经保险公司认定属于投保范围，该公司获得了赔付，弥补了政变引起的损失。这充分说明中国投资企业在进行海外投资时，应提前做好全面的保险规划，针对可能发生的各类风险进行适当的转移和补偿。

六、结论

随着“一带一路”倡议的深入推进，“走出去”的中资电力企业在项目当地面临的市场

环境复杂性和竞争激烈性不断增加，这一趋势导致在电力项目建设和运营过程中，各种不确定因素显著增加。在这种复杂多变的背景下，企业需要采取更为有效的风险管理措施，以确保其运营的稳健性和战略目标的顺利实现。

为了应对这一挑战，企业可以通过构建 TOP10 风险"动态排序管理"体系来提升风险识别和防控能力。该体系的核心在于动态地识别和排序各种潜在风险，从而帮助企业更好地应对市场变化和政策调整带来的挑战。通过这一管理体系，企业能够及时捕捉国际市场中的风险信号，例如政策变动、监管要求以及市场波动等风险信号，从而优化资源配置，提高风险处理的效率与效果。此外，TOP10 风险"动态排序管理"体系还能够减少企业在风险管理过程中的主观偏好，确保决策的客观性和科学性。通过科学的风险评估和排序，企业能够更加精准地识别出那些对项目运营和战略目标影响最大的关键风险点，从而有针对性地制定应对措施，提高风险处理的效率和收益。

对于在境外运营的电力企业而言，TOP10 风险"动态排序管理"不仅能够提升企业的风险管理能力，还能够在战略层面为企业提供有力支持。通过有效管理各种潜在风险，企业能够更加灵活地应对市场变化，做出更为合理的战略决策。这不仅有助于企业在激烈的市场竞争中保持稳健运营，还能够实现高质量发展与高效风险管理之间的良性互动，从而在"一带一路"倡议的大背景下，抓住更多发展机遇，实现可持续发展。

第三编　涉外合规

海尔智家出海的“法务共享中心”模式

田兴珍　赵　杰

作者简介

田兴珍　海尔智家股份有限公司法务总监

赵　杰　海尔智家股份有限公司中东非法务负责人

企业简介

海尔智家股份有限公司，主要从事智能家电产品与智慧家庭场景解决方案的研发、生产和销售，业务已覆盖亚、欧、美、澳、非等五大洲，构建起“研发、制造、营销”三位一体的当地市场竞争力。公司分别于 1993 年、2018 年、2020 年在上海证券交易所、法兰克福交易所和香港证券交易所上市，形成了包括海尔、卡萨帝、leader、GE Appliances、Candy 等在内的七大品牌集群，覆盖不同市场和用户需求。该公司旗下三翼鸟是场景品牌，提供智慧家庭全场景解决方案。

内容摘要

践行海尔集团“人单合一”管理理念，海尔智家法务部通过构建“法务共享中心”模式，搭建“法单合一”，重视发挥属地法务职能，高效协调和调动全球法务资源，同时通过数字化赋能重塑传统企业法务职能，在保障企业合规运营前提下，助力出海业务快速发展。

关键词

法务共享中心　法务属地化　人单合一　法务数字化　业务赋能

引　言

近年来，“出海”已经成为国内企业的重要发展方向，成为网红热点。海尔作为中国最早一批出海的企业，于 1998 年进入国际化战略发展阶段，开始走向国际市场，并在美国建立第一个海外工业园。随后，凭借“全球化、本土化”战略，其业务已覆盖全球多个地区，在全球拥有 10 大研发中心、35 个工业园、138 个制造中心。从 2022 年开始，海尔的海外收入已超过国内收入，海尔深度参与经济全球化进程，提升国际竞争力，取得了不俗的成绩。

但是，出海历程并非一帆风顺，其中，面临纷繁复杂的法务合规问题。海尔智家股份有限公司（以下简称海尔智家）法务致力于形成高效并有组织的法务合规运作，将政策要求嵌入全业务流程，搭建“人单合一”下的“法单合一”，激发法务合规人员的自驱力、监管意识和服务能力，开创了海尔智家出海的“法务共享中心”模式。

海尔智家作为一家跨国企业，其法务组织在搭建出海模式时，一方面学习借鉴跨国企业在中国的法务组织模式变迁，另一方面总结参考中国企业在全球化过程中采取的不同法务出海模式。

通常而言，法务出海模式取决于公司的业务和战略发展。对于产品贸易出口业务，法务需求并没有那么复杂，集中在审阅涉外业务合同领域，一般由总部法务承接；对于出海投资和属地运营，法务工作会更加复杂，不仅需要法务能够去跟境外的律师进行交流，引导他们去做尽职调查与各种投资和运营的风控，而且沉没成本也会变得更加高昂，需要法务搭建属地合规体系；在全球化阶段，法务需要思考全球法务团队应该如何搭建，在境外的公司如何设置法务团队，区域化的法务和总部的法务之间怎样分工合作等问题。

一、跨国企业在中国法务组织模式的变迁

在欧美跨国企业法务工作体系中，法务工作负责人（CLO）级别通常为公司的高级副总裁，地位仅次于首席执行官（CEO），与首席财务官（CFO）、首席技术官（CTO）并行。同时，在区域经营中心，设置区域总法律顾问，如大中华区总法律顾问、美洲总法律顾问。中国公司基本上也只是其大中华区的总部，而在其汇报线之上可能还有亚太区，亚太区之上才是全球总部。外企在中国设置的法务组织通常会同时隶属于当地子公司和股东方的法务部门，但更多地像是总部法务部门的一个分支。受政策、企业发展规模的影响，跨国企

业在中国的法务组织模式经历了一系列变迁(见表1)。

表1　跨国企业在中国法务组织模式变迁

法务模式	组织隶属	绩效考核	属地化程度	属地法务地位
派出式	总部法律部	总部法律部	低	低
分散式	总部法律部+属地	总部+属地	较高	较高
矩阵式	属地	属地	高	高

在改革开放初期,由于中国缺少国际化人才以及外企业务范围较为单一,跨国企业很多采取了派驻模式,当法务部、合规机构在中国跨国经营公司中的定位被调整到核心岗位时,那么就会涉及在中国的法务核心岗位的派驻问题。总部派驻模式增强了集团对风险和危机的掌控力度,同时可以防止子公司等隐瞒不报和内部舞弊行为。

随着外企在中国业务规模的扩张,很多外企中国公司法务部搭建属地法务团队,采取了相对分散的法律管理模式,即重大法律事务和规章制度由总部法律事务管理机构归口管理,而一般法律事务根据总部的授权由子公司自行处理。

当前,随着合规要求和业务的日益复杂,外企法务在中国采取了矩阵管理模式。矩阵式管理模式下外企在中国总部设置属地法务总监,根据法律事务类别可设置各类业务首席法律顾问,又为各个区域或各个主要业务配备专业公司律师,在这种模式下,集团总部法务部和中国区域法务部对这些专业公司律师都有一定比例的管理和考核权限,从而形成总部和属地的双向负责、双向汇报的矩阵机制。

二、中国企业出海的法务组织模式

目前中国企业主要有两种海外发展模式:一种是以并购为主,实现全球扩张;另一种是随着业务扩张而设立自己的海外分/子公司,从而在海外站稳脚跟。

在中国企业出海开展全球化业务过程中,不同的企业采取了不同的法务出海模式(见表2),一种是“强总部派出式”,即中国企业总部的法务部门向海外属地项目派出专职法务人员,并在当地招聘属地法务人员,组建属地法务团队,当地法务团队同时向总部法务和项目管理层汇报,在这种模式下,总部的法务合规政策可以得到有效贯彻执行,且沟通便捷,但搭建成本较高,需要招聘熟悉当地法律的中国人派遣到当地;一种是“总部远程外包式”,即中国企业总部的法务部门远程负责海外属地的法务合规事务,并委托当地律所提供专业服务,将重大合同审核、执照办理和诉讼等外包给当地律所,在这种模式下,不需要派遣中国法务人员和招聘当地法务,成本降低,但当地律所对业务的了解不够,无法深入参与业务,且无法很好地贯彻总部的法律合规政策;一种是“弱总部强属地式”,即海外属地项目搭建自己的法务团队,完全向属地管理层汇报,总部法务仅为总部的业务提供法务支持,在这种模式下,属地法务积极性较高,为项目拓展业务服务,但全球法务团队处于割裂状态，总部的法律合规政策也无法得到很好的执行。

表2　中国企业法务出海模式对比

法务出海模式	总部管控程度	成本	总部政策执行	适用情形
强总部派出式	强	高	好	内生投资项目
总部远程外包式	较强	较高	较好	工程项目
弱总部强属地式	弱	低	一般	并购项目

法务出海模式和企业的商业发展模式息息相关。受国家政策、市场发展需要、企业文化、进入时间等影响，法务出海模式并无优劣之分。但进入海外市场的方式不同，决定了各企业扩张的商业模式存在显而易见的差异，最终这会影响到企业的法务出海模式选择。

对于并购式出海，需要考虑并购后整合的问题，尤其是在被并购的公司在业内本身就是比较成熟的公司，已经有成熟的法务部的情况下，通常会保留当地的法务团队，总部的法务则是一个协同的角色，把总部的政策、合规管理要求下放到当地，由当地的法务团队去进行融合，去进行本土化的融入。

对于自我扩张式出海，很多中国企业派驻条件合格的中国法务去当地开展工作。其发展模式主要是通过自我扩张模式进入海外市场。相应地，该商业发展模式决定了总部对海外子公司有绝对的主导权，总部可以根据主要市场的区分，在各大洲设立地区总法律顾问，由中国人担任，同时在当地每个国家派驻中国籍海外法务管理人员。在汇报线上，地区的总法律顾问向集团法务部汇报。

对于项目式出海，比如工程企业，一般采取总部出差配合当地律所模式，工程项目具有一定的周期性，通常不会匹配当地的法务，总部法务在招标、投标、接工程那段时间通过出差的方式投入项目。而在后期面临索赔争议、解决争议、国际仲裁的时候，会花大量的时间和精力聘请外部顾问去解决。

三、海尔智家出海的"法务共享中心"模式

不同于上述模式，海尔智家法务在"走出去"的过程中，积极落实海尔"人单合一"的管理理念，开展"法单合一"，挖掘并深入洞察不同法务人员的法务职责和业务需求，并通过价值导向进行考核激励，开创了"法务共享中心"模式（构成要素见图1）。在这一模式下，海外属地的法务团队形成独立小微运作，总部作为政策中心和资源协调中心，进行政策输出和资源调配，通过专业指导和政策监督并联全球法务团队。

在此法务管理架构上，即将海尔智家总部法务部定位为"法务共享中心"，中心下辖专业合规法务、区域法务和产业法务，由总部法务部垂直管理，负责各产业和各区域所管辖范围内的全部法律工作（含合同审理、诉讼业务、投资并购等），使得法务团队相当于公司内部的律所，独立、严谨、专业地为公司各业务部门和各区域提供法律意见与法律服务。

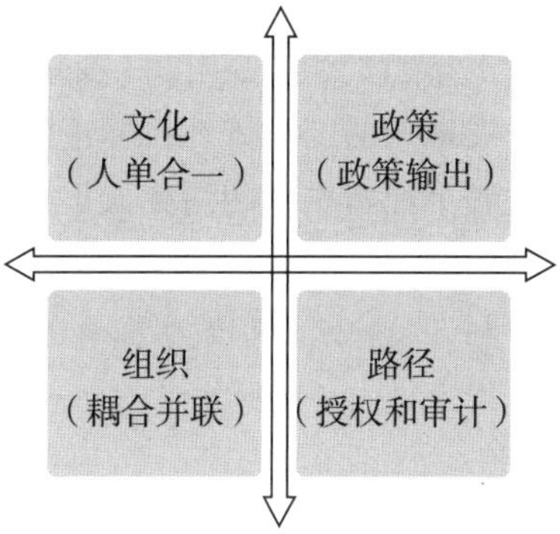

图1 “法务共享中心”模式构成要素

具体到方法论层面，海尔智家出海的“法务共享中心”模式通过三个方面落地实施，一是事前充分授权，重视“法单合一”下“单”的具体内容，总部法务参与海外属地法务职责的制定，海外属地法务部年度目标、年中总结、年末总结，都需要报总部法务部征求意见和审批；二是重视过程监管，通过数字化工具实现合同和诉讼等业务的全流程动态管理，同时总部法务开展法务小审计，实地了解总部政策制度落实情况，主动识别法律合规风险，并协同制定风险防控方案；三是打破地域边界进行法务资源全球调配，总部法务通过调配最专业的内部合规专家协同应对合规挑战。

（一）法单合一，事前算赢

1. 法务属地化，自驱 + 授权

海尔智家出海地域广泛，已覆盖大多数国家和地区，面对的监管主体众多，所需遵守的规则也众多，且不同地区的法律政策和实践均有各自特点，当地监管环境的差异使国内的一些常规做法在国外可能并不适用，产生“水土不服”的问题。

海尔智家法务实行法务属地化策略，总部并不向当地派出法务人员，而是协助当地业务团队招聘和组建属地法务人员，让其充分行权，激发其自驱力，发挥其在东道国法律合规政策和执行情况方面的经验，在属地公司面对复杂的合规要求时及时做出准确的应对。海尔智家法务在开展法务属地化时，重视成本最优原则，形成了一套完整的搭建机制。具体而言，海尔智家会在以下情况下组建当地法律团队：业务扩展到新的地区，随着公司扩展到新的地区，它可能需要当地的法律团队来确保其运营符合当地的法律法规；法律复杂性增加，随着公司的发展和运营变得更加复杂，可能需要专门的法律团队来满足其法律需求和应对风险；当地语言要求，如果一家公司在当地语言与其总部不同的国家运营，则可能需要建立当地法律团队，以与当地经销商、供应商和监管部门等有效沟通并了解当地法律要求；当地法律团队可以提供对当地市场状况、法律要求和文化差异的宝贵见解，帮助公司做出明智的业务决策；节省成本，拥有当地法律团队可以通过为公司的法律需求提供专门的资源来降低外部律师的成本并提高法律支持的效率；通过建立当地法律团队，公司可以确保其运营符合当地法律法规，有效管理法律风险，并作出明智的业务决策。

对于当地法务团队，总部法务并不是放任不管，而是通过事前授权的方式，充分论证其职责，即充分明晰法务风控的工作职责和风控对象（授权清单示例见图 2）。具体到实践中，海尔智家每年年底都会开展来年的工作方针目标论证工作，不仅业务团队要论证，法务团队也要论证，特别是海外各个经营实体的法务人员，通过与业务人员、其他平台人员和管理团队的交流和论证，识别包含公司治理、印章管理、诉讼管理、知识产权和数据合规等方面的风险点和提升点，并制订风险闭环和效率提升的具体方案，具体到落地日期和内外部资源需求，以落地和可执行为导向。属地法务部年度目标、年中总结、年末总结，需要报总部法务部征求意见和审批。

序号	分类	子类	事项	某海外项目法务	海尔智家法务
1	法务	公司治理	产生或更改董事会名单，包括子公司董事会名单后XXX天内灌入法务数字化系统	主责	备案
2	法务	公司治理	产生或更改公司章程、营业执照（商业登记）后XXX天内灌入法务数字化系统	主责	备案
3	法务	诉讼	收到诉状或发生重大进展后XXX天内将诉讼案件概要灌入法务数字化系统	主责	备案
4	法务	公司治理	产生或更改公司政策和流程文件后XXX天内灌入法务数字化系统	主责	备案
5	法务	公司治理	产生或更改合同模板后XXX天内灌入法务数字化系统	主责	备案
6	法务	并购	并购事项，无论股权交易或资产交易，需要将商业计划和合同文本报总部法务部，并获得批准	主责	审批
7	法务	部门管理	属地法务年度目标、年中总结、年末总结，需要报总部法务，并在1/1、6/30、12/15前获得批准。	主责	审批
8	法务	部门管理	属地总法律顾问年度评价，需要报总部法务部，并由总部法务会同业务CEO协商同意	主责	审批
9	法务	法务采购	法务系统（合同管理系统、知识产权系统等）采购，需要报总部法务部，并获得批准	主责	审批
10	法务	诉讼	超过XXX万美元的诉讼的重大诉讼策略决策或和解方案，需要报总部法务部审批	主责	审批
11	法务	公司治理	属地公司的董事的任命规则，需要报总部法务部审批	主责	审批
12	知识产权	知识产权	所有知识产权的出售、许可（进或出，针对 非关联公司），需要报总部法务部备案	主责	备案
13	知识产权	专利	年度专利申请量预算，需要报总部专利部门备案	主责	备案
14	知识产权	专利	潜在费用超过XXX万美元的专利许可谈判，尤其标准必要专利许可谈判，需要报总部法务部备案	主责	备案
15	内审	合规	所有举报，需要报总部内审部门备案	主责	备案

图 2　海尔智家某海外公司法务授权清单示例

此外，海尔智家法务重视整合总部和当地子公司的政策体系，通过定期会议、电话会议和电子邮件更新来保证总部和当地子公司理解和遵守政策；广泛收集政策制定建议，让属地法务团队参与政策制定，以确保政策在当地背景下切实、相关且可行；对当地子公司员工进行政策及执行方面的培训和教育，包括定期培训课程、在线培训计划和研讨会等；总部法务建立监控政策遵守情况的流程，并采取行动监督执行这些政策，这可以包括定期审计和抽查等；总部法务会定期审查和调整其政策，以确保其政策在总部和当地子公司之间得到有效整合，并确保政策有效地支持总部在当地和全球范围内的业务目标。

2. 风险事前防范，事前算赢

随着全球监管趋势的变化，企业出海面临的合规要求越来越严苛，为了确保业务的可持续发展，海尔智家法务拉通总部法务和海外属地法务，重视合规风险的事前防范，搭建从基础合规到专项合规的全方位属地合规体系。

出海业务的目标市场、地缘政治要求、面临监管政策不同，就会有不同的合规重点和风险难点，一方面，海尔智家搭建普适性、全面性的合规制度；另一方面，在面临特定领域、特殊问题的合规难题时，比如欧洲的数据合规和ESG，中东非的反洗钱风险等，需要结合行业特点和业务实际为海外属地量身打造专项合规计划。

为了确保事前算赢，海尔智家法务重视合规体系的运营。总部法务通过“法务共享中心”模式，拉通全球的合规资源，结合海外业务发展需要建立权责清晰的合规治理架构，在决策、管理、执行三个层级上划分相应的合规管理责任，完善合规运行机制，建立全面有效的海外合规问责制度，有效防范合规风险的产生。

(二)法务审计，过程监管

1. 法务审计，主动识别风险

海尔智家法务在搭建“法务共享中心”模式中，重视体系的全流程运作，不断通过识别和发现风险，监督海外属地法务团队的运作，形成有授权和有监督的闭环体系。

为了保障总部合规政策贯彻落地，激发属地法务团队的自驱力，推动属地“法单合一”清单的落地，需要重视过程监管，海尔智家在这方面采取了法务审计的实践做法。海尔智家总部法务每年定期对海外产业、区域以及平台小微进行现场拜访，评估其对海尔智家的法律合规政策流程的理解及执行情况，提出改进和完善建议。同时，通过现场审计加强总部法务与海外企业之间的交流和联系。

总部法务通过对当地员工进行面对面访谈，了解当地企业对总部相关的法律合规政策流程的理解和执行情况。法务访谈的领域包括：公司治理、合规管理、合同管理、诉讼管理、知识产权管理、数据隐私保护等。总部法务需结合访谈情况，请当地企业相关人员协助提供现场审核所需的文件资料。总部法务审阅书面资料，从资料完整性、与公司政策规范要求的一致性等维度评估当地企业在法律合规方面的执行情况。

现场审计结束后，总部法务完成“小审计”评估报告，结合当地企业的日常经营内容，查明涉及的法律风险问题。并以此为根据，制订和实施针对性的风控方案，为当地企业构建专属的风险识别机制，来帮助识别经营过程中的合规风险，防止企业触碰法律红线，确保企业活动依法合规。评估报告完成后，跟踪推动小审计改进事项的落实情况，形成闭环，并培育合规文化，形成重视合规、尊重法律的当地企业文化，促使属地员工在日常工作中重视合规要求，防范企业的合规风险。

2. 合同全流程管理，数字化驱动

通过数字化合同系统，实现全球合同的线上处理，评估各地属地法务团队的审核效率，从合同标准化率、审核时效和签约闭环等维度拉通对齐全球法务的工作标准，提升“法务共享中心”模式的专业水平。

出海业务因为涉及国家众多且业务模式各异，需要借助复杂而精细的合同或协议安排，这就要求合同管理必须是全过程、系统性、动态性、专业化的管理，才能有效获得各种统计数据,为企业的经营决策提供依据。海尔智家在海外当地部署了 i-contract 数字化系统(见图 3),让合同上平台,让合同管理上平台,进行全阶段、全过程的合同管理,更明确不同阶段的关注重点,制定合同风险和操作指南。

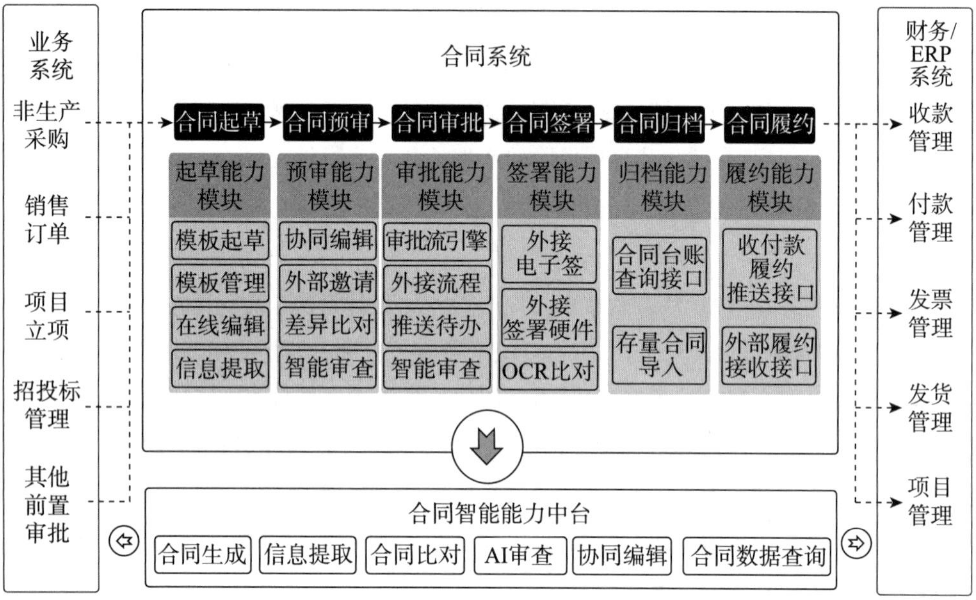

图 3　i-contract 合同系统功能架构

海尔智家法务建立了完善的全球合同管理的制度政策体系。为了确保政策在海外当地得到贯彻执行,法务审计会在审核时重点关注合同审批流程的内部合规性,内容包括实行主办部门负责制、相关部门审核和部门归口管理制,以及按照合同性质和影响对合同进行分类分级、会签审核。完善的合同管理组织体系,包括合同主办部门、合同审核会签部门及合同归口管理部门。

出海业务模式各异且每个国家的法律政策各有特色,难以形成一套反复适用的合同文本,有些条款的差异性比较大。海尔智家制定并发布示范性文本或条款,包括销售合同、经销合同、供应合同等,根据出海业务归纳总结出的实践经验,对示范文本进行本地化改进,明确标准文本和主要条款,能节省起草文本的精力,降低交易成本。海尔智家法务重视合同标准文本、主要条款的研究开发、成型及应用,通过标准文本或者主要条款的标准化以及本地化,可以对合同文本的交易结构、风险防范、售后索赔进行充分安排。

海尔智家法务重视合同管理的管理效率,针对合同管理相关人员,通过系统培训与案例教学、理论学习与项目现场应用实践等方式,识别合同签订、履行、终止等环节需要注意的事项,制定有关合同管理工作手册、流程指引等。

3. 全球联动,诉讼应对

海尔智家作为一家全球化企业,面临的纠纷风险也是全球性的,单靠总部法务或某一区域的法务难以有效应对,海尔智家法务充分发挥“法务共享中心”模式的优势,联动全球法务资源,对纠纷和诉讼进行系统性应对。

案件启动后,搭建不同法务团队组成的专案小组,使其发挥各自的专业优势,重视业务团队参与和内部专案组的作用。

在启动或加入国际仲裁、海外诉讼前,开展案件的风险评估,包括了解案件背景,调取、核实关键资料,在不同法务团队对调查结果充分讨论后,再进行评估。这意味着,在公司决定是否启动仲裁或诉讼前,公司法务人员就要对案件进行深入研究,得出评估结果后,公司再做出是否启动法律行动的决策。同时,对程序性问题进行充分论证,比如管辖权异议、法律冲突、申请禁令、财产冻结令等,评估执行阶段的困难,防止因程序性问题对案件结果造成颠覆性影响。另外,对时间进程做一个大略的推演,有一个整体的认识后,公司更方便进行团队协调和决策。

无论是国际仲裁,还是海外诉讼,案件的程序周期都比较长。对于海外诉讼,有可能会遭遇上诉程序、司法审查程序;对于国际仲裁,在颁布仲裁结果后,还可能在裁决结果的有效性、裁定的承认和执行方面遭遇诉讼;争议各方有时为了自身利益,也可能启动其他关联诉讼。像管理项目一样管理国际商事案件,很有必要。海尔智家通过数字化工具搭建了诉讼管理系统,它随着案件的发展不断更新和扩展,方便案件的参与人员清楚了解案件时限和进展,及时做好自己负责的工作,同时,也便于总体审视案件策略,避免时间和程序上的疏漏。

(三)资源协调,搭建生态

1. 以业务形态为导向,搭建不同的法务职能

海尔智家“法务共享中心”模式是一个生态体系,不同的法务团队各有特点,针对的是不同的业务形态。海尔智家法务根据不同的业务实际搭建不同的能力结构,实现成本最优和合规效果最优。

海尔智家的国际化业务大致划分为三个类型,包括产品出口、产业出海建厂、海外并购本地化运作。产品出口,即公司产品出口到海外国家,这一模式要求法务人员能够审阅业务合同,处理专利、商标域外注册工作。产业出海建厂,即公司在海外投资建设实业工厂,这一模式要求法务人员具备跨境投资风控能力,并能在实操中与境外律师紧密合作,同时,要求法务人员具备属地从 0 到 1 搭建合规体系的能力,并能够不断运行合规体系。海外并购本地化运作这一模式要求整合标的公司的法务团队,逐渐实现属地法务全天候支持,在这过程中,制定且不断完善跨国法务管理标准。

海尔智家法务重视组建和管理海外法务人员团队。根据不同的业务模式,招聘组建海外法务团队,并重视规范海外法务运作,以保障工作质量。做好道路铺设工作,做好市场准入调研,帮助海外分支落地和合法化,帮助定制合同及其处理流程,进行产品合规审核,另外,结合考虑产品的海外知产布局,帮助产品占据海外市场的有利地位。并且,海尔智家运用数字化工具打造了外部司法资源数据库,积极开拓国外司法资源。

近年来,随着数据合规、人工智能和ESG等新监管领域的兴起,法律合规风险防控的挑战越来越大,不仅要考虑东道国的法律监管,还要考虑第三国的利益诉求,以及利益相关方国家、全球性大国、国际组织、多边金融机构等第三方合规要求影响,这就需要发挥总部法务的协调和资源配置职能,对海尔的全球法务合规资源精准调配。

2. 全球法务资源的协调和共享

出海国家分布、产业属性、产品属性、客户属性、文化属性等对法务合规人员的要求是不一样的,比如能解决印度公司业务的顾问,不一定能解决埃及公司的业务问题,也不一定能解决泰国子公司的业务问题,且数据合规等强合规事项需要专业合规人员来处置。海尔智家搭建了全球法务合规团队,通过资源协调和搭建生态的方式实现法务合规资源的有效配置。

为协调全球法务资源,海尔智家法务创新设立了“全球合规委员会”、“全球物联网委员会”和“全球知识产权委员会”三大专业法律委员会。在“全球合规委员会”之下,还特别成立了反腐败、反洗钱、数据隐私、经济制裁与出口管制、反垄断等多个专题子委员会。这样的结构体系不仅提升了法律服务的专业性和针对性,而且促进了法律人员根据各自的专业领域参与相关委员会的工作,通过跨区域的合作研讨,共同应对和解决企业在国际业务中遇到的各类法律合规问题。在2021年年初,海尔智家因在海外市场的快速发展,面临某跨国家电巨头发起的专利侵权指控,涉及GE Appliances、海尔、卡萨帝、Candy等四大品牌,并影响美国、欧洲、中国、澳大利亚等主要市场。面对这一跨越10年的复杂纠纷,海尔智家总部法务发挥出卓越的全球协作能力,迅速组织了GE Appliances、FPA、Candy以及海尔智家总部的知识产权法务专家、专利、技术和市场团队展开紧密合作。

此外,海尔智家在搭建法务资源生态中,运用了数字化工具,为应对全球化运营中的法律管理挑战,引领法务领域数字化革新,海尔智家法务依托人工智能、大数据等前沿技术,搭建了覆盖全球的数字化法律工具与平台(见图4)。通过数字化工具与平台的应用,实现了“人在平台”和“事在平台”的数字化生态,显著提升了全球法务资源协调和配置水平,增强了全球法务管理的标准化与透明度,从而极大地提升了企业对法律风险的预防与控制能力。

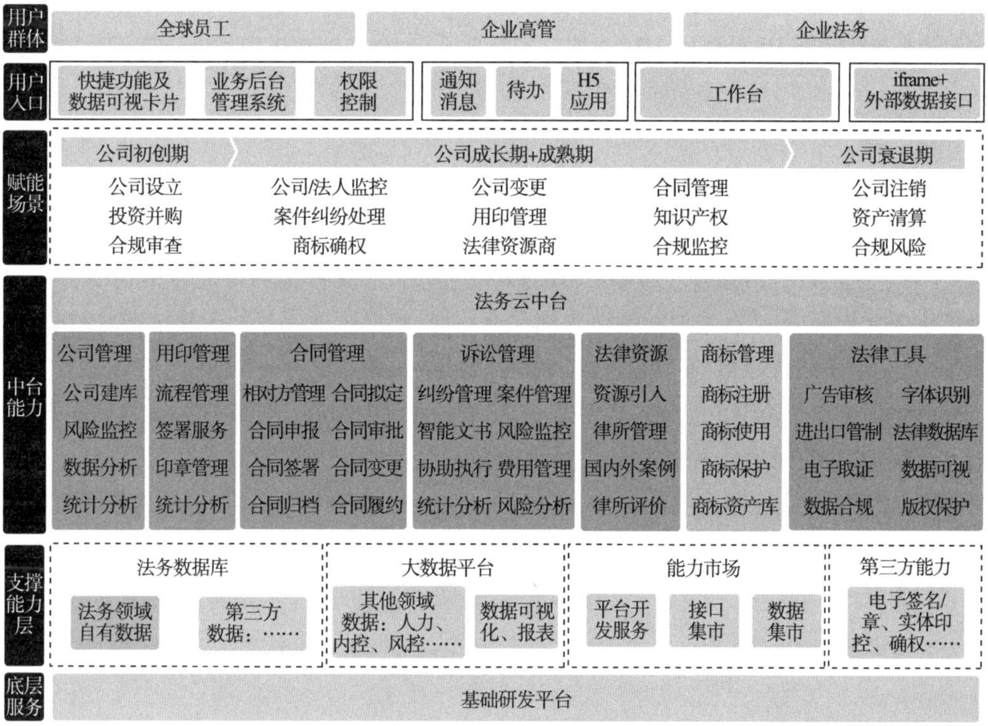

图 4　法务数字化架构

3. 法务全球化

在业务出海和全球化背景下，总部法务部门需要评估全球法律团队，包括识别所有提供法律服务或承担法律职能的员工，确定他们的地理位置、角色和职责范围，并评估每个法律团队成员的资格、技能、优势和劣势。

业务对齐和拉通。海尔智家致力于确定公司当前的法律人员配置是否能有效、高效地处理广泛的跨境和当地交易，并满足跨国业务适用的大量法规要求。这包括识别公司的整体法律需求、了解每个业务地点的具体法律需求，并确定法律人员和服务是否与业务需求对齐。

搭建合适的管理架构。需要理顺清楚总部法务部门跟各地属地法务组织的管理关系，既能做到总部法务对属地法务的业务指导和并联，又不影响属地法务的独立运营。

法务文化的整合和输出。海尔智家法务有自己的文化和风格，在企业出海的过程中，面临不断增加的内生区和并购区法务团队，文化差异挑战日益增大，需要进行文化的整合和输出。作为中国企业，海尔智家“走出去”的时候会带有自己的独特气质，这种独特的气质，便是它的企业文化，在此基础上，从而衍生出相应的法务文化。

实现法务全球化的重点是进行资源的合理调配，集中把合适的工作与合适的法务资源进行匹配，从而优化速度、质量和价值。除此之外，在业务模式上，海尔智家正经历一轮

“全面数字化”的变革，这也给法务部门如何紧跟形势、创新求变提出了新的要求。法务也更多地要研究和运用数字化工具，比如合同管理系统、合规管理系统和诉讼管理系统等。

结　语

“人单合一”是由海尔集团创始人张瑞敏提出并命名的一种商业模式，旨在通过将员工（“人”）与用户（“单”）紧密结合，实现企业、员工和用户的共赢。具体到法务团队，秉持“法单合一”的原则，搭建海外属地和总部的法务团队，同业务团队紧密结合，充分挖掘业务的法务合规需求，结合当地的法律合规政策环境，制定法务人员的工作清单，即法务人员的“法单”。通过项目自驱和总部协调管控，实现“法务共享中心”模式。

海尔智家作为跨国企业的先行者之一，在法治建设的道路上不断前行。我们深知，只有坚持法治引领、强化合规管理，才能确保企业在全球化征程中稳健前行、行稳致远。正所谓“志之所趋，无远弗届；穷山距海，不能限也”，在未来的发展道路上，海尔智家将继续以法治为翼，领航全球商业版图，为实现企业的可持续发展与国家的繁荣富强贡献力量。

第三编 涉外合规

涉外法治集团化管控路径探索与实践

中国能源建设集团有限公司法务与合规部

作者简介

中国能源建设集团有限公司法务与合规部

企业简介

中国能源建设集团有限公司是由国务院国有资产监督管理委员会直接管理的特大型能源建设集团,为中国乃至全球能源电力、基础设施等行业提供系统性、一体化、全周期、一揽子发展方案和服务,是科技创新型、一体化能源型、综合基建型、融合发展型的综合性特大型集团公司。

内容摘要

中国能建在涉外法治建设工作中，以建设世界一流法治企业为目标，不断优化涉外法治工作布局，以制度建设、队伍建设、风控建设为抓手，持续健全涉外法治集团化管控体系；通过事前抓决策、事中抓管控、事后抓救济，搭建全生命周期海外经营管控网络；突出合同管理、合规管理、案件管理三方面重点工作，系统性治理海外经营出现的问题，全面提升海外业务的依法合规经营水平。

关键词

集团　涉外　法治　合规　风险管控

中国能源建设集团有限公司（以下简称中国能建）是由国务院国有资产监督管理委员会直接管理的特大型能源建设集团，是全球最大的电力行业综合解决方案提供商和基础设施投资承包商之一。

截至2025年，中国能建现有员工总数超过11万人，拥有国家级专家、领军人才、劳模100余人。主营业务涵盖传统能源、新能源及综合智慧能源，以及水利、生态环保、综合交通、市政、房建、房地产、建材、民爆、装备制造、资本等领域，具有集规划咨询、评估评审、勘察设计、工程建设及管理、运行维护和投资运营、技术服务、装备制造、建筑材料为一体的完整产业链，致力于推进能源网、交通网、数字网、水网、生态网、产业网、健康网、文化网“八网”深度融合，全力打造新能源、新基建、新产业、新材料“四新”能建平台，连续11年进入世界500强。

多年来，中国能建持续将先进成熟的中国技术、中国装备、中国质量、中国管理、中国运营服务与世界各国深度融合，打造了一批具有能建特色的中国坝、中国电、中国网、中国城、中国路、中国桥。目前，中国能建已在90多个国家和地区设立各类驻外机构256个，业务覆盖147个国家和地区，各类在建国际项目568个。在新一轮国际业务体制改革下，中国能建构建了“1＋2＋N＋X”的国际业务新格局，国际化经营稳步发展，形成了以亚洲、非洲为主，辐射美洲、中东欧、大洋洲的市场格局。

一、工作背景

（一）深入贯彻习近平法治思想的战略要求

习近平总书记在中共中央政治局第十次集体学习时强调：“加强涉外法治建设既是以中国式现代化全面推进强国建设、民族复兴伟业的长远所需，也是推进高水平对外开放、应对外部风险挑战的当务之急。”党的十八大以来，以习近平同志为核心的党中央坚持统筹推进国内法治和涉外法治，对我国涉外法治建设作出战略性安排。2022年10月，党的二十大报告明确强调“统筹推进国内法治和涉外法治”，这是“涉外法治”第一次被写入中国共产党全国代表大会工作报告中，标志着我们党将涉外法治建设提高到前所未有的高度予以前瞻性思考、全局性谋划、战略性布局、整体性推进。

（二）积极应对严峻复杂境外风险挑战的客观要求

近年来，中资企业“走出去”业务面临的地缘政治安全局势跌宕起伏，俄乌、巴以等地区冲突严重影响全球供应链安全，造成大宗商品价格剧烈波动，境外经营风险指数持续增加。西方国家出口管制、经济制裁、反腐调查等各类制裁措施层出不穷，从国别、行业、交易对手等各方面设置制裁联结点，企业面临的合规风险居高不下。共建“一带一路”国家债务风险持续积聚，政局更迭频繁，中资企业在项目所在国面临的政治、安全及资金回收风险增加，变更索赔、经济纠纷甚至制裁案件多发。这些都需要运用法治思维、法治方式有效应对，维护中资公司海外核心利益。

（三）推进公司“三步走”海外经营战略的必然要求

中国能建从20世纪70年代开始涉足国际业务，经历近50年发展，在推动共建“一带一路”和人类命运共同体建设走深走实进程中，承担了重大使命、塑造了比较优势。在后疫情时代，“一带一路”建设逐步从“大写意”向“工笔画”转变，中国能建海外经营坚持“走出去、走进去、融进去”的“三步走”规范发展之路，坚持“懂规则、守规矩、树标准”的合规发展之路，由单一的市场国际化向管理、法治、文化和人才的国际化延伸，最终实现与东道国、重点区域的“资源配置一体化、产业打造一体化、文化理念一体化、社会责任一体化”发展。

二、全面搭建“四位一体”工作总框架

（一）“四位一体”大风控体系总体框架

2021年以来，中国能建在深入总结法律、合规、内控和风控四大专业工作的基础上，积极探索并建立“四位一体”大风控管理体系。以“146”大风控工程为主线，遵循法治建设的基本规律、基本逻辑、基本特点和本质要求，总结、提炼出法治能建建设的基本框架，涵盖法律管理、合规管理、内部控制和全面风险管理等方面，不断丰富、发展和完善公司争先文化和合规文化。

1. 锚定建设世界一流法治企业总目标。在2021年召开的法治工作会暨大风控体系建设启动会上，公司董事长宋海良旗帜鲜明地提出建设世界一流法治企业的工作目标，确定了法治能建建设的总基调。

2. 狠抓大风控“四牢”工作。聚焦价值创造，筑牢大风控根基；把牢合同风控主线，突出风控工作关键领域、关键环节、关键控制点、关键少数等工作重点；织牢织密风控网，持续完善大风控制度体系、组织体系和工作体系，加快信息化和智能化建设；树立正确的风控观，守牢不发生根本性、系统性、颠覆性风险底线。

3. 对标一流促“六化”。深化法治能建建设，增强依法合规意识和素养；优化风控体制机制，开展风险识别、排查、整改，实现闭环管理；细化风险管理责任，坚持落实管业务必须

管合规、管业务必须管内控、管业务必须管风险的“三管三必须”原则；硬化红线刚性约束，严格执行公司合规、投资、纪律、安全等红线禁令；强化纠纷案件治理，持续开展法律纠纷案件“压存控增”专项行动，为公司高质量发展积极贡献利润；固化风控优秀文化，加大普法宣传力度，提升行动自觉。

（二）涉外法治集团管控基本构想

中国能建涉外法治工作聚焦提升企业海外核心竞争力，以“四位一体”大风控体系建设要求为基本纲领，加快建设事前事中事后全生命周期、法律合规管理全覆盖、全员合规“三全”涉外法治体系。坚持问题导向、突出重点、示范引领，从优布局、强管控、抓重点、提能力四个层面明确涉外法治集团管控的路线图和时间表，为系统打造高质量发展的世界一流“四新”能建保驾护航。

三、着力推进“一体两翼”协同发展工作布局

（一）构建总领全局的国内国际法治工作体系

中国能建制定《法治能建建设实施方案（2021—2025）》《关于加快大风控体系建设的指导意见》等法治纲领性文件，总领法治建设全局，搭建企业主要负责人领导、总法律顾问牵头、法务机构归口、相关部门联动的法治工作体系，推动海外合规管理上下贯穿、左右联通。截至目前，公司“一体两翼”及 28 家国际业务骨干企业全部设置总法律顾问和法务合规部门。集团总部建立涉外法治会商机制，按季度组织“一体两翼”涉外法治会商会议，听取“一体两翼”企业涉外法治工作汇报，开展重大涉外案件督导，组织热点海外合规事件专题研讨，推进海外指数高的企业互学互鉴。

（二）构建“一体两翼”海外优先发展体系

公司适应共建“一带一路”新形势新要求，构建“一体两翼”海外优先发展体系，打造“中国能建统一领导、‘一体’（能建国际集团）引领统筹、‘两翼’（葛洲坝国际公司和中电工程国际公司）协同推进、区域总部深耕发展、所属企业联动出海”的“1＋2＋N＋X”海外业务管理体制。“1”为“一体”，即能建国际集团是中国能建国际业务发展和管理的责任主体，承担中国能建国际业务大经营、大管理、大保障、大监督职能，引领统筹各业务领域全面出海。“2”为“两翼”双平台，包括葛洲坝国际公司、中电工程国际公司，发挥工程承包和规划设计的综合优势、品牌优势，协同“一体”开展国际业务。“N”为所属国际业务骨干企业。“X”为所属有一定国际经验、具备“走出去”发展潜力的企业。

（三）打造“一体两翼”协同配合的海外风控管理体系

在“一体两翼”海外发展战略统领下，中国能建将国际集团定位为国际业务风险管控中心，加强集团国际业务风险管控，主要职责包括建立集团国际业务风险管控体系，打造国际板块风险管控资源信息共享和交流平台，指导所属企业国际业务风险管理工作，牵头国际业务重大风险处置等。葛洲坝国际公司和中电工程国际公司定位为相应子集团国际业务风险管控中心，引领所在子集团国际业务风险管控。其他企业按照“业务谁主管，风险谁负责”的原则，压实各自的风险防控主体责任，织牢织密集团国际业务风险防控网。

（四）探索推动海外一线工作布局

为解决海外一线风险多发频发问题，打通风险管理“最后一公里”，中国能建积极推进海外项目法律顾问制度，设置海外区域总法律顾问岗位、合规专员岗位，推动涉外法治工作下沉项目一线。探索开展海外基层单元的合规体系建设，在区域总部、事业部、海外项目部、项目公司、分支机构等机构选取试点单位，对试点单位的合规管理职责、内部管控机制、合规重点领域等逐一梳理，出台核心制度清单、制度范本、职责清单等，逐步在集团内推广。

四、推动构建“分类分层”决策管控体系

（一）建立1+N海外合规制度建设体系

按照“简约、高效、好用”的制度建设目标，中国能建建立健全1+N制度建设体系，明确海外合规制度建设主线，以《合规管理规定》《国际业务合规管理办法》为统领，以海外投融资、物资采购及项目佣金等重要专项制度为支撑，细化负面清单、国别清单、合规指南、行为指引等配套文件，形成全面覆盖、纵向深入的海外合规制度管控网络，确保海外合规制度体系与国内法律法规、监管政策有机衔接，确保海外合规要求融入业务、嵌入流程、植入岗位。

（二）建立项目风险分级授权、分层决策体系

中国能建授权国际集团对一定范围内的重大工程类项目进行决策，对以集团名义签约项目、高风险国别项目等进行投标前风险复核。“两翼”在各自子集团授权范围内，建立项目风险分级决策体系，一定金额以下的项目由深耕国别市场的主责成员企业自行评审决策，承担相应风险管理责任。各级企业分级分类建立“分兵把关、分段决策、相互制衡、各负其责”的国际业务风控合规决策体系。区域总部和重要境外机构建立与其权责相匹配的决策体系。

（三）积极推动决策管控落实落地

一是对公司已发布的制度流程进行全面梳理、系统评估，印发公司《制度与流程优化专项工程实施方案》，务实高效推进公司制度体系再完善、流程再优化、效率再提升。2023年全年新编、修订国际业务制度近70项，162项制度转为正式施行。二是结合主题教育和授权体系检查，对区域总部、事业部层面的制度编制、执行情况进行全面监督检查，对各业务单元自身的制度建设加强指导和督促。三是根据现有公司授权体系运行情况及各区域总部、事业部下一步差异化发展的战略导向，组织各职能部门开展综合性授权体系运行情况检查，形成检查清单、问题清单、立行立改工作举措和下一步长效机制构建思路。

五、强化构建“全生命周期”风险管控网络

(一)扎实事前防范,严格评审把关

1. 打造“345”项目评审体系。“3”指明确合同评审要点、商务评审要点、技术评审要点,为精准评审、科学评审、高质量评审奠定基础。“4”指建立“四库”,全力打造五新技术库、市场价格库、基础成本库、评审专家库,形成项目风险管控基础数据。“5”指“五环节”,在招标评审、投标评审、标前复核、标后回访、成果运用五个环节,按照表单化、信息化、标准化、数字化要求,形成层层把关、环环相扣的项目全生命周期闭环风险管理流程。

2. 坚持“五不投”原则。“五不投”指“不符合战略导向不投、风险不可控的国别不投、亏损项目不投、恶性竞争项目不投、未经评审决策不投”。各级企业持续开展政策研究,确保业务方向与国家“走出去”战略同频共振;开展国别法律环境调研、营商环境调研,准确掌握目标国别风险情况;扎实开展项目评审、成本收益测算,投资并购项目做好可行性研究、资产评估等,确保项目收益可行、风险可控。

3. 推行“3 评估、3 提级”机制。“3 评估”指投资项目综合风险评估、高风险地区安全风险专项评估、敏感国别合规风险专项评估,将评估结论作为决策依据,严格落实“危地不往、乱地不去”的要求。“3 提级”指针对“大综新”项目、以集团名义签约项目、敏感国别项目等重大或高风险项目,责任单位应在完成本级评审后上报“一体”“两翼”进行风险复核。

(二)强化事中控制,确保履约可控

1. 策划先行,形成项目风险防范先手。通过“三策划、一手册”(项目管理策划、项目实施策划、财税策划、项目《合同管理手册》),做到“人人心中有合同”,“一点一策”梳理项目风险,明确项目合同管控要求及全周期风险防控措施,形成防范风险的先手。市场端压实业务部门主体责任,职能部门和项目核心团队提前介入、深度参与,为合同评审、投标报价等环节做好支撑和保障。在建端加强对重大项目、重点项目和关键环节、关键要素的风险动态管控,以合同管理为抓手,高度重视合同履行策划、履约证据收集和分包采购管理,确保各项工作依法合规。

2. 常态监控,抓好项目风险“四早”管理。建立主要设备材料价格波动、货币汇率走势、社会安全形势、经济政策走向等风险预警机制,对于突发风险事件在集团范围内及时发布预警;建立重大信息报送机制、项目例会和专题会机制、项目巡查和风险排查机制等风险监控机制,将近年来上级单位关注的风险管控指标、重点合规事项纳入日常监督检查、巡视巡察、项目巡查中,重点关注硬性指标落实落地。通过风险管理委员会等平台,系统研判、及时纠偏,做到项目风险“早防范、早发现、早重视、早预防”。

3. 精准施策,最大限度降低项目风险损失。加强变更索赔管理,建立重大变更索赔策划和督导机制,加强索赔指引和典型索赔案例等公共产品输出,提高海外一线策划变更索

赔和化解法律纠纷的意识和能力，促进乌兹别克斯坦燃机项目、埃及输电项目、乌兹别克斯坦光储项目、巴西水务项目等变更索赔取得突破。用好用足保险工具，在国际板块实现出口信用保险、特险、投资险全覆盖。

（三）狠抓事后救济，切实压降存量风险

1. 开展防范化解重大风险专项行动。充分发挥涉外法治会商和处置专班的作用，定期开展问题会诊，协调内外部资源推进问题解决。建立特大或重大风险挂牌督办和联系督导机制，实现定期跟踪、销号管理。建立严约束强激励机制，将压存控增目标落实情况纳入对所属企业及其领导班子经营业绩考核。力争在“十四五”期间妥善化解历史遗留风险，确保不发生系统性、颠覆性风险。2024 年，中国能建针对国际板块的 13 项重大风险，逐一成立工作专班，由国际集团牵头组织风险处置工作，综合利用商务谈判、双边政府间协调机制、金融保险机构外围斡旋等方式，加强各项重大风险化解工作。

2. 完善境外应急管理体系。持续完善社会安全管理体系建设，搭建公司—直属企业（主体企业）—区域总部—境外项目（机构）四级联动应急响应指挥体系。全面推动各级涉外企业建立社会公共安全应急预案、紧急撤离预案、安全保卫措施等“两预案一措施”，全年开展桌面演练或实战演练共计 40 余次。加大社会安全保障投入，在项目立项前对安全成本进行核算，并将安全经费纳入成本预算；运用信息化手段，优化突发安全事件快速响应机制，保障境外员工的生命健康安全。

3. 联通监督检查体系。落实纪检、巡视、审计、财务、法律、人事、党建等各职能系统在国际业务板块的监督职责，力争做到计划统一、清单统一、执行统一、考核统一，切实发挥大风控监督格局的协同作用，提升“大监督”综合效能。强化风控合规监督与各监督力量的紧密合作，将重大风险事件、重大法律纠纷案件、重大合规处罚事件纳入“大监督”平台协同处置。2024 年，国际集团组成联合监督组赴阿联酋、乌兹别克斯坦、尼日利亚、科特迪瓦、尼泊尔、马来西亚、越南等国开展风险调研、合规检查等工作，重点就集团在建项目的合规体系、项目监管体系、变更索赔与纠纷诉讼管理情况等进行了监督检查。

六、从严抓好三大管控重点

（一）抓牢合同风控主线

1. 完善重大项目法务人员全程参与机制。加强法律合规尽调审查，国际集团牵头布局企业对重点国别开展首次尽职调查机制，强化国别风险研判、研究成果共享与应用，对高风险业务及时“亮红灯、踩刹车”；明确规定重大国际项目合同谈判、重大项目解困、重大案件处置必须有法务合规人员参与，坚持法务合规管理与市场开发、项目履约、产业链条三个同步延伸；加强合同签字管理，将合同签字终身负责制在制度层面固化；根据“一合同一档案”原则，建立全生命周期合同风险信息档案，加强合同履约过程对标监控，实现市场端到在建端的合同风险管控有效贯通。

2. 加强合同标准化、规范化管理。建立国际业务合同范本库，形成覆盖境外投资、工程承包等各类业态的 55 项常用合同示范文本和配套使用指引，全面提升合同标准化水平，从源头防范风险。所属中电工程国际公司积极运用信息化数据手段，提高法律服务质量。引入法律服务大数据和人工智能新工具，如各国别最高法院和司法部公开信息、全球法规库、企业跨境贸易投资法律支援平台等，提高法律判断能力和响应能力。部门内训课件覆盖全部工作流程，逐一明确制度、流程和工作要求。

（二）抓实海外合规重点

1. 强化境外合规刚性约束。一是深入研究国家部委、国际组织反腐败规则和经济制裁、出口管制等涉美"长臂管辖"法律法规，将外部合规要求融入制度、嵌入合同，发布出口管制管理制度、反跨境商业贿赂合规指南等。二是实施反商业贿赂、反制裁等专题培训，组织党委中心组开展涉外法治合规集体学习，不断提升各层级各专业涉外人员履职能力和海外合规风险管控能力。三是持续开展境外项目法律合规风险排查和监督检查，刚性兑现公司"两个穿透式落实""三个不得""十个严禁"硬要求。四是持续加强诚信建设工作，发布《合规管理手册》《风控合规管理责任清单》《员工合规行为规范》等文件，通过关键岗位人员签署合规承诺书、集体诚信宣誓、公司媒体宣传等方式，营造诚信合规的文化氛围。

2. 构建涉外法治资源共享平台。持续加强国际规则和外国法律研究，密切关注高风险国家（地区）法律法规政策变化，做好预案预警，发布《案例汇编》《风险指南》《合规季报》系列专刊，引领保障海外业务高质量发展。坚持"一国一策、一点一策"，发布系列核心国别风险分析报告；针对高风险国别政治安全形势，定期发布特定国别投资、承包业务专项风险报告。2024 年，国际集团组织编写并发布 39 项业务策划及产品说明书、15 份中英文合同范本、6 份国别风险分析报告、2 份工作指引、4 期国别风险预警。

（三）抓准案件处置焦点

深入实施案件处置"五个一批"工程（化解一批萌芽阶段的案件、和解一批明显无争议案件、一揽子解决一批关联案件、妥善处置一批大中型案件、兑现一批可执行胜诉案件），落实包保责任制，一案一策、专班负责，加快推进涉外重大纠纷案件处置；坚持证据建设"三标准"（干活留下证据的基本标准、准备诉讼的较高标准和力争胜诉的最高标准），夯实项目文件管理基础，为变更索赔、纠纷处置奠定坚实基础；定期召开以法律纠纷案件问题为导向的风险防控会议，总结案件特点，强化各管理部门联动协同，系统推进涉外案件"压存控增"。

七、高标准建设涉外法治人才队伍

（一）人才队伍建设目标

1. 素质能力目标。坚持政治标准优先，强化专业标准要求，打造一支政治过硬、敢斗善斗、能力突出、作风扎实的高素质复合型涉外法治人才队伍。

2. 数量规模目标。力争“一体两翼”国际化平台公司涉外法务人员占海外从业人员比例达到3%。国际化经营龙头企业设置涉外法务专岗，至少配置2～3名专兼职涉外法务人员。重点境外项目公司、重点国别机构、重点项目法务人员全覆盖。

3. 队伍结构目标。配齐配强“一体两翼”国际化平台公司总法律顾问、法律合规部门负责人、法律合规业务骨干“三支队伍”。龙头企业培育储备与其国际业务相匹配的涉外法治骨干人才充实“三支队伍”。其他企业结合聘用当地法律人员、律师事务所等方式，搭建内外结合的涉外法治队伍。

（二）人才选拔

1. 打造涉外法治人才高地。建立公司级涉外法治人才库，将“一体两翼”打造为涉外法治人才的主要选拔、培养平台，加快充实人员数量。原则上将“一体两翼”法务机构通过校招、社招引入的专职涉外法务人员全部纳入人才库培养、任用。

2. 做好属地化人才引进。引进海外高层次人才、紧缺人才，拓宽人才使用途径。通过用人单位在当地以全职或兼职方式招聘法律人员，或与常法单位达成人员派驻等方式，将属地化人才纳入公司大风控管理体系，形成对中方法律顾问的有效支撑和补充。

（三）人才培养

1. 加强业务培训交流。建立常态化涉外业务培训机制，搭建涉外法治人才研讨交流的平台，加强优秀案例、实用经验的总结推广，提升法务人员涉外业务经验能力。加强与高校、司法机关、仲裁机构、律师事务所等专业机构的业务交流。加强对校招人员的传帮带，为新入职大学生配备为期3年的导师，提升其业务能力和职业素养。

2. 提供多岗位锻炼平台。为人才库内的各层级涉外法治人才提供海外重点项目公司、项目部、平台公司法务机构、龙头企业涉外法务专岗之间轮岗历练的渠道，落地业务场景“以事育人”，提升法务人员在市场端、在建端、投资端、职能管理端的多岗位胜任力。

（四）人才使用

1. 加大选拔任用工作力度。打破隐形台阶，破除论资排辈，对标世界一流企业，把人才库内优秀人才充实到所属企业“三支队伍”中。对于市场化国际化程度较高的企业，推荐具有法律教育背景或法律职业资格的专业人才进入领导班子。在境外重要项目公司、区域总部、事业部加快建立总法律顾问制度，加强总法律顾问总部直派。

2. 加快填补重要岗位空缺。将涉外法治人才库打造为国际经营企业的人才蓄水池，为所属企业提供遴选法务人才的渠道。将涉外法治人才匹配到急需的区域总部、事业部、重点项目公司、项目部专职法务顾问岗位，实现境外重点项目公司、项目部法律顾问全覆盖。

3. 发挥属地化人才优势。将属地化法务人员以专兼职形式编入项目公司、项目部商务合同部，参与项目日常经营管理工作，使其起到一线把关的作用。发挥律师事务所在属地化法律合规风险识别、评估、处置和重大变更索赔、重大诉讼等方面的专业作用。

（五）人才管理

1. 健全人才考核评价机制。建立人才库动态管理与考核机制，做到“能者上，平者让，庸者下”，充分发挥人才库助力组织发展的价值。加强总部法务部门与轮岗派驻至海外一线法务人员之间的沟通联络，建立定期述职机制，及时掌握派出人员履职情况、发现并及时解决履职问题。细化总部及所在单位双重考核标准，指导、规范派驻法务人员履职。建立对属地化法律人员、常年法律顾问的动态考核评价机制。

2. 强化人才激励机制。建立健全与工作业绩紧密结合的激励保障机制，强化职务职级激励，畅通涉外法治人才上升通道。对于人才库内高素质、复合型、能力强、敢创新、进步大的涉外法治人才适当予以激励倾斜。对于专项引进的高素质专涉外法治人才实行差异化、市场化薪酬待遇。积极推荐优秀涉外法治人才参与相关评比表彰，在优秀总法律顾问、优秀法律顾问评比中予以优先考虑。鼓励企业建立案件、风险处置等奖励制度，对在挽回或避免经济损失等方面作出突出贡献的人员给予奖励。

八、实施效果

1. 集团管控力度日益加强。集团总揽全局，“一体两翼”统筹协同发展成效显著，国内国际法治资源逐步与海外经营规模相适应，国际板块合规风控水平显著提升。海外项目提级复核、项目巡查、解困专班等机制运行更加有效，风控合规管理经验得到相关部委认可并进行经验推广交流。

2. 风险管控三道防线作用凸显。业务部门主体责任进一步压实，横向到边的业务部门合规分管负责人更加明确，纵向到底的海外单位合规管理第一负责人、合规联络员基本确立，海外项目“最后一公里”风控难点在一定程度上得到解决。第二道防线的牵头职责以及第三道防线威慑震慑作用进一步发挥，三道防线协同效应逐步显现。

3. 重大项目解困工作有序推进。通过设立重大风险事件处置工作专班、重大案件挂牌督办、风险处置会商机制等举措，部分重大风险项目解困工作取得了一定成效。近年来，所属企业通过法律手段实现国际债权清收过亿元，先后在国际商会仲裁院、中国国际经济贸易仲裁委员会等机构实现重大跨国纠纷案件胜诉，境外项目境外变更索赔成果丰硕，充分展现了涉外法治工作的价值创造功能。

4. 海外人才队伍建设成绩突出。总法律顾问进班子取得突破，国际集团率先实现总法律顾问进班子，公司分管风控合规工作的副总经理同时担任公司总法律顾问。法务、商务力量得到充实，仅“一体两翼”就有专职法务人员 39 人，其中 37 人持证，人员占比达到 2.42%，专业化率达到 95%。区域总部兼职法律顾问效果明显，一线重点项目和项目公司基本实现法务人员全面派驻。

5. 合规文化建设日益凸显“软实力”。海外业务策划和产品说明书、业务指引、中英文合同范本、合规清单、风险预警报告等公共产品在集团范围内得到广泛推广应用,借助人工智能、大数据等先进信息技术,逐步实现合同起草智能化、公共产品数字化、评审标准规范化、资信审查自动化,合规管理质效逐步提高,整体海外合规经营理念焕然一新。

九、结束语

中国能建"集团统筹、一体引领、两翼协同"的海外风控管理体系是企业深入贯彻习近平法治思想的生动体现,经过"十四五"期间不断摸索实践,成为具有能建特色的涉外法治管控模式。对照国务院国有资产监督管理委员会新形势下加强涉外法治工作的管理要求,对标兄弟央企的先进做法,我们的工作还有许多不足之处,中国能建将坚持推进央企特性、能建特色、涉外特点有机融合,持续完善涉外法治集团管控机制,为系统打造高质量发展世界一流"四新"能建保驾护航。

第四编　理 论 探 讨

第四编 理论探讨

集团型企业的管理控制与公司治理关系分析

叶小忠

作者简介

叶小忠 赛尼尔法务智库总裁

企业简介

赛尼尔法务智库（北京赛尼尔风险管理科技有限公司）成立于2008年，是一家以企业法律部门为主要服务对象，以法务管理咨询、法务管理培训、重大争议解决、法律技术创新、法务管理资讯为主要服务领域的专业机构，在企业法务管理领域具有广泛的影响力。

内容摘要

现代企业管理模式与公司治理基础结构的冲突带来的治理问题是现代国企公司治理完善实践中的典型问题。本文通过解构三类典型管控模式与组织形态的适配关系，揭示母公司集权干预与子公司独立法人地位冲突、治理机构职能虚化等深层症结；结合央企管理实证，指出现行治理框架下"管控过度"与"治理失灵"并存的制度悖论。基于此，本文提出以混合所有制改革重塑股权制衡基础，通过法律授权清单明确母子公司权责边界，依托外部董事制度强化监督制衡，构建"法律赋权＋治理赋能＋监督赋责"的协同机制，为破解国企集团化进程中的治理困局提供兼具理论创新性与实践可行性的改革范式。

关键词

国有企业　集团化　集约化　公司治理

国有企业要建立现代企业制度，关键是要建立有效的公司治理机制，从而从根本上改变企业的权力分配和运行机制。但是长期以来，国有企业由于股权性质的特殊性和股权结构的单一性，公司治理的作用在国有企业运行机制中并不突出。国有企业行政管理特色鲜明，以一把手为中心进行企业权力的分配和运行，公司治理中的权力制衡机制难以建立，给企业长远发展带来隐患。近年来随着国企改革的不断深入，企业内部建立权力制衡机制的条件逐步成熟，一方面通过混改实现股权结构的多元化，利益多元化必然会形成权力的制衡，另一方面在股权结构不变的情况下，发力董事会的建设，通过选派外部董事等方式，强化出资人的监督权，实现权力的制衡。

在国有企业有效公司治理完善的实践中，有两个比较典型的问题，一是由于国有股权性质和结构带来的治理问题，二是由于现代企业管理模式与公司治理基础结构的冲突带来的治理问题。关于前者，由于国有股权的市场驱动力不足和严格的国资监管，让国有企业公司治理难以按照公司法的一般理念去实施，比如有人认为，在国内目前环境下，一个企业哪怕只有1%的国有股权，也会受到强有力的国资监管，股东性质带来权利差别显而易见；但对于问题本身的认识并没有太多分歧，加强混改力度，进行国有企业治理基础改革是大势所趋，只不过对于具体企业而言，这个问题的根本解决依赖企业运行的外部环境，单个企业的改革难见成效。而后者就比较复杂，由于造成冲突的是现代企业管理发展的客观趋势与现代企业法律制度的基本要求，不能在两者之间进行简单的取舍，解决起来需要考量多方面的因素。本文试图从两者的平衡中，理顺关系，找到解决的路径。

一、集团化是现代企业的发展趋势

集团化是大型企业发展的客观规律，当企业发展到一定阶段，业务扩展至多领域、多地域，单体企业从组织形态上很难适应企业发展的要求，设置多家企业组成一个企业集群，通过股权关系、业务关系加强企业间联接，是大型企业的通行做法。这些企业集群以不同层级的企业为核心不断复制,组建新的集群,从而使企业集群的总体规模不断扩大,国内外大型企业的发展莫不如此。据统计,2016 年中国中铁共有各级法人企业 1080 户,共 6 级。其中一级 1 户,二级 47 户,三级 660 户,四级 312 户,五级 57 户,六级 3 户。中国铝业公司的全级次法人企业 524 户(不含参股企业),法人层级最高为六级,管理层级最高为七级,其中 1 级 1 户,2 级 29 户,3 级 179 户,4 级 281 户,5 级 33 户,6 级 1 户。2020 年 12 月国务院国有资产监督管理委员会统计,所有 97 家央企的管理层级控制在 5 级以内(含 5 级),法人总数累计减少超过 1.7 万户,减少比例超过 30%,如此推算,平均每家央企的下属法人总数至少 3000 户,如此庞大的企业集群,给集团型企业的内部管理带来一系列问题。

20 世纪 80 年代美国学者迈克尔·古尔德在《战略与风格》(1987 年版)一书中就指出了企业集团的三种管控文化偏好,即战略导向型、财务导向型、操作导向型。在实务中,根据集团企业对下属企业管控目标不同,集团型企业的管控模式主要分为以下三种:(1)财务管理型,是指集团对下属企业的管控目标是投资回报,只要保证企业财产收益权就可以,集团对下属子公司的管理控制主要通过财务手段来实现,集团对下属子公司做什么、怎么做不加干涉,比如华润当年对万科的投资。(2)战略管理型,是指集团对下属企业的管控目标是战略协同和战略规划,对下属企业有明确的战略定位,对企业做什么有明确要求。集团的核心功能为资产管理和战略协调。集团与下属子公司的关系主要通过战略协调、控制和服务建立,集团总部很少干预子公司的日常经营活动。比如很多能源企业对新能源业务布局和投资,是面向未来的战略安排,下属企业不能改变原有主营业务。(3)运营管理型,是指集团对下属企业的管控目标是直接服务于母公司经营管理,通过母公司的业务管理部门对控股子公司的日常经营运作进行直接管理,不仅对下属企业做什么有明确要求,而且对怎么做也有具体规定,特别强调公司生产经营行为的统一。比如电网企业对下属企业生产经营的统一管理。

三种管控模式,从母公司对下属企业的集分权程度上看,从财务管理到战略管理、运行管理,集权的程度越来越高,母公司对下属企业的管控力度越来越强。

与集团业务管控模式相适应,集团型企业在组织形态上也有以下几种类型:一是母子公司体制,下属企业以法人的形态存在,比如中国移动集团各省移动公司都是独立法人,理论上子公司是独立的生产经营主体,在法律上和母公司是平等的,具有完全的经营管理权利。二是总分公司体制,下属企业以分公司的形态存在,分公司是公司的分支机构,在法律上不能独立承担民事责任,但作为行为主体有法律上的权利义务,比如中国联通集团各省公司均是分公司。三是事业部制,公司内部按地区或按产品类别分成若干个专门生产经营部门,即事业部,实行单独核算,独立经营,公司总部只保留人事决策、预算控制和监督大权,并通过利润等指标对事业部进行控制。事业部制是企业内部的机构设置,不具有独立的法律权利义务。比如海尔集团就下设冰箱、空调、冷柜、洗衣机等多个事业部。

虽然集团型企业在管控模式和组织形态上有多种形式,但是总的发展趋势非常明显,就是集约化。集约化管理是现代企业集团提高效率与效益的基本取向。集约化的“集”就是指集中,集合人力、物力、财力、管理等生产要素,进行统一配置,集约化的“约”是指在集中、统一配置生产要素的过程中,以节俭、约束、高效为价值取向,从而达到降低成本、高效管理,进而使企业集中核心力量,获得可持续竞争的优势。简单地说集约化就是通过集中资源、有效整合,实现规模效应、协同效应,从而提升集团整体竞争能力。

现代大型集团型企业集约化的发展趋势,给企业发展带来一系列的法律问题,主要有:(1)集约化管理突破集团内法人边界,冲击独立法人制度。(2)集约化管理的具体实施冲击公司治理的法律基础。不从理论上清晰梳理出问题的脉络,在实务中只能头痛医头、脚痛医脚,难以从根本上解决问题。

二、集约化管理对独立法人制度的冲击

哥伦比亚大学校长尼古拉斯·默里·巴特勒曾经说过:“现代社会最伟大的发明就是有限责任公司!即使蒸汽机和电气的发明也略逊一筹。”通过独立人格和有限责任,可以解决商业社会中的风险传导问题。独立人格是指企业在法律上是一个独立的主体,依法独立享有民事权利能力、承担民事责任义务,企业和其股东在法律上是平等的主体,有其独立于股东的利益。有限责任是指企业在其所有的财产范围内承担民事责任,对企业投资者而言,承担责任的财产以其投入公司的财产为限,不会影响到股东的其他财产。以独立法人为基础构建集团型企业是当今大型企业发展不可动摇的基础,这种特征决定了集团型企业管理的基本法律结构。而同样明显的是集团型企业集约化管理的趋势。这两种趋势同时存在,给集团型企业管理带来了非常复杂的问题。当前集团型企业从提高企业管理效率和效能角度出发的一些代表性做法,如果没有严谨的制度设计,会和现代公司治理的基本原则发生冲突,导致制度设计的基础发生动摇,不仅会降低管理的效能,而且会给企业带来巨大的法律风险。

独立法人制度划定了企业的边界,从法律上阻断了风险的传导,但是对集团型企业实施集约化管理却是一个障碍。集约化管理主要是指在集团公司和权属企业之间集中需求、协同业务、共享资源,从而实现规模效应、协同效应。就集团型企业而言,整合集团内部所有企业的资源和需求进行集约化管理,形成规模效应和协同效应,从而实现集团利益的最大化,是现代大型企业管理的一个明显趋势。中国企业这些年发展也体现了这一点,从最早的采购集中化,到财务集中化、风控集中化、信息系统集中化,集约化管控的要求越来越明确,集团化给企业带来的效益也日益明显。据统计,中国航发动力股份有限公司2025年向莱特公司、机电设备公司等子公司发放内部委托贷款总额达1.9亿元,贷款期限1年,利率不高于同期银行基准利率。通过集团资金归集调度,子公司莱特公司资产规模突破15亿元,负债率控制在23.08%,仅2024年就降低融资成本约1200万元。中国石油

化工集团有限公司依托“易派客”工业品电商平台,2018～2023 年累计实现采购交易额 2 万亿元,供应商数量精减 40%,节约采购成本 1800 亿元。

集约化管理给企业带来的巨大收益,让企业容易忽视这些管理变革带来的法律问题,其中最突出的是与法人治理的关系问题。集约化的管理容易突破法人的边界,造成法人人格混同。企业管理本身的科学性、效益性不能突破法律的规制。为发挥规模效应、协同效应,以集中化、集约化、标准化为导向,对投资企业进行战略、财务、业务、人员等统一管理,导致母公司与权属企业的人格混同,破坏了权属企业作为独立法人的独立性,动摇了股东承担有限责任的基础,最终造成权属企业法人人格否认,母公司承担连带责任。

《公司法》和《民法典》对股东滥用出资人权利、损害公司和债权人利益的情况进行了明确规定。《公司法》第 21 条规定,公司股东应当遵守法律、行政法规和公司章程,依法行使股东权利,不得滥用股东权利损害公司或者其他股东的利益。公司股东滥用股东权利给公司或者其他股东造成损失的,应当依法承担赔偿责任。《公司法》第 23 条第 1 款规定,公司股东滥用公司法人独立地位和股东有限责任,逃避债务,严重损害公司债权人利益的,应当对公司债务承担连带责任。

《民法典》第 83 条规定,营利法人的出资人不得滥用出资人权利损害法人或者其他出资人的利益;滥用出资人权利造成法人或者其他出资人损失的,应当依法承担民事责任。营利法人的出资人不得滥用法人独立地位和出资人有限责任损害法人债权人的利益;滥用法人独立地位和出资人有限责任,逃避债务,严重损害法人债权人的利益的,应当对法人债务承担连带责任。

2019 年 11 月,最高人民法院印发《全国法院民商事审判工作会议纪要》,指出公司人格独立和股东有限责任是《公司法》的基本原则。实践中造成法人人格否认的常见情形有人格混同、过度支配与控制、资本显著不足等,其中人格混同、过度支配与控制与日常企业管理活动紧密相关。该纪要列举了认定人格混同和过度支配的具体表现。

认定公司人格与股东人格是否存在混同,最根本的判断标准是公司是否具有独立意思和独立财产,最主要的表现是公司的财产与股东的财产是否混同且无法区分。在认定是否构成人格混同时,应当综合考虑以下因素:(1)股东无偿使用公司资金或者财产,不作财务记载的;(2)股东用公司的资金偿还股东的债务,或者将公司的资金供关联公司无偿使用,不作财务记载的;(3)公司账簿与股东账簿不分,致使公司财产与股东财产无法区分的;(4)股东自身收益与公司盈利不加区分,致使双方利益不清的;(5)公司的财产记载于股东名下,由股东占有、使用的;(6)人格混同的其他情形。

在出现人格混同的情况下,往往同时出现以下混同:公司业务和股东业务混同;公司员工与股东员工混同,特别是财务人员混同;公司住所与股东住所混同。人民法院在审理案件时,关键要审查是否构成人格混同,而不要求同时具备其他方面的混同,其他方面的混同往往只是人格混同的补强。

公司控制股东对公司过度支配与控制,操纵公司决策,导致公司完全丧失独立性,沦为控制股东的工具或躯壳,严重损害公司债权人利益。出现这类情况,应当否认公司人格,由滥用控制权的股东对公司债务承担连带责任。实践中常见的情形包括:(1)母子公司之间或者子公司之间进行利益输送的;(2)母子公司或者子公司之间进行交易,收益归一方,损失却由另一方承担的;(3)先从原公司抽走资金,然后再成立经营目的相同或者类似的公司,逃避原公司债务的;(4)先解散公司,再以原公司场所、设备、人员及相同或者相似的经营目的另设公司,逃避原公司债务的;(5)过度支配与控制的其他情形。

控制股东或实际控制人控制多个子公司或者关联公司,滥用控制权使多个子公司或者关联公司财产边界不清、财务混同,利益相互输送,丧失人格独立性,沦为控制股东逃避债务、非法经营,甚至违法犯罪工具的,可以综合案件事实,否认子公司或者关联公司法人人格,判令承担连带责任。

集约化管理目的和纪要列举的情形有很大差别,大多数情况下母公司进行集约化管理的初始目的不是要侵犯其他股东或债权人的利益,而是作为促进整个集团整体发展的举措,但是从形式上看确实存在将权属企业的主要权力上收,存在侵犯主体企业合法利益的情况。

招商局集团有限公司原董事长秦晓在招商局管理实践中对此有清晰表述。面对当时招商局集团有限公司有300多个分/子公司的现实,秦晓明确指出,集团需要一个强大的总部,在权力配置上,推行"削藩",子公司们必须接受权属企业服从于集团总部的管控定位,子公司是集团总部战略的执行者,仅仅是成本中心,而非利润中心,更不是投资中心。

秦晓曾经这样向外界解释:"总部集权可以集权到什么程度呢?在法律上把子公司看成一个法人,在管理上把它看成一个管理者。它的最高的决策机构是它的董事会,但是它是虚的,董事长主要是给总部签字。子公司不能自负盈亏,我可能会让你亏,你也不能自主经营,在战略的指导下,你不能自我发展,资本项下的投入是我来控制的,你就是一个单位,你就是加工中心。"

事实上,在集团管控的问题上,大多数企业家都有类似的想法,单纯从管理的角度去考虑问题,忽视权属企业在法律制度上作为独立法人的基本特征,最终造成对法人人格的否认。如果企业认为独立法人制度在法律上的属性对企业总体发展是一个障碍,可以不选择这种法律形式,比如用分公司的方式来设计企业的总体结构。当然这只是理论上的假设,大型企业不可能不设立子公司,一方面是有利于防范系统性风险,另一方面在很多情况下也是法律的刚性要求,比如在国外的投资。

事实上,不同类型集团管控模式和组织模式面临的法律风险也不一样。三种类型的集团管控模式,容易引起法律风险的主要是运营管理模式,这种模式母公司直接行使企业的各项基础权力,管理企业具体的经营管理活动,容易突破法人边界。战略管理型相对风险较小,主要风险在财务和资金管理上,主要行使重大决策权。财务管理型只关心投资回报,行使财产收益权,一般不涉及集中管理问题,法律风险较小。三种集团管理组织形态中,总分公司体制不涉及独立法人问题,集约化管理的法律风险不大,母子公司和事业部制都涉及对具有法人资格的权属企业的管理,对于财产收益权、重大决策权、高管选择权、企业经营管理权的行使,如果没有严谨的制度设计,集约化风险很大。

实践中因为集团不当管理给企业带来法律风险案例越来越多,特别是涉及上市公司的尤为突出,比如2019年中国证券监督管理委员会辽宁监管局作出《关于对辽宁港口集团有限公司采取责令改正措施的决定》,指出辽宁港口集团有限公司(以下简称辽港集团)严重干扰上市公司营口港务股份有限公司(以下简称营口港)的规范运作,主要表现在:

(1)公司在业务管理方面丧失独立性。辽港集团通过事业部赋能管理模式,对公司业务实行“穿透式”管理。通过赋权事业部等方式,将上市公司所属分、子公司分别划归集装箱事业部、散杂货事业部、滚装事业部、开发建设事业部等四个事业部进行管理,上市公司丧失对相关业务管理权。

(2)公司在财务管理方面缺乏独立性。辽港集团财务部干预公司会计基础工作,部分会计基础工作需请示辽港集团方可开展。上市公司进行利润分红亦需辽港集团审批。辽港集团的资金归集制度,限制了上市公司资金使用自主权。在财务管理的其他方面,辽港集团下发的管理文件很大程度上损害了上市公司投资、融资、资产处置及对外担保等方面的自主决定权。

(3)公司在人员管理方面缺乏独立性。财务负责人的选任实行委派制,由辽港集团委派(推荐)和管理,损害了管理层、经营层对相关管理人员的提名权及任命权。在事业部赋能管理模式下,事业部所属单位间人员调整由事业部自行审批,向人力资源部报备,公司不行使相应人事管理权。劳动合同管理较为混乱,公司部分高管人员仍与营口港签订劳动合同,劳动关系不清晰。

(4)公司部分管理部门缺乏独立性。在辽港集团层面成立人力资源共享中心,负责营口港单位间具体人事政策的落实工作。人力资源共享中心人员及领导均由公司人力资源部组成。同时将公司个别职能部门与集团职能部门合并,存在机构混同问题。

本案中指出的这些问题,事实上大多数集团型企业都存在,公司治理中如何规范股东权利的行使,避免侵害法人企业和其他股东的利益,是一个现实问题。

三、集约化管理对公司治理的冲击

集约化打通了集团型企业母公司与权属企业的边界,使集团型企业可以在整个集团平台上规划、分配和整合资源;但穿透法人的界限,需要以符合法理的实施方式。国务院国有资产监督管理委员会首任主任李荣融说道:“增强集团公司控制力,是企业集中资源做强做大主业的重要措施,也是企业加强管理、规避经营风险的必然要求。集团公司要学会做股东,以行使股东权利的方式增强集团公司控制力。对于独立法人的子企业,既要尊重其自主权利，又要充分实现集团公司经济资源的整体运作。”

在大型企业中集约化管理的实施，主要通过两种方式进行。

1. 通过公司治理方式实施

这种做法是集团母公司对权属企业的管控安排，通过公司治理方式进行。对于明确的、固定的、需要特别约定的权利，比如担保权利、重大投资事项权利在权属企业章程予以确定，其他一般性重要权利安排，通过股东会、董事会的表决机制来实现。通过公司治理方式来实施涉及子公司的重大管理变革，是常规的决策方式，符合现代公司治理的法律要求。实践中的常见问题主要有以下三个。

一是公司章程的开放性有没有法律上的边界。虽然《公司法》在很多重要权利上体现了股东意思自治的特点，允许股东在不违法的情况下约定相关权利，并且优先行使，比如分红权一般按出资比例分配，但是股东另有约定的除外。很多集团型企业根据这一法律规定，利用公司章程的开放性，不分内容、不分条件，将所有和一般性法律规定不一致的管理要求都放到公司章程去解决。我们觉得这是不合适的，一方面有一些权利是法定的，固定不能自由约定，比如董事只能按照人数行使表决权，不能由章程约定按照出资行使表决权；股份公司股东只能按照股份来行使表决权，章程也不能另行做出相冲突的规定；对有限公司股东的股权转让公司章程不能作过度限制；股份公司章程不得限制股东的股份转让，但董事、监事、高级管理人员除外等。另一方面即使法律上允许约定的事项，也应该有底线，企业权利的约定不能动摇企业作为独立法人的法律基础，如果所有的权利都由大股东随意约定，结果就是独立法人制度徒有形式，沦为侵犯公司小股东特别是债权人利益的工具。

二是公司治理中授权机制的合法性问题。和公司章程面临的问题性质一样，在集团化管理实践中，很多企业一方面通过公司章程来确定管理变革的法律基础，另一方面通过股东会、董事会的层层授权来保证程序的合法性。

集约化管理涉及大量具体经营管理问题，比如统一的跨公司信息系统的建设、区域公司设置等，股东会、董事会不可能经常召开，按照规范公司治理方式去实施，不可避免地涉及效率问题。许多企业把原来属于股东会的权力授予董事会行使，避开股东会的程序，把董事会的权力授予经理层行使，避开董事会的程序，这些授权如果不受约束地自由实施，必然损害公司治理机制基础。在国务院国有资产监督管理委员会 2021 年 9 月印发的《中央企业董事会工作规则（试行）》规则明确规定，董事会可以根据公司章程和有关规定，将部分职权授予董事长、总经理行使，但同时规范了授权决策行为，填补了相关制度空白。比如，明确企业不得以非由董事组成的综合性议事机构承接董事会授权，不得以公司常务会、董事长办公会等会议机制决策董事会授权事项，不得以上述议事机构或者会议机制代替董事会行使职权；企业应当结合实际，按照决策质量和效率相统一的原则，科学论证、合理确定授权决策事项及其额度，防止违规授权、过度授权；企业重大和高风险投资项目必须由董事会决策等。规则按照“三重一大”制度要求，明确董事长、总经理决策董事会授权决策事项，一般采取董事长召开专题会议、总经理召开办公会等形式集体研究讨论。总之公司治理中授权机制，是适应企业经营管理需要的一种变通型设计，这种设计不应该变成常规、基础的安排，否则就没有必要设计公司治理的基本结构。

三是派出董事、监事的履职问题。对具有独立法人身份的权属企业特别是股权多元化的企业管理控制，通过派出董事、监事的履职来贯彻股东意志是比较规范的做法。作为集团母公司外派到权属企业的董事、监事，在股权多元化的情况下，有一个比较突出的问题是在企业利益与股东利益冲突的情况下，这些外派的董事、监事到底应该对谁负责？从常理上，这些董事、监事是股东委派的，当然应该代表股东的意志，对股东负责。很多企业都规定外派董事、监事在行使重大事项表决权时，应当事前请示汇报，根据派出股东的意见行使权利。但是从法律上，这些董事、监事是权属企业的董事、监事，一旦进入权属企业首先应当对权属企业负责。《公司法》第 188 条规定，董事、监事、高级管理人员执行职务时违反法律、行政法规或者公司章程的规定，给公司造成损失的，应当承担赔偿责任。在实务中，外派董事、监事完全按照派出股东的意志履职将承担个人责任。2017 年欣泰电气欺诈发行行政处罚案中，时任董事胡某以自己是外部董事为由提起上诉。理由是其担任董事系职务行为，决策均由委派单位作出，不应由其个人承担不利法律后果。法院认为，外部董事与公司内部董事相比，其职责更侧重于对公司经营活动的监督，虽然外部董事一般不直接参与公司的具体经营，但仍然应当具备公司管理所需的必备专业知识，充分了解公司的经营状况，并基于自己的独立判断履行职责，胡某并未举出任何实质性证据证明自己履行了董事的勤勉义务，其抗辩理由不能成立。作为董事，其对公司负有的义务、未履行义务的法律后果不因其为委派董事的身份而免除。

2. 通过内部职能管理实施

通过法人治理方式实施集约化管理，是常规的股东权利实施方式，法律风险较小，但是不能满足集约化管理的全部要求，一方面，法人治理方式在内容上有局限性，不可能将日常事务都纳入公司治理层面来解决，比如一般性合同的审批；另一方面，法人治理方式程序复杂、要求严格，特别是股东会、董事会涉及企业外部人员、不可能频繁召开。所以在实务中集约化管理是主要通过集团型企业内部职能部门的职能管理活动进行的。比如北京汽车集团有限公司在合规管理工作中强调一体化管理，在整个集团实施合规管理的“十统一”。“十统一”的合规管理支撑手段及相关要求，是做好全集团合规管理工作的必要，包括：(1)统一的法律与合规文化；(2)统一的法律与合规管理规划与计划；(3)统一的合规管理模式——以直接管理和派出管理为主、以报备管理为辅；(4)统一的合规人才引进和培养；(5)统一的合规管理职能和职责；(6)统一的合规制度、流程、指引、表单、模板；(7)统一的合规管理信息化系统；(8)统一的合规专业研究小组；(9)统一的合规宣传与培训；(10)统一的合规外部资源管理。从实务工作层面，应该说取得了很好的效果，但是法理层面，集团法律合规部对权属法人企业日常管理的权利来源，依然是一个值得讨论的问题。

职能部门实施对权属企业的集约化管理，有两种常见情况。一是职能部门行使对权属企业的股东权，比如集约化管理中重大投资管理问题，通过权属公司的股东会决议或公司章程确定后就可以实施；二是职能部门行使集约化管理中的管理权限本来属于权属企业自身的经营管理权，比如一般性合同审查，集团通过成立法律服务共享中心方式统一管理权属企业的合同。从法律设计上，对这一部分权利需要权属公司委托母公司来实施，双方签署一个合作协议就可以由母公司统一管理。大多数集团型企业对权属企业的管理由于实际控制力的原因，并没有严格制度上的安排，很多企业直接通过下发红头文件的方式来实施。只有在涉及严格的法律审查的业务中，才会有规范的做法。比如，某一商标属于权属公司，却需要在全集团使用，必须由拥有该商标的权属企业通过授权的方式，签署商标许可使用合同才能进行。

集团型企业集约化管理与公司治理法律要求的冲突，是当前大型企业发展过程中普遍存在的问题，其实质是企业既要选择独立法人作为企业集团组织形式，由此享有股东的有限责任，控制投资风险，又要打破独立法人的界限，整合集团资源，实现集约管理。这种冲突是制度性的，难以做到"鱼和熊掌兼得"；随着法治环境的不断完善，企业股权结构的不断调整，这个问题还将不断凸显。集约化管理代表了大型企业集团管控的方向，是集团型企业管理重要特征，但毫无疑问应该在合法合规的框架下进行，平衡好集团化管理的客观要求与独立法人制度的关系，是企业行稳致远的基本保障。

第四编 理论探讨

集团化管控模式下违规举报机制的建立

王木春 任顺女

作者简介

王木春 中车长春轨道客车股份有限公司法律合规部副部长

任顺女 中车长春轨道客车股份有限公司法律合规部合规主管

企业简介

中车长春轨道客车股份有限公司(前身长春客车厂)始建于1954年,是国家“一五”期间重点建设项目之一。中车长春轨道客车股份有限公司是我国知名的轨道客车研发、制造、检修及出口基地,是中国地铁、动车组的摇篮。中车长春轨道客车股份有限公司目前主要有研发试验、轨道客车新造、检修及运维服务三大主营业务,正在构建轨道客运装备的全寿命周期服务业务。

中车长春轨道客车股份有限公司被评为首批“国家创新型企业”“国家高新技术企业”“国家科技兴贸基地”“国家技术创新示范企业”,产品荣获“国家名优产品”称号。公司是国内行业中出口最早、出口数量最多的企业。公司研制的美国波士顿地铁,被中共中央宣传部、国务院国有资产监督管理委员会评选为“国企海外形象建设优秀案例”。

内容摘要

2014年国务院国有资产监督管理委员会提出加强合规管理工作以来,中央企业的合规管理工作取得了突破性进展,在合规管理组织体系、制度体系、运行机制和保障措施等建设方面卓有成效。但随着工作的不断深入,合规管理“从形似走向形神兼备”的需求也更加突出。违规举报机制是合规管理体系建设和运行的必要内容,是保障合规管理体系良好运行的必要基础,是企业合规管理的最后一道防线。其规范与否直接影响着监督的质量和效果以及应发挥的价值和作用。结合中车长春轨道客车股份有限公司违规举报机制运行实践中发现的问题,以及进一步强化集团化管控的要求,借鉴国内外企业的违规举报机制建立情况,拟从明确违规举报的受理范围、明确违规举报工作的相关主体、进一步规范违规举报的工作流程、开展工作人员系统培训、强化举报人保护机制、关注被举报人的信息保护、尝试建立违规举报激励机制以及收集和开展违规举报的数据分析等八个方面开展公司违规举报机制的优化。

关键词

合规管理　违规举报　举报保护

2014年国务院国有资产监督管理委员会提出加强合规管理工作以来,中央企业的合规管理工作取得了突破性进展,在合规管理组织体系、制度体系、运行机制和保障措施等建设方面卓有成效。特别是2022年以来,国务院国有资产监督管理委员会扎实组织开展“合规管理强化年”工作,促使中央企业实施了一系列强化合规管理工作举措,有效推动合规管理工作走深走实。但随着工作的不断深入,合规管理“从形似走向形神兼备”的需求也更加突出。其中,违规举报机制作为合规管理的最后一道防线,其规范与否将直接影响监督的质量和效果以及应发挥的价值和作用。

一、违规举报机制发展历程及建立的必要性

(一)违规举报机制建立发展历程

现代意义上的企业合规管理起源于美国,逐渐被一些西方国家和国际组织所采纳,并通过立法得以确立。近年来随着国际环境变化,发达国家有关合规管理的立法监管日趋严格,执法力度不断加大,违规调查的手段越来越多样化。在违规举报机制设置方面,从美国《萨班斯－奥克斯利法案》(Sarbanes-Oxley Act)到美国司法部《企业合规机制评估指南》,都要求所有美国公共公司都必须设立内部举报机制,并对举报机制和调查流程分别在举报机制的有效性、调查范围的合理性、调查的独立性、调查文件留存、调查主体、对调查结果的响应和追责、对举报和调查机制的资源投入及结果追踪等方面明确了相应的评估标准。从那时起,举报机制开始逐渐被各大公司所采纳,作为企业风险控制的重要手段,如今几乎已经是所有大公司在合规管理上的标配。2019年欧洲议会

及欧盟理事会通过的《欧盟举报人保护法令》,要求欧盟各成员国在2021年12月17日前根据该法令完成国内立法,在违规举报机制的健全完善方面提出了底线标准。

纵观国内企业特别是中央企业和地方国有企业违规举报机制的建立情况,主要是在国有资产监管部门的主导和推动下,在合规管理体系的建设和运行过程中,作为合规管理机制运行的重要一环进行建立健全的。如《中央企业合规管理指引(试行)》第21条明确指出,畅通举报渠道,针对反映的问题和线索,及时开展调查,严肃追究违规人员责任。《中央企业合规管理办法》第24条明确指出,中央企业应当设立违规举报平台,公布举报电话、邮箱或者信箱,相关部门按照职责权限受理违规举报,并就举报问题进行调查和处理,对造成资产损失或者严重不良后果的,移交责任追究部门;对涉嫌违纪违法的,按照规定移交纪检监察等相关部门或者机构。中央企业应当对举报人的身份和举报事项严格保密,对举报属实的举报人可以给予适当奖励。任何单位和个人不得以任何形式对举报人进行打击报复。此外,2019年出台的《国务院关于加强和规范事中事后监管的指导意见》第16条明确指出,发挥社会监督作用。建立"吹哨人"、内部举报人等制度,对举报严重违法违规行为和重大风险隐患的有功人员予以重奖和严格保护。畅通群众监督渠道,整合优化政府投诉举报平台功能,力争做到"一号响应"。2021年国家市场监督管理总局、财政部出台了《市场监管领域重大违法行为举报奖励暂行办法》,对举报奖励范围进行一定限制,明确对重大违法行为举报进行奖励,一般违法行为举报不予以奖励。此项办法提高举报奖励标准并细化举报奖励程序,并对举报进行制度设计,对"吹哨人"制度本土化进行了有益探索。《企业境外经营合规管理指引》第20条明确指出,企业应根据自身特点和实际情况建立和完善合规信息举报体系。员工、客户和第三方均有权进行举报和投诉,企业应充分保护举报人。合规管理部门或其他受理举报的监督部门应针对举报信息制订调查方案并开展调查。形成调查结论以后,企业应按照相关管理制度对违规行为进行处理。

(二)违规举报机制建立的必要性

违规举报机制的建立是合规管理体系建设的应有之义。违规举报机制作为合规管理运行机制之一,是合规管理体系建设和运行的必要内容,是保障合规管理体系良好运行的必要基础,是企业加强合规风险监测、减少潜在损失、维护企业声誉、保护投资者权益的有效途径之一,是企业合规管理的最后一道防线。绝大多数欺诈或是违法行为,是靠知情人的举报而被发现的,这一点不仅仅体现在执法机关、监管机构日常的执法监督活动中,也体现在公司的内部合规管理中。员工处心积虑的违法或是欺诈行为,有可能绕开法务、合规的把关,甚至内审的监督,但往往绕不开身边的人:或是需要其他人配合,或是留下蛛丝马迹,很难做到真正的密不透风。国际注册舞弊审查师协会的数据显示,在一个设置了内部举报机制的公司中,超过一半的违法行为是通过内部举报而被发现的,而其中,绝大部分来自内部员工的举报。

二、国内外企业违规举报机制现状简要分析

(一)世界一流企业违规举报机制建立情况

世界一流企业普遍重视违规行为举报机制的建立健全,制定完备、可操作的违规行为举报管理制度,建立了完整的违规行为举报机制,形成了包含员工承诺、违规举报、整改等环节的规范闭环管理,确保举报客观、高效、安全处理,强化合规管理的严肃性,降低违规风险。

西门子公司搭建了"以合规举报平台、全球特派调查官为代表的合规沟通渠道"。投诉处理是该企业为发现违规情况而设置的特殊程序。西门子全体员工可以将违反《商业行为准则》的情况报告给上级经理、首席合规官、法律与合规人员、人力资源人员、合规举报("Tell Us")热线、员工代表,或提供违反《商业行为准则》事项的线索。接到投诉后,首席合规官将启动由公司审计人员执行的专项调查,并向该企业审计委员会进行汇报,对投诉或者投诉线索进行彻底调查,所有文件会得到保密存档,对投诉者不得采取任何形式的报复陷害。合规举报热线是该企业为保证投诉机制有效运行而设立的全天候合规帮助平台,任何人(员工、客户、合作伙伴)可以随时随地通过网络或电话,实名或匿名向合规举报热线提供相关信息,其工作语言多达150余种。合规举报热线可以对公司内部的任何违法、违规或者犯罪行为进行网络或者电话举报,呼叫中心和网站由专业的外部供应商进行运作,以确保每个违规问题都得到保密处理。

英国石油公司为保护举报人的利益,确保违规事件得到公正处理,该企业聘请第三方机构独立运营公司举报平台。该企业举报平台面向全社会开放,任何员工、合作伙伴等均可在该企业的违规举报平台 Open Talk 通过网络或电话形式在线匿名举报违反合规性要求的情况。作为该企业全球全天候违规举报投诉渠道,为确保违规行为可以被公正地处理、举报人的信息得到保密保护、防止发生包庇与报复行为,违规举报平台由独立的第三方公司 NAVEX 运营,且其应用程序托管在 NAVEX 的安全服务器上而非该企业自有网站。此外,举报人在违规举报平台提交进行举报后会收到报告密钥和密码,可随时查询举报事项的调查跟进和最终处理情况。

法国电力公司搭建了举报系统,并由独立平台管理,举报人可随时通过该企业网站访问举报系统。为便于举报人使用,系统还提供除法语外的其他多种语言,举报人可以任意使用其选择的语言报告不当行为。提交报告后,举报人会在72小时内收到确认,通知其相关举报的可接受性评估已经开始。每份被视为可接受的报告都将得到处理,针对每一份报告,公司道德与合规部会任命一名案件经理,并在必要时由道德与合规官和其他专家协助其处理相关举报事项。调查完成后,案件经理将起草一份调查报告。如果报告的指控得到证实或部分得到证实,公司则会实施行动计划。所有举报结果将被整合提交至执行委员会的年度道德与合规报告中,并提交至该企业董事会的治理与企

业责任委员会。

辉瑞公司与第三方平台合作,其员工和其他利益相关方无论在全球任何地方、任何时间都能在其官网提供的专门举报平台进行举报,且为紧急举报设立了专门渠道,鼓励向公司举报违规和一切合规疑虑行为。辉瑞公司还设立了监察员办公室和“Open Door Policy”,同时与直接主管或其他经理讨论所有问题、担忧和建议,而不必担心报复。辉瑞公司禁止一切形式的报复。

(二)国内企业违规举报机制建立情况

国内企业特别是中央企业、地方国企基于自身不同管理模式,对合规管理中的违规行为举报机制进行了新的探索和设立。

国家电网明确了违规举报的途径、调查处理主体以及保护举报人等相关内容:利用信访、客服、安监、纪检、巡视等渠道,接受公司内外部违规行为投诉、举报。上述渠道管理部门要按照职责对举报问题进行初步调查和处理,确属合规范畴的,按业务分类送业务部门核实和处理,并通报合规管理部门。公司应采取措施保护举报人。业务部门在接到违规举报或发现违规事件时,应就举报事项或违规事件进行调查。业务部门应组织相关专家对违规举报的原因及调查结果进行全面了解,将调查结果按照相关规定报告业务分管领导并通报合规管理部门。

华能集团明确了违规举报的途径、调查处理的主体以及举报人的保护等相关内容:各单位(在这里指华能集团下的各公司)设立并对外公布举报信箱、电子邮箱或热线电话等途径接受内部及外部对违规行为的举报。各单位应采取措施保护举报人,对举报人的个人信息进行保密。合规管理牵头部门基于其合规管理职责受理权限,对范围内涉及合规内容的举报事项,组织、协调相关部门开展合规调查。举报的问题或线索属于审计、纪检监察等监督机构管理职责的,移交审计、纪检监察等机构处理。经调查核实,确实存在违规的,对违规单位或人员,应当按照集团公司有关制度规定追究问责。调查中发现涉嫌违反党规党纪事件或发现涉嫌职务违法、职务犯罪事件时,按照集团公司内部有关规定,移交纪检监察机构处理。

东方电气集团明确了违规举报的平台、调查处理主体、奖励等相关内容:各企业应当设立违规举报平台,公布举报电话、邮箱或者信箱。所有员工发现违法违规行为时,有权向集团审计监督部举报;集团审计监督部对受理的违规举报及时进行核查、分析、调查,按照有关规定分类处理,对举报事项和调查核实的情况负有保密义务,对举报属实的举报人可以给予适当奖励。

京能集团明确了举报途径、举报人保护、调查处理主体及调查模式、档案管理等相关内容:集团法律合规部设立合规举报热线,接受员工举报,对举报人信息进行严格保密和保护,严禁针对举报人打击报复。针对合规案件,确立合规调查基本方式,完善案情通报、责任认定和督促落实整改的要求。集团合规举报调查要与纪检监察部门举报调查相结合，建立案件移交制度流程，形成切实可行的受理通道、立案标准、调查开展以及分工协作模式。违规事件的涉事单位应按照整改要求，制定和落实整改措施，优化业务流程，加强合规管理，并按要求向本企业合规管理部门和处罚执行部门报送整改报告。所有调查记录和文件，按集团档案管理相关标准归档。

三、集团化管控模式下违规举报机制优化规划

自2022年起，中车长春轨道客车股份有限公司（在集团化管控语境下，为便于表述和理解，以下统称集团公司）先后以《违规事件管理规范》《员工诚信合规手册》等文件明确了违规举报渠道、举报受理部门、违规调查及责任追究的分工协调、跟踪反馈等事宜，初步搭建起违规举报机制。

经过一段时间的运行实践，发现了当前机制存在的部分问题。同时，结合公司进一步强化集团化管控的要求，拟从以下几方面开展公司违规举报机制的优化。

（一）明确违规举报的受理范围

违规举报，从字面上理解，应该受理一切的违规行为。但是基于公司已有纪检监察举报、经营业务违规举报等有效运行的举报管理机制，在此基础上另外建立的违规举报就有必要明晰受理范围，避免重复、无效工作。借鉴境内外企业的先进经验，拟将以下举报信息排除在举报范围之外：

（1）举报事项与公司及所属子公司经营业务无关的；

（2）单纯的干部人事调整相关事项；

（3）民事纠纷、合同争议（包括违约纠纷）等事项；

（4）已通过信访、纪检等途径反映，正在调查处理的；

（5）已经过纪检监察等部门调查处理完毕的；

（6）已经过公司或所属相关企业调查处理终结的；

（7）举报公司干部员工个人行为违法犯罪，不涉及经营业务违规事项的；

（8）仅为举报人个人诉求与主张，未反映具体经营业务违规事实线索的；

（9）举报内容明显虚假、不实或举报内容不明确，导致无从调查核实的。

（二）明确违规举报工作的相关主体

目前集团公司的违规举报机制明确由合规管理部门负责接收违规举报，后续根据举报案件的情况，与纪检监察部门、违规经营投资追责部门等具有调查职权、追责职权的相关单位进行内部分工协调，配合完成违规行为的调查、责任追究等后续工作。但部分举报信息存在不能清晰准确划分所属类别的情况，进而无法清晰明确调查和追责单位，需要进一步的沟通协调，影响违规举报工作的效率和效果。另外，从集团化管控的角度，将在违规举报工作方面强化对子公司的管控，进一步降低工作协调的复杂性。从工作效率性的角度考虑，进一步明确违规举报工作的相关主体如下。

1. 领导主体。集团公司合规委员会为领导主体,负责统筹协调违规举报管理工作,研究解决受理、提出分类处置意见、组织调查等相关的重点难点问题。集团公司首席合规官负责领导合规管理部门开展违规举报管理工作。

2. 管理主体。集团公司合规管理部门为公司违规举报机制的管理主体,主要职责包括:组织起草违规举报管理相关制度、流程,设立工作机制,建立举报途径和举报管理平台,受理职责范围内的举报,并提出分类处置意见,按照职责组织或参与对违规行为的调查,跟踪调查和追责情况、做好违规举报的记录,组织开展举报保护等相关工作。

3. 责任主体。根据相关单位的职能职责,结合集团公司与子公司的分工协同要求,明确违规举报机制的责任主体如下:集团公司纪检监察部门、违规追责部门等具有明确的违规行为调查和责任追究的单位接收相关案件依照职责开展后续工作;集团公司其他单位、合规管理部门(牵头)执行法治合规委员会的决策,开展调查追责等工作;子公司合规管理部门负责接收子公司处理的举报信息,在公司内组织开展调查和追责,向集团公司合规管理部门反馈调查情况等。

各相关部门在接到违规举报后,应就举报事项或违规事件进行调查。业务部门应组织相关专家对违规举报的原因及调查结果进行全面了解,调查结果按照相关规定报告业务分管领导并通报合规管理部门。

(三)进一步规范违规举报的工作流程

1. 规范违规举报的受理流程

集团公司合规管理部门收到违规举报之后,应当如实登记(见表1),并对违规举报进行必要的适当了解和初步核实。对于不属于违规举报受理范围内的,举报无明确的举报对象、举报无明确的举报事项、未提供必需的证据线索等情况的,应作出不予受理的决定,做好归档工作,举报人留下有效联系方式的还应及时告知举报人。对于属于违规举报受理范围内的且不属于不予受理情况的,应及时作出受理决定,进入内部调查环节。

表1 违规举报案件登记表示例

<table>
<tr><td rowspan="8">举报登记</td><td>举报编号</td><td></td></tr>
<tr><td rowspan="2">举报方式</td><td>□电话 □邮件 □信件 □其他________</td></tr>
<tr><td>□匿名;□实名________</td></tr>
<tr><td>举报人联系方式</td><td></td></tr>
<tr><td>接收举报时间</td><td></td></tr>
<tr><td>举报事项</td><td></td></tr>
<tr><td>举报所涉主体</td><td></td></tr>
<tr><td>相关线索</td><td></td></tr>
</table>

续表

<table>
<tr><td rowspan="5">处置建议</td><td>□不予受理</td><td colspan="2">原因：</td></tr>
<tr><td rowspan="4">□受理</td><td>立案编号</td><td></td></tr>
<tr><td>□法律合规部组织调查</td><td></td></tr>
<tr><td>□移交相关部门组织调查</td><td>移交给××××(部门)调查处理</td></tr>
<tr><td>□移交相关子公司调查</td><td>移交给××××(公司)调查处理</td></tr>
<tr><td colspan="2">合规管理部门意见</td><td colspan="2">意见：
签字：
年 月 日</td></tr>
<tr><td colspan="2">首席合规官意见</td><td colspan="2">意见：
签字：
年 月 日</td></tr>
<tr><td colspan="2">合规委员会意见</td><td colspan="2">意见：
(附会议纪要)
年 月 日</td></tr>
</table>

2. 规范违规举报的分类处置流程

如前所述，集团公司合规管理部门负责接收违规举报，但调查处理工作的责任主体不仅限于集团公司的合规管理部门，这就涉及违规举报线索的分类处置问题。为了规范、便捷实现违规举报线索的移送，拟确定以下分类及移送工作流程。

集团公司合规管理部门受理违规举报后，根据了解核实的情况，按照各责任主体的职能职责，提出分类处置意见。该意见经集团首席合规官审核同意后办理移送(移交单见表2)。对于所涉事项复杂、单独由某一责任主体调查追责不妥以及其他分类处置存在困难的，由集团合规管理部门报经集团公司首席合规官同意后，报集团公司合规委员会研究决策后执行。

表2 违规举报案件移交单示例

移交方	
接收方	
移交材料目录	
移交理由	
移交方意见	意见： (移交方部门负责人签字)： 年 月 日
接收方意见	意见： (移交方部门负责人签字)： 年 月 日

集团公司合规管理部门应考虑以下情况提出分类处置意见：

（1）对于经初步核实，涉嫌党员干部员工个人违规违纪违法的，移送纪检监察机构进行调查、核实、处理；

（2）对于经初步核实，涉嫌违规经营投资行为，可能造成资产损失或其他严重不良后果的，移送违规经营投资追责部门开展调查、核实等相关工作；

（3）结合线索涉及的主要问题，按照“管业务必须管合规”的要求，移送集团公司主管该业务的单位进行调查、核实、处理；

（4）对于不涉及集团公司所属单位管理事项的，移送相应的子公司合规管理部门负责调查、核实、处理。为了违规举报的调查和追责等后续工作有效开展，由子公司的合规管理部门分析后再行移送至合适的经办单位，子公司的合规管理部门应跟进、监督经办单位进展，做好记录并向集团公司反馈等。

集团公司合规委员会研究决定由多部门共同开展违规行为调查和责任追究工作的，应指定某部门为牵头单位，由该单位牵头组织调查、反馈和汇报等事宜。

3. 规范违规举报的调查流程

集团公司各相关单位及子公司应以依法合规、透明公正为原则，专业地开展违规举报的调查工作。形成违规举报案件调查方案（见表3），并在调查开展过程中，保护有关人员的信息，公正地对待被举报人员。多部门共同开展调查工作的，应指定专人组成临时工作小组，做好内部分工，发挥工作合力。

表3　违规举报案件调查方案

案件信息	立案编号	
	立案时间	*（以违规举报案件登记表中合规管理负责人签字同意立案的时间为立案时间）*
	案件概况	
	案件所涉主体	
	相关线索	
调查组	调查组组长	
	调查组成员	
调查任务	*（示例） （1）访谈××单位××，核实××事实是否属实（调查组成员：　　） （2）查阅××资料，核实××事实是否属实（调查组成员：　　）*	

续表

调查组意见	意见： （调查组组长签字）： 年　月　日
相关部门意见	意见： （相关部门负责人签字）： 年　月　日
备注	*（补充调查及调整调查任务，需相关部门负责人重新在此栏签字确认）*

为保证调查工作的公平工作，违规举报的调查人员有以下情形的，应主动提出回避：(1)本人是被举报人或其近亲属的；(2)本人或近亲属与被举报人或被举报问题有利害关系的；(3)其他可能影响违规举报问题公正处理的情形。

调查人员应视调查取证需要，采取询问当事人、证明人、利害关系人及其他相关人员，调阅业务档案、监控录像等多种方式开展调查，多方印证，力争调查事实的真相。在询问工作中，如被询问人为女性，应有女性调查人员参与。合规举报案件调查处理过程所涉及人员的选择应依据“最少够用”原则，即调查与处理举报案件过程中，参与人员必须是案件必要的相关人员，且该人的参与对其自身、公司、当事人，以及其他利益相关方的负面影响程度应限定在最小的范围内。调查取证中的所有询问应当保留记录，并由被询问人核对后签字确认。所有调阅记录应完整登记。调查涉及相关报告文件等信息将严格保密。

违规举报的调查过程中如需员工提供支持，被要求配合调查的员工必须遵循诚信原则，明确陈述其所了解的事实，真实完整地提供相关信息，不包庇他人、不臆造信息，并对其所知悉的举报信息严格保密。举报案件调查过程中若发现要求配合调查的员工故意隐瞒事实、提供虚假信息等类似情形，将依据相关规定进行严肃处理。

4. 规范违规举报的追责流程

在违规举报调查结束后，调查人应出具调查报告（见表4），说明参与调查的部门、参与调查的人员、调查开展情况和主要调查发现，并提出追责建议。举报案件涉及公司领导、其他高级管理人员的注资额的，应按照公司干部管理权限由相关部门提出处理意见。相关单位应将违规举报的调查报告提交合规管理部门审核，之后提报公司首席合规官（如无，则应为主管合规管理工作的公司领导）审批。

表 4　违规举报案件调查报告

案件信息	立案编号	*ZCJT-WGLA－2023－001(示例)*
	立案时间	*(以合规管理负责人签字同意立案的合规举报登记评估表中的时间为立案时间)*
	案件概况	
	案件所涉主体	
	相关线索	
调查组	调查组组长	
	调查组成员	
调查过程	调查总体概况	*简要概述案件主要调查的事实、调查过程及调查手段以及主要发现*
	调查任务的实施情况	*(示例)* *(1)经核实,××事实属实,××人员已在访谈笔录签字;* *(2)经核实,××事实属实,有××材料证明。*
调查结果	调查结论	□查明属实或部分属实 □查明不属实 □无法查明事实
	证据	*(支持调查结论的关键证据和所证明的事实,及其相互之间的逻辑)*
结案结论	□经调查,存在违规行为;违反了______________(填写所违反的规定的名称和条款) □经调查,不存在违规行为; □经调查,无法确认违规行为的具体事实。	
调查组意见	意见: (调查组组长签字): 年　月　日	
相关部门意见	意见: (相关部门负责人签字): 年　月　日	
合规管理部门意见	意见: (合规管理部门负责人签字): 年　月　日	

续表

首席合规官意见	意见： （合规管理负责人签字）： 年　月　日
合规委员会意见	意见： （附会议纪要） 年　月　日

由合规委员会研究决定调查主体的案件，由牵头单位组织撰写和提报调查报告，经集团公司合规管理部门初审，集团公司首席合规官复核后，报集团公司合规委员会审批决策，之后按照决策意见执行。

相关单位收到违规举报的追责意见后，应立即执行，并报送整改报告至合规管理部门。合规管理部门跟踪违规案件处理的后续进展，每一项受理的违规举报均应有相应处理结果，合规管理部门需处理违规举报后续跟进与备案、存档工作。举报人留下有效联系方式的，合规管理部门还应将最终处理结果反馈给举报人。

（四）开展工作人员系统培训

任何机制，想要切实发挥作用，都离不开一个优秀团队的有效执行。

在违规举报信息的接收和分类处置工作方面，合规管理部门要选派和培养具有较高职业素养，熟悉公司各项制度、各相关单位职能职责的人员承担该项工作。一方面，工作人员能够有效与举报人沟通获取后续信息，并根据违规举报信息迅速做出分类处置，后续能够顺畅对接、跟进相关单位的违规举报的调查和处置进展，切实提高违规举报工作的效率。另一方面，违规举报受理人员作为掌握举报人信息最为充分的人员，是保护举报人的第一道屏障，在移交举报信息的时候要做好信息处理，切实发挥保护举报人的作用。

高效、专业的调查是违规举报机制有效运转的重要保障。公司需要建立专门的调查团队培训培养机制。在选聘人员时，就要注意尽量配备具有专业技能和经验的调查人员，并需制定规范的调查程序。还需要定期不定期对这个团队持续进行系统化的重点培训，帮助其全面提高案件调查能力，同时强化依法合规开展调查的意识。切实履行保护举报人、调查举报事项、整改违规违法问题等方面的责任。通过提高调查团队的业务能力和工作水平，进而确保调查过程坚持客观公正、程序正当。

（五）强化举报人保护机制

保密是举报人保护的关键。公司在明确保密原则，承诺对举报人身份和举报内容严格保密之外，还要采取切实有效的保密措施落实保密要求。例如，在举报渠道、调查过程、内部沟通等各个环节中贯彻保密要求，严格限制知情人的范围，防止举报信息泄露和扩散。公司受理举报的合规管理部门和处理举报的员工，应对举报者的信息履行保密义务。

举报渠道应由专人管理,无论举报是匿名还是实名,均不能透露任何举报人的信息或者透露出可以推断出举报人真实身份的信息。严禁任何人对举报人进行任何形式的打击报复,包括显性或隐性的、公开或秘密的、减薪或降职、转岗或辞退以及其他任何经济方面或声誉方面的报复行为。把对举报人进行打击报复的行为明确为合规红线,一旦发现打击报复举报人,将对相关责任人予以处理;涉嫌违法的将追究责任人的法律责任。举报人若因举报行为受到打击报复,可第一时间向合规管理部门反馈。

切实落实回避要求,有利害关系的调查人员必须回避,举报人也可以要求回避。在案件调查过程中,通过"一对一单线联络"的方式与举报人联系,以确保信息保密。举报奖励通过专属通道发放,确保举报人得到有效保护。内外宣传报道和奖励发放流程,除征得举报人本人同意外,不得公开其姓名、工作单位。公司在举报线索登记、调查、报告输出和奖励等各环节,都应建立严格的保密举措,对于举报信息严格保密。违规举报从受理、调查到报告等全程的相关资料都应该作加密保管。

另外,还要考虑对供应商、代理商等合作方的额外保护措施。无论主动或被动向公司员工及其关联人员提供不正当利益,如果其主动向公司举报,可以减轻或免予处罚,公司将继续保持与其合作。违反上述规定的,从严从重处理;触犯法律的,移送司法机关依法追究法律责任。

(六)关注被举报人的信息保护

随着《个人信息保护法》的出台,在违规举报机制中被举报人合法权益的维护受到越来越多的关注。违规举报机制必然要涉及收集、处理甚至是转移员工的个人信息(被举报人),因此不可避免地涉及个人信息保护方面的法律问题。因此在设置和执行内部举报制度时,要确保符合《个人信息保护法》,对可以收集的信息类型需要有所限制,对收集的举报信息保存时间有所限制,要与实际需求相符。具体包括:(1)在收集、处理、转移员工(在这里指被举报人)的个人信息等时,应当限于实现调查处理目的的最小范围,不得过度收集个人信息;(2)处理个人信息应当采取对个人权益影响最小的方式;(3)对收集的举报信息保存时间有所限制,要与实际需求相符。

此外,还应注意以下几个方面的问题。(1)除非为查明实情,需要询问被举报员工的直接上级,否则可暂时不向其告知对员工的举报事项。如果调查得出不能证实违规行为的结论,且被举报员工的直接上级尚未知晓,可以由员工决定是否通知他们。(2)被举报员工可以要求本部门管理人员或其他管理人员以恰当方式澄清员工遭受的错误怀疑。(3)如果启动调查,公司应将调查结果通知被举报员工。如调查结论证实员工有违规行为,应同时将调查结果通知该员工的直接上级。(4)如需将受理事项的归档材料纳入被举报员工的人事档案,该员工有权在法律允许的前提下查阅该材料。

(七)尝试建立违规举报激励机制

企业违规举报激励机制主要是指企业等对于符合条件的举报者予以的激励与支持。

一定力度的奖励,是违规行为举报机制推行的核心要素。根据举报信息使企业避免、减少或者追回了经济损失,或者避免、挽回了企业的信誉损失,维护了企业在市场上的美誉度,保障了企业在市场竞争中的份额或保护、增加了企业的交易机会等,企业应根据具体情况,明确和细化激励规定,给予举报人员一定的精神奖励和物质奖励,如表彰、奖励(重大或是特殊事项甚至可以采取比例奖励、追回的经济损失一定比例的金额)、职务升迁等。只有给予举报人充分的激励,抵消举报行为可能带来的重大损失和预期收入影响,才能推动举报意识转化为举报行为。多角度的激励不仅是对举报行为的鼓励,弥补举报人潜在的利益损失,更明确表达了高度认可举报行为的态度,彰显了鲜明的支持、保护举报人的立场。

国内外企业对举报人实行有奖举报的情况并不鲜见。举报人有效提供违规行为的信息,经调查属实的,可以考虑根据提供线索的有效性、案件性质及严重程度,给予其物质奖励或非物质奖励。未来,尝试经合规管理部门提名、合规委员会批准,对举报信息提供,举报案件协助调查、处理等工作开展过程中的有功人员,给予一定金额的奖励。

(八)收集和开展违规举报的数据分析

对收到的违规举报信息进行数据分析是举报机制能够给合规管理带来的一项额外好处。哪个地区或是哪个业务条线的投诉和举报最多,可能意味着需要合规管理部门的特别关照,如加强合规培训,进行实地考察确定实际情况,形成专项合规文件报请相关领导层予以重视等。如果某一类的违规行为的举报特别多,也许意味着公司现有的相关合规制度和程序可能存在不足,无法有针对性地解决这类问题,需要进行专项的自查和整改提升。这都是合规管理宝贵的第一手参考资料,能够帮助合规管理部门及时发现风险,改进调整现有的合规制度和工作机制,促进公司依法合规经营,稳健发展。

第四编 理论探讨

企业承接司法监督建议应对模式研究

付 毓 于树人 王心怡 李芳敏 朱 琳

作者简介

付 毓 中国移动通信集团黑龙江有限公司法律事务部法律顾问

于树人 中国移动通信集团黑龙江有限公司法律事务部专家

王心怡 中国移动通信集团黑龙江有限公司法律事务部法律顾问

李芳敏 中国移动通信集团湖北有限公司法律与监管事务部法律顾问

朱 琳 中国移动通信集团广东有限公司法律与监管事务部法律顾问

公司简介

中国移动通信集团黑龙江有限公司、中国移动通信集团湖北有限公司、中国移动通信集团广东有限公司均隶属于中国移动通信有限公司，是中国移动通信有限公司在黑龙江、湖北和广东设立的全资子公司。

内容摘要

在落实全面从严治党、发挥大监督体系作用、促进社会治理现代化、推进中国之治的主题下,司法机关积极延伸审判、监督职能,深入参与社会治理,以司法监督建议为小切口,书写高质量司法大文章。在全面推进社会治理现代化征程中,对社会之疾“望闻问切”,着力对治理顽疾“把脉开方”,司法建议根植于中国特色社会主义的审判实践,是中国特色政法体制中的重要一环,是司法机关参与中国式社会治理现代化建设的有效途径。为此,企业应完善各类监督贯通协调机制,承接司法监督建议,根据人民法院、检察院就民事法律诉讼、仲裁、商标类行政诉讼提出的依法经营、合规管理方面的监督意见,牵头组织有关部门依法落实监督要求,探索建立相关工作机制,践行党的二十大精神,进一步健全完善企业监督体系。本文致力于研究企业承接司法监督建议应对模式的法律问题,探索建立具体承接、反馈、协商机制;进一步推进常态化整改,与企业监督工作体系相贯通、与合规风险防控工作联动、与案件管理工作联动、与法治宣传教育工作联动,打好各工作模块综合运用“组合拳”,促进同题共答、相融互促,加强源头治理。

关键词

司法监督建议　承接　反馈　协商　联动

司法监督是国家监督体系的重要组成部分,习近平总书记多次强调,要以党内监督为主,发挥民主党派监督、司法监督、审计监督、群众监督、舆论监督等多种监督方式的作用,形成监督合力。《中国共产党党内监督条例》《中共中央关于坚持和完善中国特色社会主义制度　推进国家治理体系和治理能力现代化若干重大问题的决定》也强调推动包括司法监督在内的各类监督有机贯通、相互协调。党的二十大报告强调“加强检察机关法律监督工作”,这在党的代表大会工作报告历史上尚属首次,标志着新时代检察机关的法律监督工作被摆在了更高、更重要的位置。

司法机关目前非常重视并不断加强对司法建议在社会治理中的功能审视与路径协同完善。2024 年《最高人民法院工作报告》将深化用好司法建议,促进提升社会治理法治化水平列为下一步重点工作。2023 年 11 月最高人民法院制定了《关于综合治理类司法建议工作若干问题的规定》、2019 年 2 月最高人民检察院制定了《人民检察院检察建议工作规定》,指出人民法院、人民检察院作为国家司法机关,是司法监督的建议主体。人民法院、人民检察院在办理案件过程中,发现社会治理领域中存在的突出问题,可以向有关单位和部门提出改进工作、完善治理的司法监督建议和检察监督建议。司法机关以司法监督建议为抓手,能动司法积极参与社会治理的监督格局已日渐完善。

企业应积极承接司法监督建议,并致力于根据人民法院、人民检察院就民事法律诉讼、仲裁、商标类行政诉讼提出的依法经营、合规管理方面的监督建议,发掘司法监督建议的管理价值,坚持抓前端、治未病,发挥企业法律监管部门以法治助力公司增强核心功能、致力于提升核心竞争力和“科技创新、产业控制、安全支撑”三个作用发挥,完善承接司法监督建议机制,提升企业依法合规经营水平。

一、司法监督建议的基本概念

在针对本课题开展研究之前,有必要先明确司法监督建议的内涵,这是研究司法监督建议相关问题的逻辑前提与起点。

(一)司法监督建议的定义

在立法实践层面,2019 年 2 月最高人民检察院制定了《人民检察院检察建议工作规定》,2023 年 11 月最高人民法院制定了《关于综合治理类司法监督建议工作若干问题的规定》。从立法规定来看,司法监督建议特指由人民法院下发的建议,而人民检察院下发的建议为检察建议。但是,从司法监督建议的语义角度理解,司法监督建议应当是由司法机关作出的建议,人民检察院作为重要的国家司法机关,其作出的建议称之为司法监督建议也并无不妥。[①] 人民法院与人民检察院所作出的建议均是本文的研究对象。为此,本文将司法监督建议进行广义的定义,本文所称的司法监督建议是指广义的司法监督建议,即由人民法院、人民检察院在办理案件过程中,发现有关单位和部门存在工作漏洞、制度缺失、风险隐患等方面问题,向其提出的关于科学决策、完善治理、堵塞漏洞、消除隐患、改进工作、规范行为等建设性的书面建议。

(二)司法监督建议的主要类型

司法监督建议是国家司法机关参与社会治理,实现溯源治理的有效抓手。根据不同的划分标准,可以将司法监督建议划分为不同的类型。首先,根据制发主体不同,可以将司法监督建议划分为检察建议和狭义的司法监督建议。检察建议是人民检察院在业务办理过程中,发现社会治理领域中存在的突出问题,向有关单位和部门提出的改进工作、完善制度等方面的建议;狭义的司法监督建议是指人民法院在行使审判权时,发现不属于审判权或者不宜采用审判权解决的一些问题,向有关单位和部门提出的合理化建议。[②] 实践中也将检察建议与狭义的司法监督建议进一步划分了类型。如《人民检察院检察建议工作规定》第 5 条将检察建议划分为再审检察建议、纠正违法检察建议、公益诉讼检察建议、社会治理检察建议、其他检察建议五种类型;《关于加强司法建议工作的意见》第 8 条将狭义的司法监督建议划分为个案司法监督建议、类案司法监督建议和综合司法监督建议三种类型。

其次,根据是否有法律明文规定,可以将司法监督建议划分为诉讼型司法监督建议和

---

① 参见许宏波:《对我国司法建议制度的反思与重构　以构建和谐社会为视角》,载《法律适用》2008 年第 Z1 期。

② 参见许宏波:《对我国司法建议制度的反思与重构　以构建和谐社会为视角》,载《法律适用》2008 年第 Z1 期。

治理型司法监督建议。[1] 诉讼型司法监督建议是指法律明确规定的,具有直接立法支持的司法监督建议。如《民事诉讼法》第117条和《行政诉讼法》第66条规定的司法监督建议。治理型司法监督建议是指目前尚无直接的立法规定、缺乏法律支撑的司法监督建议。该类司法监督建议是人民法院、人民检察院为实现社会治理、加强管理、堵塞漏洞等方面的目的而下发的司法监督建议。

最后,根据司法监督建议的制发缘由和功能,可以将司法监督建议划分为预见型司法监督建议、纠纷型司法监督建议和沟通型司法监督建议。[2] 预见型司法监督建议是指司法机关通过对一定时期内的工作情况进行分析,捕捉并预见到今后一段时间可能引发矛盾的领域和信息,并据此向有关单位和部门下发司法监督建议。该类司法监督建议通过提前识别可能的风险点并提出相应的预防措施,进而完善管理制度,减少矛盾发生。纠纷型司法监督建议是指司法机关在案件办理过程中发现有关单位和部门存在问题或管理漏洞,提出予以纠正或履行监管职责所下发的司法监督建议。该类司法监督建议旨在帮助改进工作方法,避免类似问题再次发生。沟通型司法监督建议是指司法机关建议有关单位和部门延伸职能、主动参与,与司法机关协力化解矛盾纠纷的建议。该类司法监督建议促进司法与行政等其他部门之间良性互动、协同共治。

二、司法监督建议的运行现状及承接必要性

司法监督建议制度由来已久,从无人问津到如火如荼。自实施以来无论是在规模还是在实施效果等方面均取得了喜人成绩,但与此同时也蕴藏着诸多问题。为有效探索承接应对模式,准确地掌握司法监督建议的实践痛点,厘清司法监督建议的运行现状及承接必要性,就成了本文研究的先决条件。

(一)司法监督建议的规模

司法监督建议规模指的是国家司法机关所制发的司法监督建议的数量,以及这些司法监督建议所覆盖的范围和产生的影响力。从制发数量来看,《2023年检察机关主要业务数据》显示,2023年人民检察院共下发124,677件检察建议,较上一年增长2万余件,其中纠正违法检察建议67,003件;社会治理检察建议39,987件;其他问题17,687件。根据十四届全国人大二次会议的《最高人民法院工作报告》,在2023年的工作中,最高人民法院制发1至5号司法监督建议,各级法院跟进发出司法监督建议共9429件。可见,司法监督建议作为一种法律监督方式,在司法实践中越来越得到重视,且不同地区的司法机关也都在积极地使用司法监督建议这一工具参与社会治理,例如,2023年广东省法院共发出司法

[1] 参见刘箭:《审判中心视野下的司法建议制度》,载《法学杂志》2017年第6期。

[2] 参见胡昌明主编:《法官实用写作指南》,人民法院出版社2014年版,第1198~1199页。

监督建议 2946 件,同比上升 55.7%,[①]四川省法院共发出司法监督建议 3579 件,[②]湖南省法院共发送司法监督建议 1774 件。[③] 这些数据说明随着法治化的发展,司法监督建议已然成为法治发展进程中不可或缺的一部分。

在覆盖范围方面,司法监督建议的覆盖范围广泛,涉及诸多领域。如行政方面其范围涵盖土地管理、招投标项目、安全生产、企业注册登记、婚姻登记、不动产登记、违法建筑整治等多个领域。在公共安全与社会治安方面涵盖交通执法、环境污染等领域。在民生方面涵盖教育、医疗健康、社会保障与就业、食品安全等领域。总之,司法监督建议的覆盖范围并不局限于某个特定的行业或领域,而是根据实践中发现的问题延伸至社会生活的各个层面。

(二)司法监督建议的对象

司法监督建议的对象具有广泛性,包括但不限于下列主体。

国家行政机关。司法机关在履职过程中发现行政机关的行政行为存在明显不妥之处,为防止不必要的纠纷和矛盾发生,可以向行政机关发送司法监督建议。例如,为助推行政机关负责人出庭"出声"应诉,林芝市巴宜区人民法院向"沉默"的行政机关负责人下发出庭司法监督建议书;[④]为规范行政机关政府信息公开行为,防止在履行信息公开义务时存在不规范、不严谨的瑕疵行为,重庆市渝中区人民法院向重庆市国土资源和房屋管理局下发了司法监督建议书;[⑤]为解决政务信息公开工作中存在的公民个人信息和隐私泄露问题,防止公民人身、财产安全被侵害,海南省检察院向有关行政机关下发了检察建议。[⑥]

企、事业单位。对于在生产经营活动过程中漠视法律法规、管理存在缺失、逃避承担社会责任的企业,司法机关可以向其下发司法监督建议。例如,乌鲁木齐中级人民法院向未依法与员工签订劳动合同、未按时缴纳社保的某企业下发了司法监督建议书,同时要求该企业针对司法监督建议书指出的问题,采取有力措施推进依法治理。[⑦]

---

① 参见吁青、蔡娟娟:《"金点子"变身"金钥匙" 广东 2946 个司法建议助力社会治理》,载人民法院网 2024 年 3 月 29 日,www.chinacourt.org/article/detail/2024/03/id/7872829.shtml。

② 参见《全省法院 2023 年度十大司法建议评选结果出炉》,载四川法制报网 2024 年 1 月 19 日,https://www.scfzbs.com/yw/202401/82450604.html。

③ 参见张云帆:《2023 年,湖南省法院共发送司法建议 1774 份,反馈率达 97.41%》,载学习强国网湖南频道,https://hn.rednet.cn/content/646845/53/13458216.html。

④ 参见《助推行政机关负责人出庭"出声" 司法监督建议良性互动显成效——林芝市巴宜区人民法院发出首份"沉默"司法监督建议书》,载微信公众号"林芝市巴宜区人民法院"2024 年 5 月 22 日,https://mp.weixin.qq.com/s/xGQhRoHyV9IInukME2TAag。

⑤ 参见《为规范信息公开的行为,法院向行政机关发出了司法监督建议书》,载微信公众号"信息公开研究网"2023 年 2 月 28 日,https://mp.weixin.qq.com/s/VCZ3aszox9M5zMJxB4sqFQ。

⑥ 参见《【检护民生】保护个人信息 省检二分院向两地行政机关制发检察建议》,载微信公众号"海南检察"2024 年 8 月 28 日,https://mp.weixin.qq.com/s/c-K8E3ahDvOvC4Eq52MnDA。

⑦ 参见《用好司法监督建议,延伸审判职能,助力劳动者权益保护》,载微信公众号"乌鲁木齐市中级人民法院"2024 年 4 月 29 日,https://mp.weixin.qq.com/s/Zq8l828Y90K1QjHHwSMQrg。

社会团体及其他组织。例如,广州市中级人民法院为加强行业规范指引,向某协会下发了司法监督建议书,建议加强行业培训、法治宣传与规范指引,并要求该协会在收函后20个工作日内将处理结果函告发送单位。①

(三)司法监督建议的功能

司法监督建议作为一种非强制性的法律工具,在司法实践中逐渐凸显出其独特的功能价值,特别是在纠纷预防、权利保护和社会治理等方面发挥了重要作用。

首先,司法监督建议助力化解纠纷,实现源头预防。司法监督建议通过发挥其延伸功能,从现实纠纷中发现背后所体现的带有普遍性的、规律性的、多发的、潜在的社会矛盾,具有针对性地提出司法监督建议,达到将化解矛盾纠纷前置的效果。例如,吉林省某基层法院发现受理的民事案件中确认劳动关系案件占比达34.3%,面对此种情况,该院成立专题调研组进行分析研究,提出现实可行的针对性司法监督建议,如今该院受理确认劳动关系案件仅占民事案件的1.2%。②

其次,司法监督建议助力保障公民合法权益。司法监督建议通过揭示案件中所反映出来的管理漏洞,促使相关部门加强监管,达到"源于案件又超越案件"的效果。例如,在劳动者权益保护方面,鄂州市中级人民法院在审理一批劳动者与某公司的劳动争议案件时,发现公司存在以劳动者签署了不缴纳社保承诺函为由不为劳动者办理社会保险登记的违法用工情况,针对此现象鄂州市中级人民法院出具了司法监督建议书,要求该公司对劳动用工违法情况进行整改,经过整改该公司所有员工都能享受社保的保障。③

再次,司法监督建议有效参与社会治理,实现协同共治。社会治理根植于西方的治理理论,其本质是多元主体参与互动,协同合作解决社会问题,实现多方主体共同参与治理行为的目标。新时代司法是能动司法,是主动型、回应型、服务型司法,司法监督建议正是落实新时代司法的重要举措。司法监督建议以其具备的前瞻性与互动性有效深度参与社会治理,以"亡羊补牢"与"未雨绸缪"相互补充,一方面弥补制度与管理上的缺陷,另一方面避免类似情况再次发生,合力达到稳定社会的良好效果。

最后,司法监督建议良好的引导与教育作用。不同于司法判决的强制效力,司法监督建议柔性说理的方式与被建议主体之间形成了相对轻松的互动环境。更为重要的是司法监督建议的对象可能是案件当事人,也可能是其他相关主体,实现了多主体参与;建议也不仅作用于被建议主体,对其他主体也具有良好的引导与警示作用。因此,司法监督建议以弥补缺陷有效性、建议对象广泛性、建议内容普适性主动参与了社会治理与公共决策。

---

① 参见《一份司法监督建议带来的变化》,载微信公众号"广州市中级人民法院"2024年6月24日,https://mp.weixin.qq.com/s/U8gtEpmeMb212jICbPCxWg。

② 参见《司法建议开"良方"丨一份司法建议 让企业用工"安心"让劳动者不再"忧薪"》,载微信公众号"红石林区基层法院"2024年8月13日,https://mp.weixin.qq.com/s/ebCh8RIFnCytF7aUYukAvA。

③ 参见《推进"一函两书"制度 法院司法监督建议督促整改劳动用工违法行为》,载微信公众号"湖北高院"2024年5月15日,https://mp.weixin.qq.com/s/bqEQKWFcebXCnIApCk7Owg。

（四）司法监督建议的实施效果

司法监督建议的实施效果可以从正反两方面来评价。首先，早在1988年就已经肯定了司法监督建议的正面效果。在第七届全国人民代表大会第一次会议上，时任最高人民检察院检察长杨易辰进行了工作汇报，该汇报显示据12个省、自治区、直辖市人民检察院统计，1987年通过办案促使300多个困境企业“涅槃重生”，并帮助1400多个企业扭亏为盈。其次，在纠纷源头预防方面也具有积极成效。例如，荆州区人民法院针对该区2018～2023年行政诉讼案件的矛盾纠纷根源和行政机关败诉原因向区政府下发了司法监督建议，并通过府院联动探索开展“健全行政诉讼司法监督建议机制”改革试点，最终达成荆州区法院新收行政案件同比下降12.64%，行政机关败诉率同比下降21%的良好效果。①

司法监督建议在取得积极成效的同时也面临着一些问题。首先，某些司法人员过于依赖现有证据，在调查时仅利用办案时所获取的信息，不再开展调查核实。其次，司法机关案多人少，尤其是基层司法机关人手不足的问题更突出，而制发司法监督建议需要建立在细致调查基础上，要想把握案件背后深层管理原因，离不开调研、收集证据、查阅资料，因此不排除受限于调查核实进程过快、审核紧迫等客观情况，司法监督建议制发对象、内容、整改建议存在偏颇的情况。再次，由于司法人员多为法学专业，办理案件也主要运用法律知识，对其他专业知识存在盲区、短板，而社会治理又涉及多行业、多领域，司法人员在适用社会治理检察建议过程中存在无法找准问题源头和治理点位的可能性。复次，司法监督建议本身不具有法律上的强制执行力，建议内容通常不属于审判机关依法裁判的事项，被建议对象有权自主决定是否予以反馈、采纳，一定程度上限制了司法监督建议的被重视程度。又次，司法监督建议的回函质量良莠不齐，国家不断深化用好司法监督建议，扎实做好司法监督建议工作，并将司法监督建议工作纳入考核体系，由此大大提升了司法监督建议的回复率，但是回函内容质量并不高。目前实践中针对司法监督建议呈现三种回函模式：一是“知悉”，即象征性回复，有的被建议单位在收到建议当天即行回复，有的回函将建议内容全文照搬，有的仅表示感谢。二是“落实”，表现为仅针对建议内容，总结相关工作方法、管理制度，提出研究解决方案并加以落实。三是“延伸”，被建议单位回复采纳建议，通过有效举措弥补漏洞，并扩展治理覆盖面，促进社会治理机制创新。总体来看，司法监督建议回函呈现出形式化、格式化、同质化的倾向，回函内容流于形式，真正对司法监督建议进行深入研究、有实质性落实内容的回函少之又少。最后，被建议单位多采用“一事一议”等较为随机的方式处理司法监督建议，并未形成规范化回复机制。而对于被建议单位不予回复或“应付式”回复等问题，法院并无法律依据或“刚性”机制促使司法监督建议“落地”。被建议单位是否回复，在某种意义上成为法院与被建议单位之间的“隐形博弈”。

为此，企业应积极承担企业责任与社会责任，主动作为，积极探索有效承接司法监督

① 参见《湖北高院通报表彰2023年度全省法院优秀司法监督建议》，载微信公众号“湖北高院”2024年2月29日，https://mp.weixin.qq.com/s/WYMdv8uYsnDv5V7-ig8CVw。

建议的应对模式，推动实现司法监督建议承接从“空中楼阁”向“躬行践履”转变。但同时也要正视实践中司法机关因受视野和站位角度的局限性影响，司法监督建议制发对象、内容、整改建议存在偏颇的情况。因此，企业要避免一刀切式承接，要重视与司法机关协商沟通，作出有效反馈。

三、承接司法监督建议实务探究

司法机关以司法监督建议为抓手，能动司法积极参与社会治理的监督格局已日渐完善。企业作为国民经济发展中的中坚力量，应该积极承接司法监督建议。要从思想上提高政治站位，强化政治担当，深化认识；要精心组织安排，坚决扛起责任，采取有力措施，切实发掘司法监督建议的管理价值，提升企业依法合规经营水平。

企业应进一步强化司法监督响应机制，各企业建立健全适用于本单位实际的承接司法监督建议的制度流程，明确各部门权责及工作机制，形成规范化回复机制。要加强重视，至少要成立由被建议单位相关主管领导参与的“司法监督建议承接”专项管理机构。各企业亦可结合工作实际，协调承接的司法监督建议工作与本企业合规管理工作，根据本企业合规管理办法对司法监督建议做好闭环管理。

以下是就承接司法监督建议实务提出的探索性思考。

(一)建立司法监督建议的承办机制

1. 司法监督建议的承接管理机构

司法监督建议的牵头主管部门是被建议单位的法律监管部门，负责牵头组织处理司法监督建议。司法监督建议整改主责部门是指将司法监督建议中指出的社会治理领域中存在的突出问题按专业拆分，所涉及的与被建议单位的法律监管单位平级的相关条线管理部门。整改主责部门负责全面系统分析归属本条线管理的问题并提出、落实整改方案。

各企业收到司法监督建议函(直接发函未调查)或司法监督建议调查通知，应当成立“司法监督建议承接”专项管理机构。管理机构由被建议单位分管法律监管部门的公司主管领导担任组长，被建议单位分管整改主责部门的公司主管领导为副组长，被建议单位法律监管部门，整改主责部门、协办部门相关人员为成员。

“司法监督建议承接”专项管理机构设立后，应当重点做好以下工作：

(1)被建议单位主管部门要第一时间将建议书或调查通知的内容和要求层报本企业总法律顾问、首席合规官。

(2)根据建议书或调查通知涉及的整改业务领域，明确整改主责部门。整改主责部门围绕涉及的管理问题形成调查核实材料或异议材料、①其他整改协办部门分工配合。

(3)司法机关派员通过走访、询问、座谈等多种方式至本单位调查、走访的，专项管理

① 《人民检察院检察建议工作规定》(高检发释字〔2019〕1号)第23条规定：“被建议单位对检察建议提出异议的，检察官应当立即进行复核。经复核，异议成立的，应当报经检察长或者检察委员会讨论决定后，及时对检察建议书作出修改或者撤回检察建议书；异议不成立的，应当报经检察长同意后，向被建议单位说明理由。”

机构对应层级相关人员应当及时与司法机关人员当面沟通，配合安排有关人员进行个别谈话，根据要求提供有关文件、档案、会议记录等资料，配合开展调查工作的有关事项。

2. 司法监督建议承接流程

（1）重视收到建议前的调查环节，提前介入、积极应对

提出司法监督建议前，实践中司法机关会调查研究并征求被建议单位的意见，①特别是社会治理类优秀检察建议，都是通过扎实开展调查核实工作，经历了充分的调查环节，通过走访、询问、座谈等多种方式，广泛听取多方意见。司法机关会直接到被建议单位听取意见，或以公开听证的方式听取意见，以提升建议的针对性和实效性。② 各单位可充分利用司法建议制发前司法机关先行调查的窗口期，针对司法机关拟制发的建议中提到的依法经营、合规管理方面监督意见管理问题积极进行排查，尽早立行立改、制订应对方案，对不属于企业责任范围内的问题、超出企业管理范围的问题主动释明避免司法建议正式制发后异议难度增加的风险。

因此在司法监督建议制发前各单位接到司法机关调查通知、征求被建议单位的意见时即应积极认真应对并成立“司法监督建议承接”专项管理机构，具体流程比照正式收到司法监督建议情形处理。

（2）聚焦收到建议后的时间节点，及时上报、成立机构

被建议单位收到司法监督建议函后 5 个工作日内应层报本企业最高层级（如集团公司）予以备案。企业最高层级对各单位司法监督建议处理进行监督、指导、协调。在处理过程中如发生重大进展变化需要企业最高层级提供指导，相关单位可以及时与其沟通。司法监督建议事宜应对终结的，相关单位应在终结后 15 日内向企业最高层级报告处理结果。

被建议单位收到司法监督建议函后 5 个工作日内应当成立“司法监督建议承接”专项管理机构，为下一步开展反馈工作奠定基础。

（二）明确司法监督建议的反馈机制

1. 司法监督建议反馈内容

针对司法机关制发的司法监督建议，逐条对应一一反馈，做到条条有回应。结合司法监督建议中提到的管理问题是否存在、是否已有制度规制，反馈内容可以区分以下几种

---

① 《人民检察院检察建议工作规定》（高检发释字〔2019〕1 号）第 15 条规定：“检察官一般应当在检察长作出决定后两个月以内完成检察建议事项的调查核实。情况紧急的，应当及时办结。检察官调查核实完毕，应当制作调查终结报告，写明调查过程和认定的事实与证据，提出处理意见。认为需要提出检察建议的，应当起草检察建议书，一并报送检察长，由检察长或者检察委员会讨论决定是否提出检察建议。经调查核实，查明相关单位不存在需要纠正或者整改的违法事实或者重大隐患，决定不提出检察建议的，检察官应当将调查终结报告连同相关材料订卷存档。”第 17 条规定：“检察官依据本规定第十一条的规定起草的检察建议书，报送检察长前，应当送本院负责法律政策研究的部门对检察建议的必要性、合法性、说理性等进行审核。检察建议书正式发出前，可以征求被建议单位的意见。”最高人民法院《关于综合治理类司法建议工作若干问题的规定》（法释〔2023〕11 号）第 5 条规定：“人民法院提出司法建议前，应当结合审判执行工作中发现的问题充分调查研究，并积极与被建议单位沟通，听取其意见。”

② 参见《关于 2019 年度全国检察机关社会治理类优秀检察建议评定结果的通报》，载中华人民共和国最高人民检察院，https://www.spp.gov.cn/xwfbh/202008/t20200805_475499.shtml#1。

情况。

(1)管理问题并不存在,要澄清误会

受限于调查核实进程过快、审核紧迫等客观情况,司法机关在司法监督建议制发对象、内容、整改建议方面存在偏颇的情况;或司法人员多为法学专业,办理案件也主要运用法律知识,对其他专业知识可能存在盲区、短板,因此相关司法监督建议中涉及的管理问题并不存在或非公司管理范畴时,反馈内容应侧重于澄清误会,提出异议。

(2)制度流程中有相关管理要求,实践中未遵守,要予以释明、整改

对于司法监督建议中提及的管理问题,公司现有制度已存在相应规定,仅系被建议单位未按要求执行导致问题发生时,反馈内容应侧重于解释管理制度存在的事实,并制定切实可行的整改举措,确保制度落实到位,防止同类问题重复发生。

(3)制度流程中无相关管理要求,确实存在相应管理问题,要积极整改

对于司法监督建议中提及的管理问题,被建议单位现有制度流程并无规定,则整改主责部门要坚持问题导向,找出引发问题的实情,举一反三、查找根源、堵塞漏洞、完善制度、对症解决。全面梳理排查涉及的业务领域、管理环节,拿出切实可行的整改举措,做到发现一点、治理一片,防止同类问题重复发生。如果从被建议单位层面无法推动整改,整改主责部门应层报企业最高层级对口部门,自上而下完善制度,统一规则,确保针对司法监督建议的整改落实。

2. 司法监督建议反馈流程

根据司法监督建议书的具体整改要求,整改主责部门要牵头积极反馈相关建议,其他整改协办部门予以配合,将建议书提出的问题捋清楚、深挖掘,并根据建议书要求的时限①起草反馈函。反馈函须经"司法监督建议承接"专项管理机构法律监管单位法律审核后,层报本单位总法律顾问、首席合规官,总法律顾问、首席合规官同意后加盖被建议单位印章后向司法建议机关反馈。

3. 司法监督建议反馈跟踪

针对被建议单位整改主责部门制定的整改举措,司法机关会跟踪相应整改措施的落实情况。《人民检察院检察建议工作规定》第 25 条规定:"被建议单位在规定期限内经督促无正当理由不予整改或者整改不到位的,经检察长决定,可以将相关情况报告上级人民检察院,通报被建议单位的上级机关、行政主管部门或者行业自律组织等,必要时可以报告同级党委、人大,通报同级政府、纪检监察机关。符合提起公益诉讼条件的,依法提起公

① 《人民检察院检察建议工作规定》(高检发释字〔2019〕1 号)第 19 条规定:"人民检察院提出检察建议,除另有规定外,应当要求被建议单位自收到检察建议书之日起两个月以内作出相应处理,并书面回复人民检察院。因情况紧急需要被建议单位尽快处理的,可以根据实际情况确定相应的回复期限。"最高人民法院《关于综合治理类司法建议工作若干问题的规定》(法释〔2023〕11 号)第 8 条第 1 款规定:"人民法院提出司法建议时,应当告知被建议单位就建议采纳落实情况等予以书面答复。答复期限根据具体情况确定,一般不超过两个月;法律、司法解释另有规定的,依照其规定。"

益诉讼。”因此，为了避免整改措施成为空中楼阁，同时提高公司的合规管理水平，被建议单位应将整改主责部门反馈的整改措施纳入绩效考核或综合评价，实现司法监督建议反馈的闭环管理，以推动司法监督建议社会治理价值的实现。

（三）善用司法监督建议的协商机制

针对实践中司法监督建议反馈环节刚性治理机制欠缺的问题，检察机关近年来致力于积极帮助和支持被建议单位落实检察建议。检察建议发出后，通过询问、走访、不定期会商、召开联席会议等多种方式，及时了解被建议单位的整改落实情况。对于被建议单位在落实中存在的问题，主动帮助分析原因、商量对策，及时提出意见建议，不断完善整改措施；被建议单位在落实过程中遇到困难，需要检察机关予以支持配合的，检察机关争取及时提供支持，积极配合被建议单位做好相关工作，共同推进检察建议的落实。对于司法监督建议工作，人民法院亦提出要坚持系统思维，主动增强沟通交流意识，注重凝聚共识、共商解决之道。具体的沟通方式包括但不限于走访、座谈、书面征求意见等。

可见，协商机制在司法监督建议承接实务中扮演着越来越重要的角色。被建议单位应认真落实反馈函中制定的整改举措，注重成效。例如，遇到相关问题，被建议单位应主动寻求司法建议机关的指导，共同分析原因、商议对策，调整、完善整改措施；对于在落实过程中遇到的困难，应当多方协商配合，共同寻找破解办法，共同推动问题解决。

因此，实务工作中，企业无须一味迎合司法机关的整改建议，要善于运用协商机制，有理有利有节地推进司法监督建议的落实。

四、企业承接司法监督建议后的常态化跟踪机制

在落实全面从严治党、发挥大监督体系作用、促进社会治理现代化、推进中国之治的主题下，司法机关积极延伸审判、监督职能，深入参与社会治理，以司法监督建议为小切口，书写高质量司法大文章。在全面推进社会治理现代化征程中，对社会之疾“望闻问切”，着力对治理顽疾“把脉开方”，是司法机关参与中国式社会治理现代化建设的有效途径。为此，被建议单位不仅应严格推进落实反馈函中制定的整改举措，还要提高政治站位，强化政治担当，持续推进常态化整改，加强源头治理，避免相关问题重复发生。对已完成的整改任务，着力巩固拓展整改成果，执行长效机制，防止问题反复反弹，深化联动整改，完善针对司法监督建议整改举措的闭环管理，通过打好各工作模块综合运用“组合拳”，对业务部门整改落实情况进行检查监督，确保责任落实。

（一）与企业监督工作体系相贯通

被建议单位要将司法机关就民事法律诉讼、仲裁、商标类行政诉讼提出的依法经营、合规管理方面监督意见挖掘出的生产经营和业务发展问题根据相关性共享反馈给本单位综合部门、党建部门、财务部门、人力资源部门、内审部门、巡视巡察部门、纪检监察部门、工会等监督部门。其他监督部门根据监督侧重点不同，统筹协调监督资源，推动形成监督

合力，促进监督成果在各监督主体之间有效转化运用。通过共享反馈促进大监督体系与治理体系对接融合，做到同题共答、相融互促，充分发掘司法监督建议的管理价值，坚持抓前端、治未病，助力企业增强核心功能、提升核心竞争力。

（二）与合规风险管控工作联动

在全面推进社会治理现代化征程中，对社会之疾“望闻问切”，通过下发司法监督建议着力对治理顽疾“把脉开方”，是司法机关参与中国式社会治理现代化建设的有效途径，它与企业合规管理的目的非常契合——通过提升依法治企能力和合规管理能力，有效防控合规风险，有力保障企业深化改革和高质量发展，从而营造公平竞争环境、促进产业健康发展，维护社会稳定。

企业合规管理工作已全面融入企业经营管理各领域、各环节、各层级、各岗位、各系统，贯穿决策、执行、监督全过程。企业合规管理工作更是坚持务实高效、统筹协同原则，强调发挥合规管控与风险管理、内控管理、嵌入式廉洁风险防控机制、审计监督等协同联动作用。

因此，要充分发掘司法监督建议的管理价值，强化依法合规经营理念，形成当下改与长久立之间的良性互动。被建议单位法律监管部门作为合规管理牵头部门要推动本单位相关各级业务及职能部门（合规管理主体责任部门）就司法监督建议开展合规风险识别评估，编制风险清单和应对预案；就常态化风险防范事宜，推动合规管理要求嵌入本单位业务的信息化流程；将司法监督建议所指向的重点领域、重点环节和重点人员作为合规管理的关键，通过抓重点提升企业依法合规经营水平。内部审计、巡视巡察、纪检监察等部门是合规管理监督部门，要依职责分工对主体责任部门及其领导干部履行合规管理职责情况进行监督。

被建议单位法律监管部门应当跟踪司法监督建议的调查处理情况，通过合规风险提示函、典型案例通报、情况通报、研究分析报告等形式，对典型性、普遍性或者可能产生严重后果的合规风险及时预警。

（三）与企业“以案促管、提质创效”专项工作联动

为进一步学习贯彻习近平法治思想，落实全面依法治国战略部署，加快建立健全诉讼案件管理体系，不断提升公司依法合规经营管理水平，强化法律纠纷案件管理作为推动企业提质增效、稳健发展的重要抓手，根据国务院国有资产监督管理委员会相关要求，各中央企业纷纷制定具体实施方案。

企业要进一步健全“以案促管”工作机制，针对多发类案及时开展分析研判，对于发现的业务管理漏洞，及时提出风险提示函。各单位要进一步完善制度，做好案件管理的“后半篇”文章，在案件处置过程中，发现存在违纪违法行为，并造成严重不良后果的，要加强追责问责，并按照监督协调信息共享机制，做好线索移送。

司法监督建议的制发主体是作为国家司法机关的人民法院、人民检察院，司法监督建

议根植于中国特色社会主义的审判实践。人民法院、检察院就民事法律诉讼、仲裁、商标类行政诉讼提出的依法经营、合规管理方面的监督建议本质是来自司法机关基于审判实践的外部监督，是与企业内部自我革新性质的“以案促管、提质创效”专项工作相辅相成的一体两面，都是为了助推企业合规运营、促进产业健康发展。因此，对于司法监督建议，被建议单位法律监管部门要及时开展分析研判，对发现的业务管理漏洞，及时提出法律风险提示函。发现存在违纪违法行为，并造成严重不良后果的，要加强追责问责，并按照监督协调信息共享机制，做好线索移送。

（四）与法治宣传教育工作联动

为提升全员法治意识和企业依法经营水平，为企业持续、快速、健康发展创造良好的法治环境，企业应开展法治宣传教育，以提升全员法治意识和企业治理法治化水平，推动法治文化建设，提高干部员工对法律法规的知晓度、法治精神的认同度、法治实践的参与度，增强企业尊法学法守法用法的自觉性和主动性，推动形成制度完备、实施精准、评价科学、责任落实的普法工作格局。近年来，企业推进“八五”普法实施，引导全员在法治实践中自觉学习、运用国家法律和党内法规，提升法治素养。法治宣传教育已经融入企业生产经营各项工作中。

要以法治宣传教育助推司法监督建议的承接与落实，深化企业广大领导干部员工对司法监督建议承接工作重要性的认识和理解，使司法监督建议承接过程中挖掘的法律问题及对其整改优化成为法治宣传教育的重要内容，使广大领导干部员工能够更加常态化地准确、有效防范相关法律风险，避免相关问题重复发生。

第四编 理论探讨

日本企业法务部模式与花王在中国的经验

——基于日本经营法友会的数据分析

李丹丹

作者简介

李丹丹 花王株式会社 Legal Division, Assistant Manager, Legal for East Asia, Legal Department for Global Promotion

企业简介

花王株式会社于1887年在日本创立，以强大的传统创新，文化哲学为基础，始终坚持“走正道”。产品组合涵盖五个业务领域，包括卫生和生活护理、健康和美容护理、生命护理、化妆品，以及工业所需的各种化学产品。花王产品是世界各地人们日常生活的一部分，旨在创造人类与自然共同繁荣的未来。

内容摘要

本文深入剖析了日本企业法务部的运行模式，基于日本经营法友会的调查数据，全面阐述了其法务部门构成、人员定位、业务开展及与律师合作等情况。同时，以花王集团为研究对象，详细探讨其全球业务布局下的法务组织架构，着重分析花王在中国的业务发展历程、法务机能的演变、中日法务协作模式以及对未来中国业务的战略展望，旨在为企业法务管理领域提供具有深度和广度的理论与实践参考。

关键词

日本企业　法务部　花王　中国法务

2018年，首届中日企业法务论坛在日本东京举行，两国的企业法务从业者齐聚一堂，围绕当时最前沿的中国法务话题展开热烈讨论，至今仍令人印象深刻。如今，中日企业法务论坛已成功举办了七届，通过这一平台，笔者结识了许多中日两国的法务同行，并在与其他企业的交流中，通过对比分析，深入思考自身的工作，深受启发。本篇根据日本经营法友会《第12次法务部门现状调查（中期报告）》的数据，为大家介绍日本企业法务部的现状，以及花王株式会社法务部门在中国的经验。

一、调查机构及方法说明

日本经营法友会是一个以构建"企业法务实务从业者的信息交流平台"为宗旨的法人会员组织，是一家具有特色的专家团体，目前会员企业已超过1300家。该组织致力于充实和强化企业的法务部门，通过会员之间的意见交流，探索日本企业法务部门的发展方向。此外，它还通过培训提升法务从业者技能、收集实务信息，并从实务角度向相关政府主管部门和关联团体提出意见和建议。

1963年开展首次企业法务现状调查以来，日本经营法友会自1965年起每5年进行一次法务部门现状调查。为制作2020年《第12次法务部门现状调查》，日本经营法友会向会员企业、公益社团法人商法研究会会员企业以及上市公司等5171家企业邮寄了问卷，并汇总了他们的回答。此次调查收集了关于日本法务部门的基础数据、有关重点问题的回答以及社会关注问题的回答。

本次调查的主要问卷内容如下：

1. 法务部门的构成及法务人员的定位；
2. 法务部门在公司内部担任的角色；
3. 经营管理层与法务部门；
4. 法务人员的招聘；
5. 合同管理；
6. 与律师的合作。

二、调查结果概观

(一)法务部门的构成及法务人员的定位

1. 法务专职部门的定位

调查中询问了法务专职部门的定位问题,选项包括“部门级别”“科室级别”“专职人员”“兼职人员”“既无法务部门也无法务人员”。结果显示,组织内部设有“部门级别”的企业占比为43.4%(1233家企业中有535家),“科室级别”的为25.9%(319家),综合以上,在企业内部设立法务专职部门的企业占比69.3%(共854家)(见图1)。

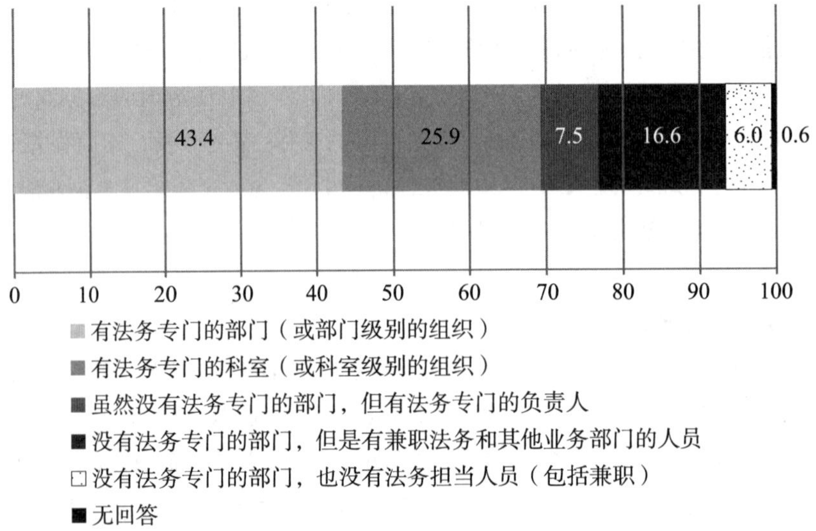

图1　是否有法务专职部门

2. 法律业务的应对体制

关于法务人员的配置、法务部门是集中在一处办公还是分散在多个办公地点问题,89.4%(1151家企业中有1029家)的企业表示法务人员集中在一处办公。而选择分散在多个办公地点的企业多为规模较大、法务部门也较为庞大的企业。对于这些企业,进一步询问是否建立了要求各办公地点法务人员定期向总部法务部门汇报的机制,结果显示72.7%(121家企业中有88家)的企业表示“是”。

3. 法务部门的主管以及参与业务

法务部门的主管业务,包括法律咨询、合同事务(国内、海外、跨境交易)、诉讼事务。而知识产权、股东大会及股东事务、合规与企业伦理、个人信息保护、公司治理、风险管理、劳动问题等,法务部门作为主管的比例在整体来看不足整体的40%,参与其中的比例也少有超过50%的公司。

关于企业伦理与合规业务,从行业数据来看,金融业的参与比例较高,而商业及服务业企业法务主管这些业务的比例较高。从法务人员的规模来看,31名以上的超大型法务部门在合规业务方面的主管比例较高，超过4成。

4. 集团公司法务部的治理

关于集团公司中法务部门的设置情况，在参加调查的1016家日本国内企业集团中，仅有64家公司在集团内部每一个公司中都设置了法务部门，占6.3%。有62.3%的集团公司表示没有设置法务部门，31.4%的集团公司表示仅在一部分的集团公司中设置法务部。在海外集团公司方面，全部集团公司都设置了法务部门的仅占4.6%，而没有设置的则占60.4%。

在被问及总部法务部门如何对集团公司的各法务部进行治理时，调查进一步从“汇报方式（指挥命令）”“组织运营与监控”“法务案件的参与及服务提供”“沟通与信息共享”这4个类别深入提问。具体结果请参照表1～表4。

表1　总部和集团各公司法务部的汇报方式

选项	国内集团公司（383家）		海外集团公司（321家）	
	公司数/家	比例/%	公司数/家	比例/%
母公司法务部门有权限（①）	39	10.2	22	6.9
各集团公司的董事·上位组织有权限（②）	208	54.3	148	46.1
①②组合型（混合型）	78	20.4	75	23.4
地区统括公司的法务部门有权限	10	2.6	61	19.0
按照集团各公司情况分别使用上述方法	46	12.0	42	13.1
其他	11	2.9	6	1.9

表2　总部对于集团各公司法务部的组织运营与监控

选项	国内集团公司（383家）		海外集团公司（321家）	
	公司数/家	比例/%	公司数/家	比例/%
参与法务部门的理念、战略、组织	90	23.5	79	24.6
参与人事考核、奖罚、待遇	19	5.0	29	9.0
参与录用、调职、人事变动	47	12.3	47	14.6
参与律师、委托业者的选任	83	21.7	51	15.9
定期实施法务监查	21	5.5	18	5.6
引进共享服务制度	32	8.4	13	4.0
其他	19	5.0	21	6.5
不参与	184	48.0	149	46.4

表 3 总部对集团各公司法务案件的参与以及服务信息的提供

选项	国内集团公司(383 家)		海外集团公司(321 家)	
	公司数/家	比例/%	公司数/家	比例/%
参与法务咨询、合同书审查	204	53.3	113	35.2
参与重要项目	221	57.7	206	64.2
参与风险管理,危机对应	136	35.5	102	31.8
参与诉讼与纠纷	172	44.9	147	45.8
进行法务负责人的教育、培训	96	25.1	44	13.7
共享有关知识、技术等的信息	172	44.9	109	34.0
其他	17	4.4	13	4.0
不参与	50	13.1	51	15.9

表 4 沟通与信息共享

选项	国内集团公司(383 家)		海外集团公司(321 家)	
	公司数/家	比例/%	公司数/家	比例/%
共享法务部门的文化和价值观	99	25.8	74	23.1
要求定期报告	96	25.1	106	33.0
有定期的会议	139	36.3	117	36.4
在母公司设置咨询窗口	95	24.8	39	12.1
日常进行交流	150	39.2	96	29.9
进行人事交流	93	24.3	52	16.2
设置了集团共有的门户网站	71	18.5	40	12.5
组共享的工作流等 IT 合作	31	8.1	17	5.3
其他	13	3.4	12	3.7
没有任何沟通	56	14.6	75	23.4

5. 法务人员数量

各企业法务人员平均为 8.4 人(女性 3.0 人),总计 9674.0 人。此外,还根据企业规模、行业和法务部门规模等因素,对法务人员数量的增减进行以下详细分析。

(1)中途入职(从其他企业转职)的法务人员

有法务经验的中途入职人员的企业占比为 67.0%(1151 家企业中有 771 家)。从整体来看,不同公司规模、不同行业、不同法务规模的企业中,大多数类别中有超过 55% 的企业拥有具备法务经验的中途入职人员。2000 年第 8 次调查以来,这类人员的在籍企业数量和人员数量均呈现持续增长趋势。

(2)拥有日本律师资格的法务人员

法务部门中有日本律师资格的人员占比为 30.1%(1151 家企业中有 346 家),总计 1048 人。平均每 3 家企业中就有 1 家法务部门拥有具备日本律师资格的人员。与上一次

2015 年的调查(879 家企业中有 232 家,总计 596 人)相比,无论是在籍企业数量还是人员数量,都呈现出持续增长的趋势。

(3)法科大学院校毕业生(不含取得律师资格者)

法务部门中有法科大学院校毕业但未取得律师资格的人员占比为 31.2%(1151 家企业中有 359 家),总计 634 人。虽然人员数量不及上述取得律师资格人员,但与上一次 2015 年的调查(879 家企业中有 211 家,总计 350 人)相比,企业数量是上次调查的 1.7 倍以上,人员数量也超过了 1.8 倍。

(4)拥有外国律师资格的人员

拥有外国律师资格的人员占比为 13.4%(1151 家企业中有 154 家),总计 634 人(其中日本人有 398 人)。

(二)法务部门在公司内部担任的角色

1. 法务部门重视的业务

本次调查询问了法务部门重视的业务内容,并要求列举出最重要的三项。结果显示,“通过法律咨询、合同审查等预防风险”占比 91.7%(1151 家企业中有 1056 家),“应对重要项目(重要规划、业务计划等项目以及并购、合作等重要合同)”占比 49.1%(565 家),“应对纠纷和诉讼”占比 41.7%(480 家),位列前三(见图 2)。

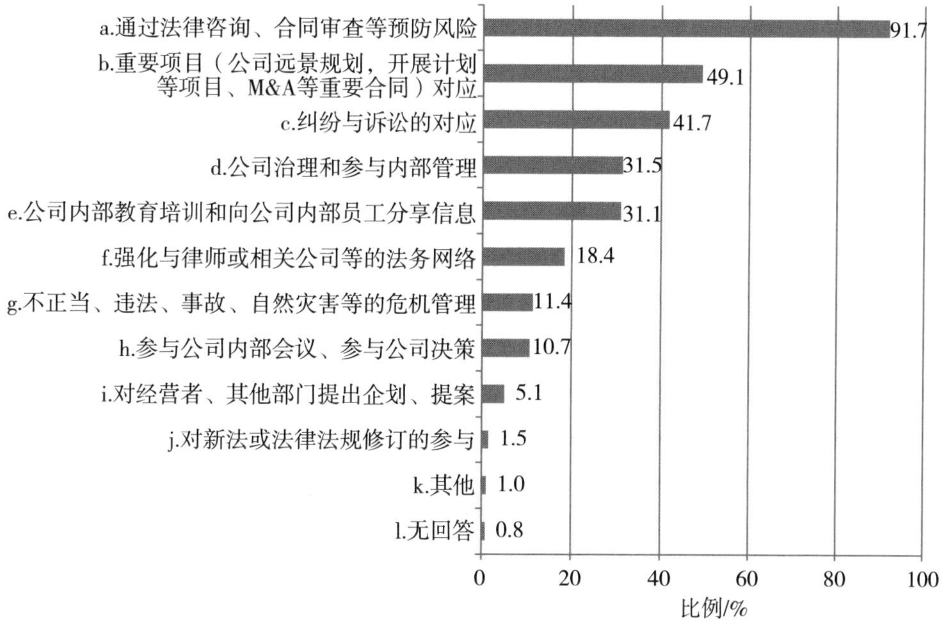

图 2　法务部门的作用,重视何种业务

2. 纠纷和诉讼的应对

当发生纠纷或诉讼时,法务部门的角色如何?结果显示,“发生纠纷或诉讼时,必须咨询法务部门”的占比为 49.2%(1151 家企业中有 566 家),接近一半。其次是“由主管或负责部门自行判断是否咨询法务部门”的占比为 35.9%(413 家),“对于重要纠纷或诉讼,必须咨询法务部门”的占比为11.9%(137家)(见图3)。

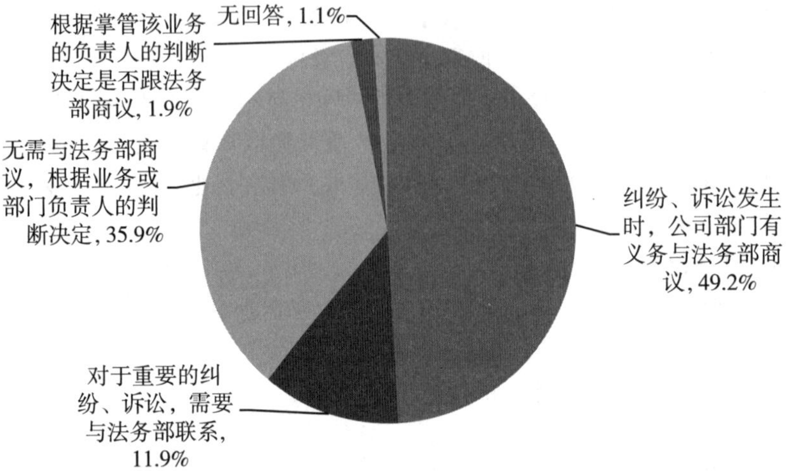

图3　纠纷、诉讼发生时法务部门承担何种功能

3. 应对不正当行为、事故、自然灾害、疫情等危机的参与

本次调查列举了不正当行为、事故、自然灾害、疫情等危机情况，询问法务部门参与的内容。结果显示，“事实关系调查和信息收集”占比68.5%(1151家企业中有788家)，“选任律师等专家、设立第三方委员会”占比66.4%(764家)，“应对行政处分、刑事诉讼、民事诉讼等”占比63.0%(725家)，位列前三(见图4)。

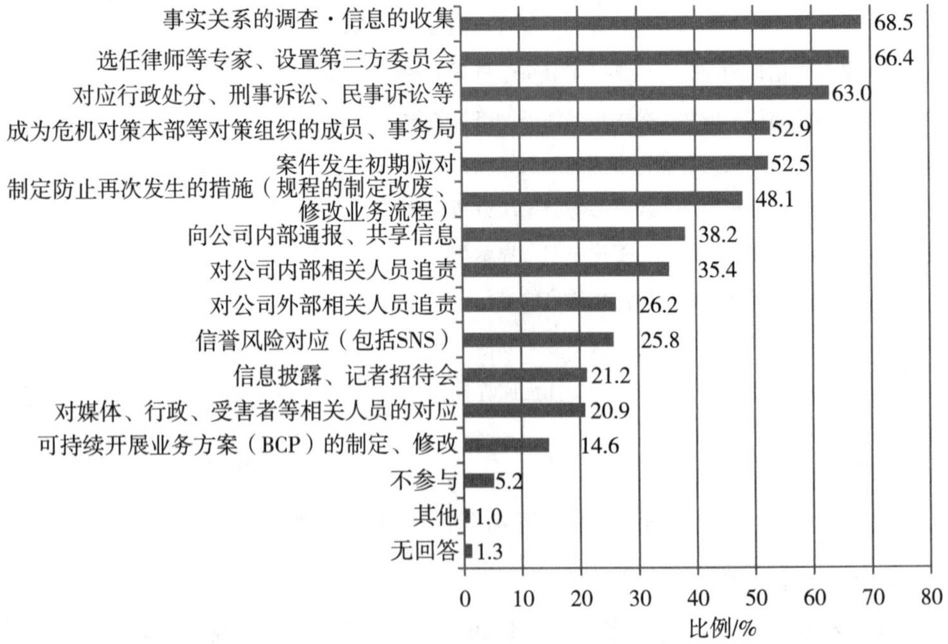

图4　法务部门如何参与对应公司的不正当行为、违规、事故、自然灾害、疫情等危机

（三）经营管理层与法务部门

1. 对经营层的影响

本次调查询问了法务部门是否开展有助于经营决策的活动。结果显示，“出席重要项目等的事前研讨会提供法律意见”的占比为 50.0%（1151 家企业中有 575 家），“在经营判断之前，对负责该业务的董事和社长提供法律意见”的占比为 46.0%（529 家），“出席董事会等，对有关案件提供法律意见”的占比为 28.1%（323 家），位列前三。此外，“不定期或在董事就任时提供法律培训”的占比为 20.6%（237 家），“定期实施董事培训”的占比为 13.0%（150 家），“确保董事会的时间提供法务信息”的占比为 9.8%（113 家）（见图 5）。

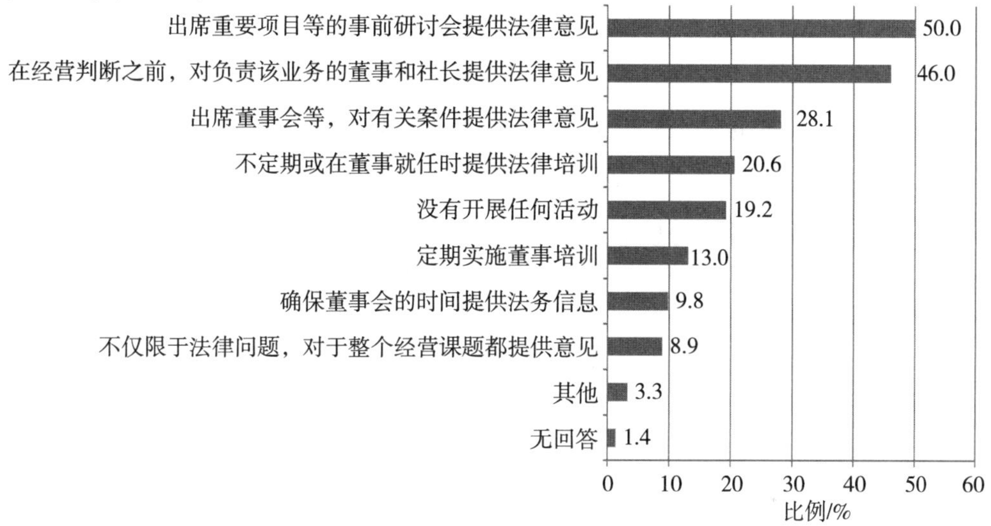

图 5　法务部门是否开展了有助于经营判断的活动

2. 对重要经营决策的参与

（1）法务部门参与经营决策的程度

调查询问了在重要经营决策时，法务部门是否被经营层要求提供意见。结果显示，“在经营决策涉及法律要素时被要求提供意见”的占比为 77%（1151 家企业中有 883 家），“在所有情况下都被要求提供意见”的占比为 3%（37 家），合计约 80% 的企业中法务部门有机会参与重要经营决策（见图 6）。

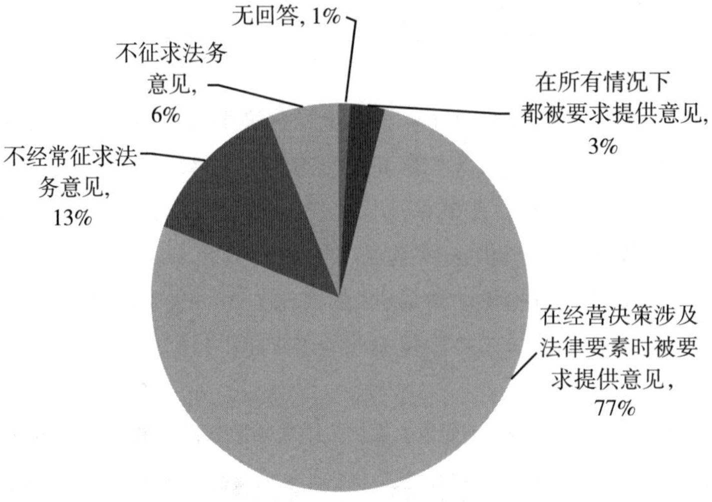

图 6　在公司作出重要的经营判断时,经营者是否向法务部门征求意见

(2)法务部门的意见被采纳程度

对于上述“(1)法务部门参与经营决策的程度”中回答“在所有情况下都被要求提供意见”或“在经营决策涉及法律要素时被要求提供意见”的企业,进一步询问法务部门的意见被采纳的程度。结果显示,“大部分意见会被接纳”的占比为 56.7%(920 家企业中有 522 家),“几乎全部意见都会被接纳”的占比为 21.5%(198 家)。没有企业表示“不被采纳”(见图 7)。

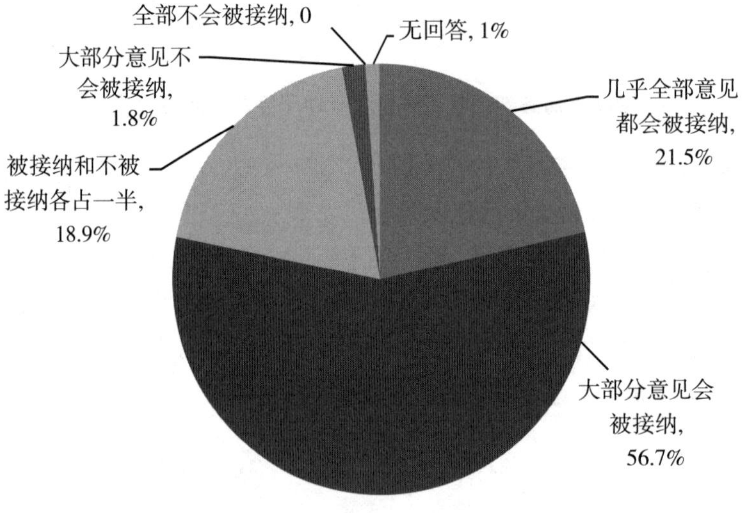

图 7　服务部门的意见有多少被采纳

3. 是否被经营层信任

(1)被信任的程度

调查询问了法务部门是否被经营层信任。结果显示,“非常被信任”的占比为 12.9%

（1151 家企业中有 148 家），“被信任”的占比为 68.6%（790 家），合计超过 80%（81.5%，938 家）的企业表示法务部门被信任（见图 8）。

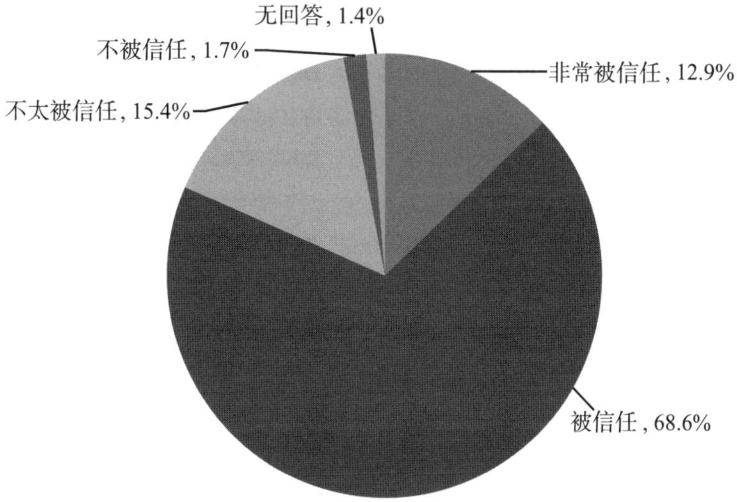

图 8　法务部门是否得到经营层的信任

（2）不被信任的原因

对于上述“（1）被信任的程度”中回答“不太被信任”或“不被信任”的企业，进一步询问原因。结果显示，排名前三的原因分别为：“知识、经验和能力不足”占比 57.4%（197 家企业中有 113 家），“组织定位和权限不足”占比 54.3%（107 家），“人员不足（主要是数量问题）”占比 41.6%（82 家）。

（四）法务人员的招聘

本次调查询问了法务人员的招聘（分配）政策。结果显示，“从企业（包括律师事务所文员）中招聘有法务经验的人员”占比 56.7%（1151 家企业中有 653 家），获得最多回答。如果加上“从法务领域以外招聘有经验的人员”（6.4%，74 家），则利用中途招聘的比例超过 60%（63.1%，727 家）。“招聘应届毕业生（大学、研究生）或无工作经验的往届生”占比 39.5%（455 家），“从其他部门调任”占比 37.4%（430 家）。

（五）合同管理

1. 合同的起草与审查流程

本次调查询问了法务部门在合同起草和审查流程中的参与和管理方式。结果显示，“为标准交易制定合同模板”的占比为 81.4%（1151 家企业中有 937 家），“有合同必须提交法务部门审查的规章制度”占比 70.2%（808 家），“统一保管合同”占比 40.1%（462 家）。此次调查还新增了关于法务业务信息化的问题，结果显示，“合同的保管状况或合同的当事人、期限等信息可以在管理系统上查询”的占比为 25.0%（288 家），“使用电子签名以及电子合同系统”的占比为 16.0%（184 家），“使用 AI 技术审查合同”的占比为 12.0%（138 家）（见图 9）。

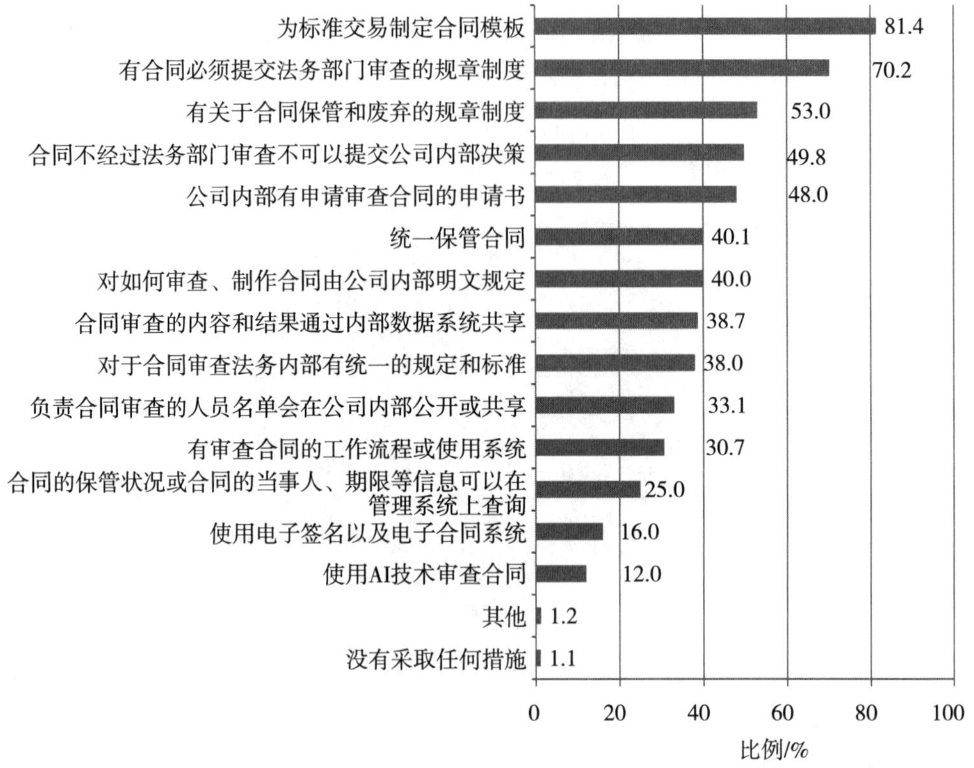

图9　关于合同的审查和管理

2. 合同的管理部门

对于图9中"统一保管合同"的企业，进一步询问该企业由哪个部门管理合同。调查结果显示，"由法务部门保管"的占比为64.1%(462家企业中有296家)，最多；"由其他部门(负责部门等)保管"的占比为33.8%(156家)；"由文件管理专业部门保管"的占比为17.5%(81家)。

3. 合同管理系统的管理部门

对于上述提到"引入合同(文件)管理系统用于合同保管、交易方检索、期限管理等"的企业，进一步询问由哪个部门管理。结果显示，"由法务部门管理"的占比为76.7%(288家企业中有221家)，最多；"由其他部门(负责部门等)管理"的占比为19.8%(57家)；"由文件管理专业部门管理"的占比为13.5%(39家)。

(六)与律师的合作

1. 内部律师

(1)内部律师的在籍情况

本次调查询问了企业是否有在日本律师协会注册的内部律师。结果显示，28.1%(1233家企业中有346家)的企业表示有内部律师。与上一次2015年的调查(960家企业中有233家，占比24.3%)相比有所增加，但与上上次2010年的调查(1035家企业中有95家，占比9.2%)到2015年相比增长超过两倍相比，增长速度有所放缓。

(2)内部律师的数量及分配

本次调查中,内部律师总数为1086人(346家企业),其中法务部门有942人(309家企业),其他部门有144人(100家企业)。与上一次2015年的调查(内部律师总数642人,其中法务部门548人,其他部门94人)相比,内部律师总数约为上次调查的1.7倍。上次调查中,14.6%的内部律师属于其他部门,而本次调查中这一比例为13.3%。本次调查发现,在其他部门中,“合规部门”有48人,占比最高;其次为“其他管理部门”,有38人。

(3)内部律师的招聘经历

将内部律师的招聘经历分为“无法律实务经验者”和“有法律实务经验者”,并分别询问招聘方式。

①无法律实务经验者

“通过常规的新招聘或中途招聘活动收到的应聘”占比37.5%(208家回答招聘经历的企业中有78家),“通过针对司法研修生或律师的招聘活动收到的应聘”占比35.6%(74家),“由人才介绍公司推荐”占比19.7%(41家)。

②有法律实务经验者

“由人才介绍公司推荐”占比52.0%(300家回答招聘经历的企业中有156家),“通过常规的新招聘或中途招聘活动收到的应聘”占比43.7%(131家),“通过针对司法研修生或律师的招聘活动收到的应聘”占比18.3%(55家)。

(4)未来对日本律师的招聘意向

分别询问对于无法律实务经验者和有法律实务经验者的日本律师,企业是否计划继续或新招聘。

①无法律实务经验者

“如果有应聘,会考虑招聘”占比51.3%(1233家企业中有632家),最多;“希望招聘”占比5.6%(69家),“如果可能,希望招聘”占比7.1%(88家),合计64.0%;“即使有应聘,也不打算招聘”占比27.0%(333家)(见图10)。

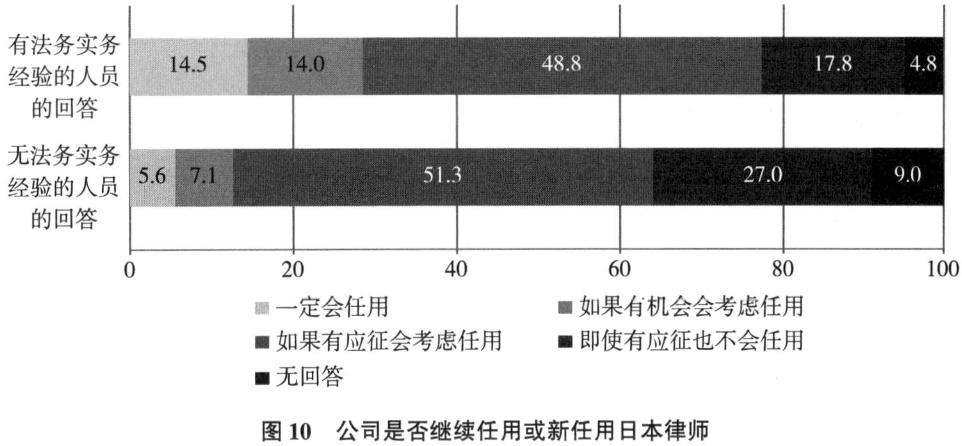

图10 公司是否继续任用或新任用日本律师

②有法律实务经验者

“如果有应聘，会考虑招聘”占比48.8%（1233家企业中有602家），最多；“希望招聘”占比14.5%（179家），“如果可能，希望招聘”占比14.0%（173家），合计77.3%；“即使有应聘，也不打算招聘”占比17.8%（220家）。

2.外部律师

①日本外部律师（事务所）的使用频率变化

本次调查询问了与5年前相比，使用日本外部律师（事务所）的频率是否发生变化。结果显示，“增加”的占比为44.6%（1233家企业中有550家），超过40%的企业表示使用律师的频率有所增加。

②海外外部律师、律师事务所的使用频率变化

本次调查询问了与5年前相比，使用海外外部律师、律师事务所的频率是否发生变化。结果显示，“增加”的占比为49.9%（有使用经验的631家企业中有315家），接近一半的企业表示使用频率有所增加。

③支付给律师的金额变化

对于能够掌握法务部门支付给律师的总金额的企业，调查询问了与5年前相比的变化情况。结果显示，“增加”的占比为49.5%（729家企业中有361家），“保持不变”的占比为37.7%（275家）（见图11）。

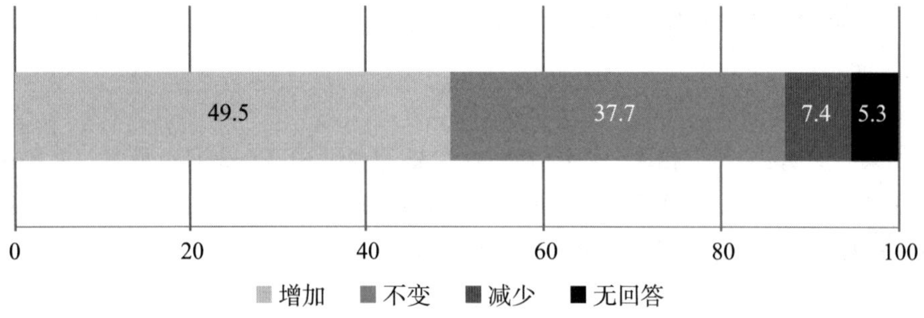

图11　支付给律师的金额与5年前相比有何变化

④外部律师或律师事务所的选择标准

根据调查结果，不同规模的法务部门数据不同。回答法务部门有“外部律师或律师事务所的选择标准”的比例分别为：超大规模法务部（法务人员31人以上）占23.5%、大型法务部（法务人员11～30人）占15.0%、中型法务部（法务人员5～10人）占6.1%、小型法务部（法务人员少于5人含）6.9%。法务部门规模越大，制定选择标准的比例越高（见图12）。

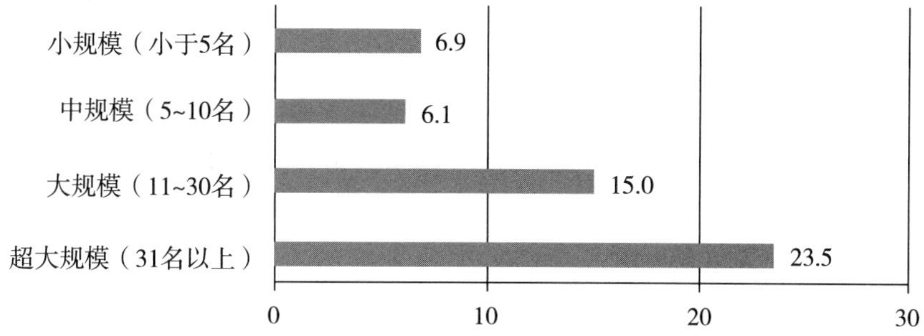

图 12　外部律师或律师事务所的选择标准

在委托外部律师时的参考酌量事项，包括报酬金额、希望该律师有委托案件相关领域的经验、案件处理速度、对应其他公司同等案件的业绩、其他公司法务部门的评价等，其中排名前 3 的分别是“希望该律师有委托案件相关领域的经验”占 88. 4% 、比重最大，其次是“报酬金额”占 82. 2% 、最后是“案件处理速度”占 46. 7% 。

三、花王在中国的法务实践

（一）花王的业务概况

花王于 1887 年在日本创立，1890 年推出“花王肥皂”，至今已走过 137 年的历史。花王以强大的传统创新、文化哲学为基础，始终坚持“走正道”，秉持“优质产品制造”的价值观。如今，业务范围产品组合涵盖 5 个业务领域，包括卫生和生活护理、健康和美容护理、生命护理、化妆品，同时在工业产品领域，花王还向全球产业界提供注重功能、性能和环保的高品质化工产品。

目前，花王的产品和服务已覆盖全球 140 个国家和地区，集团合并销售额达到 15, 326 亿日元，其中海外销售额占比为 43. 8%（2023 年数据）。花王的核心优势在于对本质研究的追求，从而创造出独特的技术。这些技术能够高效解决特定客户的问题，创造不可或缺的产品，从而为客户创造价值。我们致力于为客户提出清晰的价值主张，成为全球独一无二的存在，这就是“全球尖端”的理念。

在全球范围内开展企业对消费者（Business-to-Customer, B2C）和企业对企业（Business-to-Business，B2B）业务的花王集团，其法务支持是由日本总部的法务部门以及当地法务部门和法务联络人（Legal Contact）共同承担。

（二）花王法务部的概况

花王总部法务部共有 27 名员工（男性比例为 59% 女性比例为 41% ，其中日本律师资格者 3 人，美国律师资格者 3 人，中国司法考试合格者 1 人），分为公司治理团队、业务法务团队和全球推进团队 3 个小组。

在全球法务组织架构方面，花王在世界范围内拥有 100 名以上法务相关人员，其管理采用逐级汇报机制：各国各地区发生的重要法务案件，由当地法人的法务人员汇报给区域法务负责人，再汇总到总部（HQ）。此外，还建立了各地区的法务人才选拔的咨询机制。

上述法务管理体制基于花王集团的法务基本行为规范——《花王全球法务准则》和《全球法务管理程序》（2023年修订），这些规范将机制具体化并明确化，易于全球统一管理，又可以保持各地区的特色。如今，一部分区域法务负责人还被任命为当地公司的高级管理人员，作为公司的核心管理层直接参与经营决策，既履行法务守护者的职责，又作为经营层的战略伙伴发挥双重作用。

（三）花王在中国的业务及当地法务机能的变迁

1993年，花王在中国成立了第一家当地法人——上海花王有限公司，正式开启了在中国的消费品业务。此后，作为销售公司的花王（上海）产品服务有限公司、作为研发中心的花王（中国）研发中心有限公司、主营化工产品制造和销售的上海花王化工有限公司以及花王葫芦岛铸造材料有限公司等相继成立。目前，包括2006年加入集团的佳丽宝化妆品（中国）有限公司在内的9家当地法人，以消费品（化妆品）和化工产品两项业务为主干，以上海和葫芦岛为主要基地，在中国沿海地区开展业务。2002年，花王（中国）投资有限公司作为区域总部成立，集中了财务、人力资源开发、信息技术、行政和法务等功能，为其他当地法人提供公司相关的共享服务。

花王在中国业务起步初期，当地既没有法务部门，也没有专职法务人员。当时的中国法务事务主要由日本总部法务人员与当地业务负责人共同处理，以项目的形式开展。参与项目的人员按照实际需要出差到当地，处理具体法务案件。2000年年初，当地首次聘请了法务专业人员，开启了中日法务人员的日常双向沟通。随着业务的扩展，2004年左右，中国法务部正式成立，目前包括法务部负责人在内共有5名成员，与日本总部的法务部紧密合作，共同推进中国法务事务。

（四）中日法务功能

一方面，中国当地法务部的主要业务包括：合同起草与审查、法律咨询、诉讼及非诉案件（如调解、仲裁）的应对、董事及章程变更手续、员工法律知识培训、知识产权保护（包括打假）等基础业务，以及构建合规体系、推进法律危机管理、掌握和应对最新法规动态等增值业务。

另一方面，日本总部法务部于2009年首次聘请了中国籍法务人员，以增强总部应对中国事务的能力。总部法务部不仅承担中国事务的总体管理职能，还处理总部作为当事人的中国案件（如总部签署的中国合同等）以及欧美和亚洲关联公司的中国相关事务，输出专业知识。此外，总部法务部还定期举办中国法务学习会和信息交流会，分享包括在华公司设立、合资合同签订、经销商合同谈判、跨境电商展开的法务事项、广告法、著作权法等方面的知识和经验，持续提升总部日本籍员工的中国法务应对能力。

在具体案件处理中，根据情况，由日本花王法务部或中国法务部主导应对，双方保持紧密沟通，及时共享信息，并在早期进行法务风险评估，及时规避风险。

（五）未来花王中国业务的展望

正如上文所述，花王的中国法务业务通过中日法务部各自发挥功能，同时保持密切沟通和相互补充，成功应对众多大型项目和复杂案件。从一字一句手写的合同和会议记录，到通过远程视频讨论电子签名和人工智能审查合同，花王的中国法务功能随着时代的发展正在不断演化并进步。

近年来，随着跨境电子商务交易的兴起、AI大数据在新商业模式中的应用、《民法典》和数据三大法规的制定以及新《公司法》的实施，中国法务环境正在发生深刻变化。法务部通过进行法律风险分析，与业务部门共同设计商业模式，持续支持花王在中国的业务发展。如今，所谓“中国法律不明确”“公司章程可以简单些”“合同无人阅读”等陈旧的刻板观念早已改变。时代在变化，当前的中国法务工作要求从业者不仅要具备对法规的读解能力和高水平的谈判能力，还需要熟悉业务，能够勾画商业蓝图、俯瞰全局，对整个项目进行风险管控。难度高，任务重，但这正是中国法务从业者需要深入思考并付诸实践的课题。无论时代如何变化，花王都将日益精进，不断提升法务服务质量，遵循正道，砥砺前行。